來自各界的高度肯定與真誠推薦

喬．迪斯本札醫生透過本書帶給你力量，讓你放下負面信念，擁抱正面思維。這本充滿智慧、內容充實且實用的書，將幫你成為最好、最自由的自我。這樣一來，就會如迪斯本札醫生所說的，你就可以「走向你自己決定的命運」。

——茱迪斯．歐洛芙（Judith Orloff）醫生，《讓情緒自由》（*Emotional Freedom*）作者

在本書中，喬．迪斯本札醫生以充分的科學基礎，探討了充滿能量的現實層面，並提供讀者必要的工具，讓他們能夠在生活中做出重要的正面改變。任何讀過這本書並應用這些步驟的人，將從他們的努力中獲益良多。這本書用任何人都能了解的簡單語言，說明最先進的內容，並提供人性化的指導方針，達成由內而外的持續改變。

——羅林．麥克雷提（Rollin McCraty）博士，心數研究中心研究總監

喬．迪斯本札醫生這本重新連接你心靈和情緒迴路的指南，有趣且易懂，並傳達一個簡單有力的

訊息：你今天所想的一切，決定了你明天的人生。

——琳恩．麥塔嘉（Lynne McTaggart），暢銷書《療癒場》（*The Field*）、《念力的祕密》（*The Intention Experiment*）作者

本書是先進科學和現實生活應用的強大結合，交織成日常生活的完美配方。……科學知識的層次結構告訴我們，當新發現改變了我們對原子的了解，我們對自己和腦的認識也必須改變。透過這本書簡明扼要的十四個章節，喬．迪斯本札醫生運用人生歷練，來描述我們使用大腦方法的微妙改變，在我們的身體、生活和人際關係上，如何成為確切改變我們人生的量子關鍵。這本經過仔細研究、可靠與實用的手冊，讓你會想要在個人練習時隨時擺在手邊參考。在書中，迪斯本札醫生採取了容易使用並按部就班的技術，讓每個人都有機會以自己的量子場試驗，找出對自己效果最好的方式……從找出哪些想法讓我們深陷舊信念的有效練習，到讓我們突破自我設限的簡單實踐，本書是成為人生勝利組的指南，多希望能在我們念小學一年級時就拿到了。如果你一直都明白，你該學到的知識不是幾堂生物課能給你的，卻對科學的專業術語望而生畏，那麼這就是你一直在等待的完美作品！

——桂格．布萊登（Gregg Braden），暢銷書《無量之網》（*The Divine Matrix*）與《深埋的真相》（*Deep Truth*）作者

身為一個多年來想過很多這類問題的半退休心理學家，我不得不承認，本書可能會改變長期存在

心理學領域的一些信念。迪斯本札醫生的結論有充分的神經科學背景，挑戰著我們對自己是誰的想法，以及我們的想法成為現實的可能性。這是出色且令人振奮的一本書。

——臨床心理學家艾倫・博特金（Allan Botkin），《死後的引導溝通》（*Induced After-Death Communication*）作者

在個人成長上，這是一個前所未有的新時代，一個具有成效的回饋圈已經在神經科學的最新發現與靜坐的古老實踐之間成型。喬・迪斯本札醫生的新書，以「硬科學」專業且清楚地解釋了我們的頭腦和身體是如何運作的。然後，他將這些理論應用在個人根本改造的四週計畫中，展示如何透過有組織的靜坐課程，有意識地重新連接我們的神經網絡，產生創造力和真正的快樂。

——道森・丘奇（Dawson Church）博士，暢銷書《基因中的精靈》（*The Genie in Your Genes*）作者

喬・迪斯本札醫生帶給我們一本如何成為神聖創造者的手冊！他使腦科學變得更具實用性；他告訴我們要如何擺脫情緒，來創造幸福、健康、富足的人生，以及如何讓我們夢想的世界最終成真。我等這本書已經等很久了！

——阿貝托・維洛多（Alberto Villoldo），《啟動你的腦》（*Power Up Your Brain*）與《薩滿、治療師與聖人》（*Shaman, Healer, Sage*）作者

未來預演

切斷情緒成癮神經連結，
四週改變慣性腦迴路，換一個新未來

Breaking The Habit of Being Yourself:
How to Lose Your Mind and Create a New One

喬・迪斯本札醫師（Joe Dispenza, DC）／著
謝宜暉／譯

目次

【推薦序】為自己打造一個最適化的大腦

你的腦參與你所做的一切，包括怎麼想、怎麼做、怎麼感受，以及如何與他人相處。這個器官負責你的個性、特質、智力，以及你做出的每個決定。二十多年來，我看過全世界成千上萬個病患的腦部影像，從中我非常清楚地了解到，當腦正常運作時，你就是正常的；而當腦陷入困境，你的人生也極可能遇到麻煩。

擁有健康的腦，你會更幸福、更健康、更富裕、更聰明，也會做出較好的決定，幫助你更成功且更長壽。當腦不健康（不論是什麼原因造成的，比如頭部受傷或過去的情感創傷），整個人就會變得悲觀、窮頓、不明智，也容易一事無成。

我們很容易理解創傷何以會傷害腦部，但研究顯示，我們的負面想法和過去經驗所產生的不良程式（programming）也會影響腦。

舉例來說，從小我和哥哥一起長大，他總是企圖左右我。持續的緊張和恐懼感，導致我的高度焦慮、焦慮的思維模式，並總是保持防備狀態，覺得不知道什麼時候壞事就會發生。這種恐懼，造成我腦部的恐懼中樞長期過度活躍，直到長大後我才能克服它。

在這本書中，我的同事喬．迪斯本札醫生將引導你如何把頭腦的軟硬體最適化，來幫你達到一個全新的心理狀態。他的這本新書奠基於扎實的科學基礎，而他本著良善和智慧持續發聲，如同他在獲獎影片《當心靈遇上科學》（*What the BLEEP Do We Know!?*）與他的第一本書《進化你的腦：改變心智的科學》（*Evolve Your Brain, The Science of Changing Your Mind*）所做的一樣。

雖然我覺得人腦就像電腦，都具有硬體和軟體，但大腦的硬體（實際的生理功能）卻不能自外於軟體，或者與貫穿整個生命的常態程式及重塑作用區隔開來。事實上，雙方都會對彼此影響甚鉅。

人生難以避免會留下某些創傷，而我們都會跟創傷造成的疤痕日復一日共處。這些負面經驗已經成為大腦結構的一部分，只要能清除將會產生驚人的療癒效果。當然，養成維護頭腦健康的習慣，比如適當的飲食、運動，以及攝取對腦部有益的營養成分，都是讓頭腦正常運作不可或缺的因素。除此之外，你每分每秒的想法對腦也有強大的治療效果，或損害。同樣的道理，過去的經驗也可能成為腦的桎梏。

我們在亞曼診所（Amen Clinics）的研究稱為「腦部 SPECT 顯影」（brain SPECT imaging）。SPECT（單光子放射電腦斷層掃描）是核子醫學（nuclear-medicine）的一個研究，著眼於血流狀況與活動模式。它與電腦斷層掃描（CT scans）或核磁共振（MRI）不同，後兩者研究的是腦解剖學，而 SPECT 則著眼於腦如何運作。我們的 SPECT 研究，至今已有超過七萬個掃描影像，教導我們非常多關於大腦的重要人生課題，例如：

• 腦創傷能毀掉人生；

• 酒精對健康有害，在 SPECT 掃描中經常顯示出重大的損害；

• 許多人經常服用的藥物，如某些常見的抗焦慮藥物，對大腦不利；

• 一些疾病（如阿茲海默症）實際上早在出現症狀的數十年前就已經潛伏在腦中了。

SPECT 掃描也告訴我們，身為社會的一份子，我們需要對大腦有更多的愛與尊重；還有，讓孩子玩身體互相碰撞的運動（如足球和曲棍球）不是明智之舉。

其中，我學到最振奮人心的一課是，規律地執行維護腦部健康的生活習慣，例如調整負面信念，或進行如同本書作者迪斯本札醫生所提出的靜坐，確實可以改變頭腦和人生。

在我們發表的一系列研究報告中，靜坐（如迪斯本札醫生所建議的方式）會推動血液流到前額葉皮質，那是人腦思考功能最強的部位。經過八週的每日靜坐後，前額葉皮質在休息狀態時會更強大，而我們研究對象的記憶力更好了。有許多方法都能治療和優化頭腦。

我希望你也可以像我一樣，發展出「腦羨慕」（brain envy）的強大動機與渴望，讓頭腦更健康，運轉得更好。我們所做的腦影像研究改變了我人生中的一切。一九九一年，在我開始研究 SPECT 掃描影像後不久，我決定來看看自己的腦，那年我三十七歲。當我看到有中毒徵兆且凹凸不平的顯像時，我知道我的腦並不健康。我很少喝酒、從不抽菸，也不使用非法藥物，那麼為何我的腦看起來那麼糟糕呢？在真正理解腦健康前，我有很多損害腦部的壞習慣。我吃很多速食，灌健怡汽水就像它是我最好的朋友一樣，晚上常常只睡四、五個小時，還帶著從未被檢測到的過往傷害生活著。我不運動，長期處於壓力狀態，還超重了三十磅。無知正在傷害著我，而且不只一點點。

最近一次的掃描，我的大腦看起來健康多了，而且還比二十年前年輕很多。我的腦確實逆齡生長了——如果你能下定決心好好照顧它的話，你的腦也能有如此改變。對比原先的掃描，我想要我的腦更好；而這本書將會幫你做得更好。

好好享受閱讀此書的樂趣吧，就像我一樣。

——丹尼爾・亞曼（Daniel G. Amen）《一生都受用的大腦救命手冊》（*Change Your Brain, Change Your Life*）作者

【導讀】改變，就從打破舊自我的習慣開始做起

當我回想所有關於創造理想人生的書籍內容時，發覺到許多人仍然在尋找具有堅實科學證據的做法，或者說真正可行的方法。但關於頭腦和身體、心靈與意識的新研究，加上物理學上的量子躍進，卻在在顯示了拓展我們本能所知道的可能性，才是我們真正的潛能。

身為一個經營綜合健康門診的執業脊骨神經醫師，以及一個在神經科學、腦功能、生物學與腦化學領域的教育者，我有幸成為這方面研究的先鋒——不論是在研究上述領域方面，或是觀察這個新科學對普羅大眾所造成的影響。而現在，正是這門新科學有可能落實的時候了。

我已經見證過一些人在真正改變想法後，個人健康和生活品質上都發生了顯著的變化。過去幾年，我有機會訪談到許多克服嚴重健康狀況的人，他們的病情一度被認為是末期或不治之症。在現行的醫學模式下，這種痊癒被歸類為「自發性好轉」（spontaneous remissions）。

然而，在我深入了解這些人的痊癒之路後，發現他們的身體變化根本就不是自發性的；顯而易見的，其中包含著很強大的心理因素。這個發現進一步推動我在腦造影、神經可塑性、表觀遺傳學及心理神經免疫學方面的研究。我單純推測，他們的腦部及身體必定發生過什麼，而我可以

找出並鎖定這些關鍵因素，然後加以複製。在這本書中，我想跟你分享這一路上所學到的一些心得，並透過探索精神和物質的相關性，來告訴你該怎麼將這些原則應用在自己的身體上，以及應用在人生的各個層面。

你可以改變自己：從知道到實踐

讀過我第一本書《進化你的腦：改變心智的科學》的很多讀者，坦率又真誠地發出這樣的請求：「我真的很喜歡你這本書，我仔細讀了兩遍。其中有大量詳盡且具啟發性的科學知識，但是你能否告訴我該怎麼做，才能讓大腦進化嗎？」

為了回應讀者的要求，我開辦了一系列的進修課程，教授任何人都能執行的實用步驟來改變身心狀態。結果，我親眼看到了以下這些成效：現在醫學無法解釋的療癒過程、釋出舊的心理及情感創傷、解決被視為無解的難題、創造新的機會，以及帶來意外的財富等等（稍後，我會在本書中提到這些例子）。

你不需要讀過我的第一本書，就能消化這本書的內容。但是，如果你曾經讀過我的書，那麼你可以把這本新書當成實用的操作手冊。我盡其所能地把這本新書寫得簡單易懂，不過有時候不得不提到一些知識來作為後文的發展基礎。就如我所說的，本書主旨是讓你能建立一個實際可行的操作模式，幫助你了解我們能如何改變自我，成功做到個人「轉型」。

這本書是我個人多年研究的心血結晶，我想讓大家明白，我們都擁有改變人生軌道的能力。

而現在，我們不僅「知道」這個事實，也知道應該「怎麼做」了。問題在於，我們要如何結合新興的科學概念及古老的智慧，為自己量身打造一個成功又豐富的人生呢？當你我能串聯起科學關於實相本質的每個新發現，當我們允許自己在日常生活中應用這些原則時，那麼我們每個人都可以是自己人生的導師，同時也是一個科學家。

所以，我要請你親自去體驗本書所學到的一切，並客觀地觀察結果。我的意思是，如果你很努力地改變內心世界的想法和感受，外在環境應該就會開始帶給你回饋，顯示你的心靈已經對你的「外在」世界發揮影響力了。這就是你所期待的結果。

假如你能把學到的智慧作為你的處世哲學，然後開始在生活中應用直到精通，最後你就會從一個光談理論的哲學家變身為實踐家，然後再成為精通此道的高手。敬請期待吧！因為已經有很可靠的科學證據顯示，這一切都是可能的。

在開始閱讀本書之前，我要先請你保持開放的心態，讓我們按部就班地建立起我在這本書中所要勾勒的幾個重要概念。所有這些資訊都是為了讓你能運用，否則它們只會成為茶餘飯後的話題，不是嗎？一旦你能毫無定見地去看待事物存在的本質，放下你對實相的成見，你應該就能看到努力的成果。這是我對你的期許。

我之所以要說這些，是要讓你認清一個事實，那就是：我們都是神聖的創造者。科學不應該成為限制我們去嘗試新奇或神奇事物的理由；如果你被科學所縛，就是把科學變成了另一個宗教。我們應該有足夠的勇氣去重新思考我們的人生，去做一些被認為「出格」的事，並一再去做。當我們能真正做到這一點，就把個人的力量推向了更高的層次。

一旦我們開始去探究自己的信念，我們才真正被賦予了力量。我們可能會發現這些信念根植於傳統的宗教、文化、社會、教育、家庭、媒體，甚至是我們的基因（我們現世的人生及數不清的世代體驗，都會被銘記於基因上）。然後，我們才能在這些舊觀念與可能更合用的新典範之間權衡取捨。

時代在改變。身為一個偉大實相的覺醒者，我們都是時代劇變的一環。我們現今的制度及關於實相的科學模型正在瓦解，在在表明了推陳出新的時刻到了。無論是政治、經濟、宗教、科學、教育、醫學或是我們與環境的關係，短短十年之間，這所有的舊模式都有了全然不同的樣貌。除舊迎新，聽起來好像很容易。但正如我在《進化你的腦：改變心智的科學》一書中指出的，我們曾經學過和經歷過的事物，都已經融入我們的生物「自我」之中了，我們披著它，就像穿著衣服一樣自然，所以改變並不容易。但我們都知道，今日的真理，明日未必為真。正如我們如今質疑原子是實體物質的觀念，現實以及我們跟現實的互動都將會持續更新，不會停滯不前。

我們也同樣清楚，要離開已經習慣的熟悉生活，從容地步入全新的人生，就像鮭魚逆流而上，需要花很大的氣力——而且，坦白說，並不是那麼舒坦自在。最糟糕的是，在我們前進的道路上，那些墨守成規、自以為是的人，會用嘲笑、排斥、反對及詆毀來對待我們。

有誰會為了某些只能心領神會的理念，願意去面對這樣的挑戰呢？歷史上那些被尊為天才、聖人或者大師的人，有誰沒有經受過被斥為異端或傻子的凌辱呢？

所以問問你自己，你有勇氣成為一個特立獨行的人嗎？

改變是一種選擇，而非一種反應

人性似乎是這樣的：我們會抗拒改變，直到事態變得很糟糕，讓我們無法承受，以至於不再能照常生活為止。不論是個人或社會都是如此。一直要等到出現危機、創傷、失去、疾病和災難時，我們才會沉澱下來審視自己是誰、在做什麼、如何生活、感覺如何，以及相信或知道什麼。通常，都要等到一個最壞的情況，我們才會開始改變，不管是為了健康、人際關係、事業、家庭或未來。我想說的是：**為什麼要等？**

我們可以在受苦的狀態下學習和改變，當然也可以選擇在愉悅和啟發的狀態下逐漸進化。遺憾的是，多數人都屬於前者。如果你是在後者的情況下，只需要做好心理建設，明白改變需要打破日常慣例，可能會帶來一些短期的不適與不便，以及有段時間需要抱持「不知」（not knowing）的開放立場。

事實上，很多人都對「不知」所造成的短暫不適感不陌生。比如小時候，我們磕磕巴巴地學閱讀，直到這個技能成為第二天性；當我們第一次學小提琴或打鼓，我們的父母多希望能夠有一個隔音很好的房間。又比如，你很倒楣地碰到一個實習醫生幫你抽血，這個實習醫生擁有必要的一切知識，但一直缺乏實戰經驗，而你是他的第一個實習對象。

吸收知識（知道），然後運用所學來獲得經驗，直到某個特定的技能變得根深柢固（知道怎麼做），這個過程應該是我們獲得大多數能力的方法，而這些能力現在感覺起來就像是你的存在（全知）的一部分。學習如何改變人生的過程，也跟上述方法大致相同。這也是為什麼這本書要分為三個大單元的原因。

在第一部和第二部中，我將依序建立起一些觀念，為你構築一個更大更廣的理解模型，好讓你能為自己量身打造適合你的改變之旅。某些重要觀念會一再重複提出，那是為了提醒及強化你的記憶。一再重複會重組及強化大腦迴路，形成更多的神經路徑，這樣一來，即便在你最脆弱的時刻，也不用說大道理來說服你自己。當你具有完整的知識基礎後，就能輕鬆進入本書的第三部，親自體驗先前學到的理論。

第一部：認識科學上的你

我們的探索之旅將從哲學和科學的最新相關研究出發，包括實相的本質、你是誰、為何改變這麼困難，以及身為人類的你能成就到什麼地步等等。別擔心，我保證第一部會很好理解。

第1章：從原子到量子，從物質到能量。簡單介紹量子物理學。不要驚慌，我會選擇從這裡開始，是為了讓你開始接納（主觀）心理影響（客觀）世界的概念。量子物理學的「觀察者效應」指出，你的注意力集中之處，你的能量就會投射到那裡。因此，你會影響物質世界（順便一提，物質世界大部分都由能量組成）。如果你對這個想法有興趣，哪怕只有一下子，你或許會開始有意識的把注意力放在你渴望的事物上。甚至，你可能會發現自己正在想著：**假如一個原子是由九九．九九九九九%的能量和〇．〇〇〇〇一%的實體構成**[1]**，換句話說，實際上的「我」更接近空無狀態。那麼，為什麼我要把注意力放在只占微小部分的實體世界呢？以感官覺察來定義**

我的實相，是否就是我無法自我突破的原因呢？

第2章：境由心造，你必須克服的內外在環境。現在的你可能已經接受了「想法創造人生」的概念，因此接下來我要探討的是：如果你放任外在世界來控制你的想法和感受，你的大腦迴路會受到外界影響而固化，導致你的思考模式一成不變。結果就是你會創造出更多相同的事物，因此想要改變，就必須**超越**生活中所有的有形事物。

第3章：擺脫身體為主的存在模式。日常生活中，我們往往會無意識地套用記憶中的行為、思想和情緒反應，就像電腦的開機程式一樣會自動操作。這也是「正面思考」無法發揮作用的原因，因為大部分的自我可能會無意識地以負面狀態占據你的身體。

第4章：擺脫過去，活在一個不可預期的未來。我們要不是活在一個可以預期的未來，就是一直重溫過去的記憶（或兩者都有），直到身體開始相信它生活在一個有別於當下的時刻。最新的研究支持這樣一個概念：我們具有一種與生俱來的能力，可以只靠思想就改變頭腦和身體，在生理上的效應，就像未來的某個事件已經發生一樣。你的想法是如此真實，真實到可以從腦細胞到基因徹底改變自我。一旦你學會如何使用你的專注力及活在當下，你就能打開量子場，進入所有潛能的存在之地。

第5章：活得越像自己，越缺乏創造力。為了求生存而活著，以及為了創造而活著，這兩者有何區別？為了求生存而活會帶給你壓力，讓你成為唯物主義者，相信外在世界比內在世界更真實。一旦你受到戰—逃反應的驅使，你將被設定為只在乎自己及被時間所俘虜的人，你的頭腦和身體會失去平衡，你會按著既定的人生軌道前進。反之，當你真正處於創造的巔峰狀態，你會忘了自己——沒有身體、沒有外物，也沒有時間。當你成為純粹的意識後，自然而然就擺脫了需要外在現實所認可的身份枷鎖。

第二部：你的大腦與靜坐

第6章：我們都有三個腦——思考、實踐與存在。我們都有三個「腦」，讓我們能從思考進入實踐，再到達存在狀態。更棒的是，一旦你擺脫外在環境、身體和時間的羈絆，你就能輕易地從思考躍進到存在狀態，無需經過實踐這個步驟。在心理狀態中，我們的大腦無法區分何者發生於外在的現實世界，而何者發生於內在的心靈世界。因此，如果你能在腦中演練想要體驗的經歷，那麼在事件實際發生之前，你就能體驗到當下的情緒。現在的你正進入一個新的存在狀態，因為你的身心正在合而為一。一旦你開始感覺到未來實相似乎正在發生，意味著你正在重新改寫自發性的習慣、態度，以及潛意識所有的不良程式。

第7章：我是誰？假面與真我。本章要探討的是外在社交世界的「假面」，跟內心世界的「真我」之間的差距，以及如何消除這兩個身份認同的落差。我們的一生中都會有某個時點，讓我們心灰意冷地體認到沒有任何外在力量能夠帶走我們所記憶的感受。倘若我們對生命從來不抱著任何意外的驚喜，就沒有什麼空間可以生出新東西，因為你一直站在過去（而不是未來）來觀看你的人生。這是靈魂衝破藩籬、重獲自由，或逐漸被忘卻的轉捩點。在本章中，你將會學到如何透過情緒形式來釋放能量，從而縮小假面與真我的差距。最後，你將會創造出一個表裡如一的

「透明」自我。一旦你能做到外在表現與內在自我零差距，你才算真正獲得了自由。

第8章：靜坐，幫那個老舊的自己解套。本章會揭開靜坐的神祕面紗，讓你知道你在做什麼以及為什麼要這樣做。我們將深入淺出地探討腦波技術，告訴你當你專注及處於緊張狀態下，大腦的不同電磁變化。你將會了解靜坐的真正目的：突破有意識的分析性思維，從而進入潛意識，以產生真正且永久的改變。靜坐會讓你跟更偉大的力量接軌，創造及記住想法與感受一起達到同調的境界，並且沒有任何外在的人事物，在任何地點、任何狀態和任何時間下，可以將你從那個能量層次移開。現在的你已經掌控了環境、身體和時間。

第三部：邁向你的新命運

第一與第二部所提到的所有資訊，都是為了讓你具備必要的知識，好應用在第三部的實際操作上。第三部是關於實作的指導，也就是你能在日常生活進行的正念練習。這是一個按部就班的靜坐步驟，如此編排設計是為了讓你可以用已知的理論來操作。

在這個單元中，你要學的是**一連串**的動作，這就像你學開車一樣，你需要學會操作多個步驟（比如調整座椅、繫上安全帶、檢查後照鏡、發動車子、開大燈、打方向燈、踩剎車、打檔、踩油門等等）；而一旦你學會開車，就能輕鬆地執行這些步驟。我跟你保證，當你學完第三部的每個步驟後，靜坐就會變得很容易。

你可能會問：「**為什麼我要花那麼多時間來閱讀第一部和第二部的內容？我是否可以直接跳**

到第三部呢？」我能理解你的心態，因為我可能也會這樣想。但是我之所以決定提出前兩部的相關知識，是為了讓你進入第三部時，心裡能很篤定地沒有任何疑慮或推論。當你開始靜坐後，就會明確知道你在做什麼以及為什麼要這樣做；而當你真正理解了這些之後，你就能舉一反三，不問自明。因此，在你投入能夠改變心靈的實作體驗時，將會有更多的力量和意念來支撐你完成這個過程。

透過第三部的實際操作，你會更容易接受這個事實：你擁有與生俱來的能力，可以用來改變你人生中那些曾經被視為不可能的任務。甚至，你有可能會容許自己去接受那些你以前從來沒有考慮過的可能實相；而這正是你**改變人生的一個機會！**這也是我希望你在讀完這本書後能夠得到的收穫。

所以，如果你能夠抗拒誘惑，不提前跳讀到第三部，我可以保證，你會有更多力量來支撐你完成第三部的靜坐課程。從我所帶領的三個研修班中，我已經看到了這個方法的成效。一旦我們獲得正確的知識並澈底理解，就有機會可以有效運用；然後，就像變魔術一樣，我們就能看到努力的成果會以改變的形式回饋到生活中。

第三部要提供給你的是，用來改變身心狀態的靜坐技巧，產生由內形之於外的效果。一旦你注意到你的內心活動產生了形之於外的結果，就會興致高昂地想要再試一次。當一個新經驗在生活中體現時，由此產生的敬畏或感恩等高昂情緒將會帶來能量，而這些能量又會驅使你一次又一次地進行靜坐。於是，你就走在了自我進化的道路上。

第三部所規畫的每個靜坐步驟，都跟本書前兩部的某個資訊有關。由於你已經正確理解了你的每個作為都是一次有意義的耕耘，所以我想應該沒有任何事會讓你失去改變自我的願景。

就像你以往學會的許多技能一樣，當你學習如何透過靜坐來進化你的大腦時，一開始可能需要很費力才能保持專注。在這個過程中，你必須克制自己的典型反應，要把所有思緒放在你正在做的事情上，不要被外來的刺激分神分心，如此一來，你的動作與意念才能一致。

正如你第一次學做泰國菜、學習打高爾夫球或跳騷莎舞，或者是學開手排車時可能有過的經驗，這些全新的活動都需要你不斷練習，才能讓你的身心一起記住每個步驟。

不要擔心，我在第三部設計的每個步驟，都是你可以消化的份量。一旦你弄懂了「門道」，透過不停複習各個步驟，不用多久你就能「無縫接軌」地自動整合成一套流暢的靜坐過程。到此，你才算真正擁有了這個能力。學習過程有時候可能會很冗長乏味，但只要你堅持下去，必能享受到美妙的成果。

只要你**知道**「如何」做，你就開始走在精通它的道路上。我要告訴你的是，在全世界各地，已經有許多人使用這本書的知識，在他們的人生中產生了可見證的變化。所以我誠摯地邀請你，一同來打破舊自我的習慣，為自己開創一個理想的新生活。現在，就讓我們開始吧！

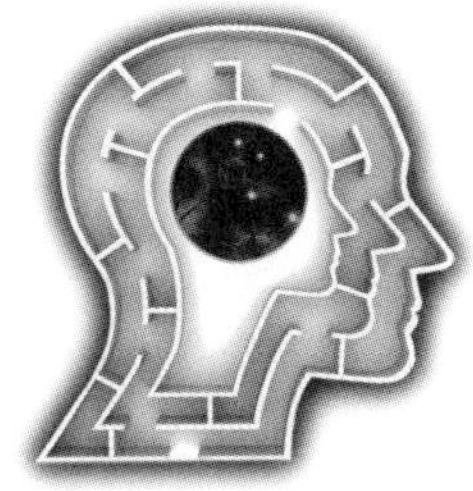

第 1 部

認識
科學上的你

第1章　從原子到量子，從物質到能量

一旦你的思想和感受一致，就會像同調波一樣產生強大的作用力。當你懷抱著清晰的目標、專注的想法，並投注強烈的熱情，你正在傳送的是一個強大的電磁信號，引領你走向你所想要的那個潛在實相。

早期的物理學家把世界劃分為物質和思想兩大部分，而後又轉變為物質和能量。在這種二分法中，兩個「陣營」有如楚河漢界般地完全獨立，但事實不是如此。儘管如此，這個心靈與物質的二元論仍塑造了早期的世界觀：基本上，現實是早就決定好的，人為力量能改變的少之又少，更別說靠思想來改變了。

讓我們快轉到目前對人類與世界的新理解——我們是巨大無形能量場的一部分，這個能量場包含了所有可能的實相，並且會回應我們的思想和感情。不僅現代科學家正在探索思想和物質之間的關係，我們也渴望在生活中進行相同的探究。因此我們往往會捫心自問：**境是否能由心生？**如果可以，那是否意味著，這將會是一種我們可以學習的技能，能讓我們成為理想中想要的那種人，進而打造出我們想要體驗的生活？

面對現實吧，沒有人是完美的。無論我們想做什麼來改變生理自我（physical self）、情緒自我（emotional self）或精神自我（spiritual self）＊，我們都有同樣的願望：希望能以自己理想中的

（我們認為且相信自己可以成為的）樣子過日子。當我們站在鏡子前面，看著肚子上的游泳圈時，我們所看到的，不只是那個顯現在鏡子中略微發福的影像，同時也看到一個較為纖瘦苗條的版本，或是一個臃腫矮胖的版本，端視我們那天的心情如何。那麼，究竟哪個版本才是真實的呢？

當我們晚上躺在床上回顧這一天，檢視我們為了讓自己更寬容冷靜所做的努力時，我們所看到的，不僅僅是那個為了孩子無法迅速回應你一個簡單要求而痛斥孩子的家長；在我們的想像中，也看到了一個耐心被逼到極限的善良天使，或是一個踐踏孩子自尊心的可怕怪物。究竟是哪個版本才是真實的呢？

答案是：**這些全都是真實的**。不僅僅是那些極端的版本，還包括了無數個從正面到負面的形象。怎麼會這樣呢？為了讓你更容易理解為何每個版本的自我，真實性都差不多，我不得不打破對現實本質的舊有認知，並以一個新的定義來取代。

雖然這聽起來像是個大工程，在某種程度上，這的確是大工程。但我也明白，為什麼你會被這本書所吸引？極可能是你過去在人生中努力做的那些改變，包括身體上的、情緒上的或精神上的，仍然無法幫你達到你想要的那個完美的自己。為什麼這些努力會徒勞無功？比起其他因素，最主要的失敗原因，跟你對於生活的信念——為什麼你的人生會是如此——有很大的關係，包括缺乏意志力、沒有時間、勇氣不夠，以及欠缺想像力。

---

*心理學家認為一個完整的自我是由「生理自我」及「精神自我」兩大部分組成，生理自我是指一個人對於自己的身體、外表、健康及活動力等的感受，而精神自我則是對自己在價值評估、情緒與人格特質方面的看法。

一如既往，為了改變，我們必須要重新認識自我及世界，以接受新的知識和擁有新的體驗。這就是閱讀本書的目的。

你過往的缺失，追本溯源可以歸咎於一個主要的疏忽：你並未致力於信守這樣的一個真理——**你的想法影響如此深遠，造就了你的現實狀況**。

事實上，我們是得天獨厚的，傾盡全力後都能收穫成果。我們無需安於現況，只要願意，隨時都能開創新局。每個人都有這種能力，因為不論好壞，想法確實會影響我們的人生。

我確信你以前也曾經聽過：想法確確實實會影響我們的人生；但我懷疑大多數人是否打從心裡相信這句話。假如你真心接受這種見解，難道不會起心動念地想要排除任何你不想要的經驗？難道不會試著把注意力傾注在所希冀的事物上讓它成真，而不是不斷地沉淪在問題裡？

試想：如果你確實明白這個道理為真，你會願意錯失機會去創造你夢寐以求的未來命運嗎？

想改變人生，先改變你對現實本質的信念

我希望透過這本書，能改變你對世界如何運作的看法，說服你相信自己比你所認知的更有力量，並啟發你實踐以下的領悟：你的所思所想，以及所相信的一切，都會深刻地影響著你的世界。

除非你擺脫目前看待現況的方式，否則人生中的任何變化都會是偶發且暫時的。你必須澈底改變自己對於事情為何發生的想法，才能產生長久且如你預期的結果。為了做到這一點，你需要敞開心胸，接受對現實及真相的全新詮釋。

為了幫助你進入這種思考模式，並開始創造你所選擇的生活，我必須先來談一點宇宙學。不要害怕，我們只是簡單地了解一下所謂的「實相」（Reality），以及其中某些觀點如何演變成你的既定觀點，以便讓你理解你的想法如何形塑你的命運。

本章也許是一個考驗，考驗你是否願意放棄那些多年來深植在意識及潛意識層面的想法。一旦你獲得了新觀點，了解構成實相的動力和元素，舊有概念就失去了主宰的力量。準備好了嗎？你的根本認知馬上就要來個大轉變了。事實上，你之所以是你的那些個性也即將發生改變。因為一旦開始這趟轉變之旅，你將會脫胎換骨。

為了緩解這種新思考方式所帶來的衝擊，讓我們先來看看，早期的信念是如何塑造了我們的世界觀，讓我們相信心靈和物質是全然獨立的。

物質與心靈涇渭分明，兩不相干？

如何將外在可見的實體世界與內在思想的心靈世界串聯在一起，對科學家和哲學家來說一直是個大挑戰。時至今日，許多人還是認為，心靈對物質世界的影響微乎其微。我們都同意，物質世界造成的後果會影響我們的心靈，但我們的心靈可能會對物質世界造成任何實質上的改變嗎？會影響生活中的真實事物呢？

答案是肯定的。近代以來（根據歷史學家所定義的），人類已經相信宇宙的本質是有序的，因此也是可預測和解釋的。十七世紀的數學家和哲學家笛卡兒（René Descartes）發展了許多觀念，至今在數學及其他領域仍有重要價值（對「我思故我在」還有印象嗎？）。但回想起來，他的理論之一最終還是弊大於利。笛卡兒把他主張的機械論觀點應用到天體，認為宇宙是由可預期的定律所控制的。

一談到人類思想時，笛卡兒就碰到了真正的挑戰——人的心靈變數太多，任何定律或原理都無法適用。由於他無法將對物理世界的理解套用在心靈世界上，但又必須兼顧兩者的存在，於是笛卡兒玩了個很棒的「心理」遊戲。他說，心靈不受客觀物質世界的規範，因此完全在科學探究的範圍之外。物質研究是屬於科學領域；而心靈是上帝的樂器，所以屬於宗教範疇。

本質上，笛卡兒創立了一個信仰體系，推行以心靈和物質為概念的二元論。幾個世紀以來，這個「信仰體系」確立了一般人對實相本質的認知。

牛頓（Isaac Newton）爵士的實驗和理論推波助瀾，延續笛卡兒的信仰。這位英國數學家和科學家不僅鞏固了宇宙機器論的概念，還造出了一套定律，說明人類可以精確地決定、計算及預測物理世界如何運作的方式。

根據這個「古典」的牛頓物理模型，所有的事物都被認為是實質的。比如說，無形的能量可以解釋成動力，用來移動物件或改變物質的物理狀態。但正如你所見的，能量比施加於物質的外力要大得多。能量就是萬事萬物的基本結構，並隨著心靈發生反應。

廣義而言，笛卡兒和牛頓的研究成果建立了這樣一套思維模式：如果現實依照機械原理運作，那麼人類無法或極少能影響結果，所有的現實都已被預先決定了。就是因為這樣的觀點，人類才會擺脫不了所作所為無關緊要的看法，而且不把想法或自由意志當一回事。時至今日，我們之中還是有許多人依然（下意識或有意識地）活在「人類充其量不過是個受害者」的假設之下。

鑒於這些「神聖的」信念已經偏執了幾世紀，我們需要革命性的思考，才能對抗笛卡兒和牛頓的理論。

一道公式串聯了物質與能量

在牛頓之後約兩百年，愛因斯坦（Albert Einstein）提出了著名的相對論方程式$E=mc^2$，表明能量和物質本質上是息息相關的，兩者基本上沒有分別。從本質上看，愛因斯坦的研究成果昭示了物質和能量是完全可以互換的。這直接違背了牛頓和笛卡兒的看法，開啟了對宇宙如何運作的新認知。

愛因斯坦並沒有一手瓦解我們先前對實相本質的看法，但他確實破壞它的基礎，並最終導致了我們狹隘而僵化的思考方式的崩潰。他的理論也掀起了對光謎樣行為的探索，科學家觀察到光有時就像是一種波動（例如當它在角落彎曲時）；其他時候，它的行為又像粒子。光怎麼能既是波又是粒子呢？根據笛卡兒和牛頓的看法，這種波粒二象性是不存在的，只能兩者取其一。

很快的，人們清楚看到笛卡兒和牛頓的二元論模型是有缺陷的，只是萬物最基礎的層級：次原子（subatomic，指的是電子、質子、中子等所有構成原子的零件，是一切物質的建構單元）。我們所謂的物質世界，最基本的元件就是波（能量）和粒子（物質），這取決於觀察者的想法（下面會再進一步說明）。要理解這個世界如何運作，我們必須檢視最微小的構成元件。

於是，經過這些特定又複雜的實驗，量子物理學（quantum physics）這個科學新領域就誕生了。

量子物理學撼動了我們一向熟知的世界

這樣的改變重新形塑了我們原本所認定的世界形象，抽走了我們踩在腳下習以為常的那張墊子——那個我們曾經認為自己牢牢踏著的、堅實又穩固的基礎。怎麼會這樣呢？請回想一下，那些用牙籤和保麗龍球做成的舊原子模型。在量子物理學出現之前，人們認為原子具有一個相對實質的原子核，伴隨著一些較小、較不實體的東西，或位於其中，或圍繞其上。我們以為，如果有足夠精密的儀器，就可以測量（質量）和計算（數目）構成一個原子的次原子粒子，就像計算在草原上靜靜吃草的牛群一樣。原子看起來就是由實體的東西組成的，不是嗎？

事實是，沒有什麼比量子模型更接近真理了：原子大部分是真空的；原子是能量。試著想一想，你生

舊原子模型

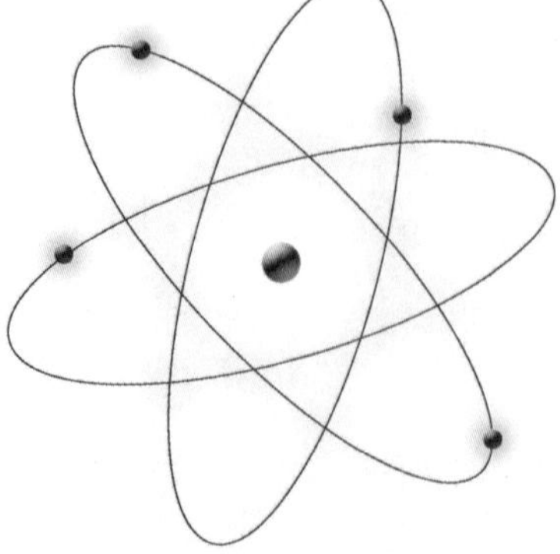

圖1A　牛頓古典物理版的原子模型，重點主要放在原子核那些實體上。

量子理論的原子模型

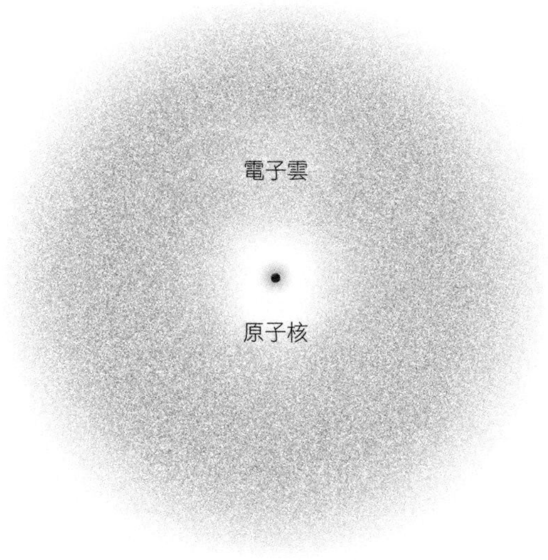

圖1B　「新式」的量子版原子模型。原子的99.99999%都是能量，僅有0.00001%是物質，幾乎可以稱為一無所有。

真正的量子原子模型

圖1C　這是最真實的原子模型。實質上它真的是「一無所有」，但卻包含一切。

活中有形的一切都不是實體物質，相反的，它們全都是能量場或資訊的頻率模式。所有的物質都是「無」（能量）比「有」（粒子）還要多。

微觀世界與巨觀世界，不僅性質不同，遵循的定律也不同？

但只有這樣，還不足以解釋現實的本質。愛因斯坦等科學家還有個難題要解決：物質似乎不總是以同樣的方式運作。當物理學家開始觀察和測量原子的微小世界，他們發現在次原子層級，原子的基本元素並不遵循巨觀物體所遵守的古典物理學原理，其中包括可預測性、可重複性及一致性。

當傳說中的蘋果從樹上掉落下來，朝地球的中心墜落，然後砸到牛頓的頭，蘋果的質量一直受到一定的力加速；但電子這種粒子的運動方式，卻是不可預期且不尋常的。當電子與原子核相互作用，並向原子中心移動時，它獲得和失去能量、顯現和消失，而且看似同時出現在所有地方，超越了時間和空間的界限。

微觀世界和巨觀世界是否真的以截然不同的規則運行呢？既然次原子粒子（比如電子）是構成自然界萬物的基礎元件，怎麼可能它們自己受一套規則約束，但它們所構成的東西又遵守另一套規則呢？

在電子層級，科學家可以測量與能量相關的特性，比如波長、電壓電位等。但這些粒子的質量是如此微乎其微，而且轉瞬即逝，幾乎等於不存在一樣。

這就是次原子世界何以獨一無二的原因。粒子不只擁有物理特性，同時也具有能量特性。事實上，在次原子層級，物質的存在只是短暫現象，難以捉摸，不斷顯現又不斷消失，既無空間也沒有時間——從粒子（物質）轉換成波（能量），反之亦然。但是，當粒子消失無蹤時，它們去哪裡了呢？

心創造了實相，能量回應了你的專注信念

讓我們再回到用牙籤和保麗龍球做成的老式原子模型。這個模型曾經讓我們以為電子會繞行原子核，就像行星繞著太陽轉一樣。如果真是這樣，我們是不是就可以精

波函數「塌陷」

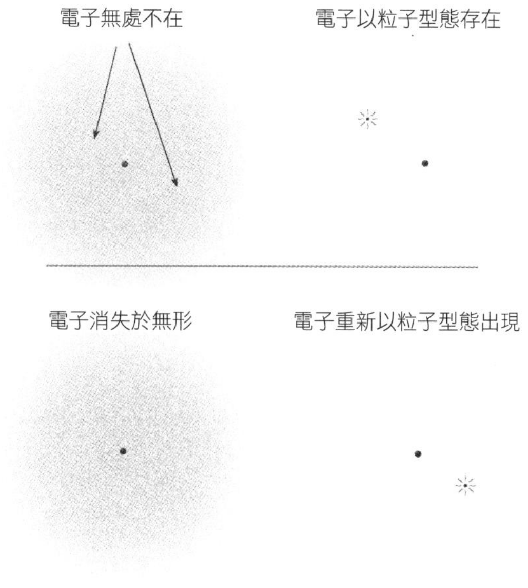
電子無處不在
電子以粒子型態存在
電子消失於無形
電子重新以粒子型態出現

圖1D　電子這一刻以機率波的方式存在，下一刻又以粒子型態出現，而後消失無蹤，但接著又重新出現在他處。

確地找出電子的位置呢？就某種意義而言，答案是肯定的，但理由不是我們所認為的那樣。

量子物理學家發現，**觀測者在觀察（或測量）組成原子的微小粒子時，會影響粒子的行為**。量子實驗顯示，在無形的能量場裡，電子存在於一個充滿可能性或機率的無限矩陣中。只有當觀察者的注意力集中於任何一個電子的任何位置時，這個電子才會出現。換句話說，一個粒子在我們觀察它之前，都不能夠出現在現實中（也就是我們所知的普通時空中）。[1]

量子物理學稱這種現象為「波函數塌陷」（collapse of the wave function）*或「觀察者效應」（observer effect）。我們現在明白，當觀察者在尋找電子的那一刻，會改變它的振動而呈現出某個固定狀態。根據這個發現，心靈和物質不能再被視為各自獨立、不相干的兩個部分；本質上，兩者是相關的，因為主觀心態會造成客觀物理世界裡可以測量到的變化。

在次原子層級，能量會回應你的正念專注力（mindful attention），變成實體的物質。如果你學會如何指揮觀察者效應，學會塌陷機率的無限波動到你所要選擇的現實，你的生活將會發生怎樣的改變呢？你是否能更進一步觀察到，你所想要的人生是怎樣的？

無窮無盡可能成真的機會，正在等待著你

所以，想想這個：在實體宇宙中，一切都是由次原子粒子（比如電子）所組成的。就本質而言，當這些粒子以純潛能（pure potential）狀態存在時，在沒有被觀察到的當下，它們即處於能量波的狀態。在被觀察到之前，它們有可能是「萬」或「無」；但它們無處不在。因此，在現實

世界中，一切都以純潛能的狀態存在。

如果次原子粒子能夠在無數個可能地點同時存在，我們就有潛力能夠塌陷進入無限多個可能的實相。換句話說，如果你能根據自己的任何一個願望，想像你未來會發生的某個事件，那個實相就已經以量子場中的可能性存在著，並等待著被你發現。如果你的想法可以影響電子的出現，那麼理論上，你的想法也可以讓可能的事情發生。

這意味著，量子場包含著這麼一個實相，生活在其中的你是健康的、富有的、快樂的，並擁有你想像中那個「理想自我」所具備的特質和能力。跟著這本書走，你將會看到，憑藉著執著專注、新知識的確實應用，以及每天不斷重複的努力，身為觀察者的你，將可以用心靈來塌陷量子粒子，並組織大量的機率次原子波，以便構成你想要的那個稱為體驗的物理事件**。

就像黏土一樣，無限可能的能量可以由意識塑造而成，即你的心靈。如果所有的物質都是由能量構成的，那麼意識（牛頓和笛卡兒稱之為心靈）和能量（根據量子模型，即物質）的關係如此密切，說兩者是一體也合情合理。心靈和物質息息相關，你的意識（心靈）會對能量（物質）造成影響，是因為你的意識即能量，而能量具有意識。在最基本的層次上，你就是一種具有意識的能量，足以影響物質。

在量子模型裡，實體宇宙是一個非物質、相互關聯且均一的信息場，潛藏萬事萬物，但實質

＊簡單來說，若觀測或測量粒子時，某個特定狀態被選擇出來後，其他狀態就會消失，這種現象就稱為「波函數塌陷」。

＊＊ physical event，指發生在這個時空中的事件。

上卻一無所有。量子宇宙只是在等待一個有意識的觀察者（比如你我），用心靈和意識讓充滿能量的機率波聚合成實體物質。正如在某個瞬間，電子的可能波動會以粒子狀態出現，我們的觀察也會導致了單顆粒子或一群粒子以生活事件的形式給我們一個具體的經驗。

這是理解你如何能影響或改變人生的關鍵。當你學會如何提升觀察能力，有意識地影響你的命運時，你也正在用自己的方式逐步走向理想的人生，成為理想中的自己。

我們與量子場的一切息息相關

如同宇宙中的萬事萬物，在某種意義上，我們也連結到超出物理時空維度的一個信息海洋。我們並不需要接觸或接近量子場中的任何實體元素，才能讓影響發生。我們的身體是能量與信息的一種組織模式，與量子場中的一切合而為一。

你就和所有人一樣，散播著獨一無二的能量模式或能量特徵。事實上，所有物質都會發射各自的特定能量模式，並帶著信息。心靈的波動狀態會有意識或無意識地即時改變能量特徵，因為你不僅僅是形體，你是用身體和頭腦來表達不同心靈層次的意識型態。

另一種看待我們人類如何和量子場相互連結的方式，則是透過量子糾纏（quantum entanglement）*或量子非定域連接（quantum nonlocal connection）的概念。基本上，一旦兩個粒子可以用某種方式進行初始連結，它們就會一直聯繫在一起，超越時空限制。因此，任何作用在其中一個粒子的行為，將會同時作用在另一個粒子上，即使它們在空間中彼此分離或相隔遙遠。既然我們也是由粒子構成的，這意味著我們也都間接地彼此連結，超越時空。於是，我們加諸於他人的，也將會加諸於自身。

想想看，這代表著什麼。如果你能對這個概念了然於心，那麼你將會同意，在超出目前時空的維度上，那個存在於一個可能未來的「你」，已經連結到現在的這個「你」。敬請期待……等你看完本書，這將可能只是稀鬆平常的想法而已！

那麼，我們能影響過去嗎？

既然我們能跨越時空互相連結，這是否意味著思想和感情也能影響過往的事情，以及那些我們未來的期望？

二〇〇〇年七月，以色列醫生萊納德・列波維奇（Leonard Leibovici）對醫院中的三三九三名病患進行雙盲的隨機控制實驗。他將所有病人分為「祈禱組」和對照組，打算看看禱告對他們的病情是否有效。[2]透過祈禱實驗來證明心靈會影響遠處的事物，看起來是個很棒的例子。但先聽我往下說，因為一切並不是像你想的那麼簡單。

列波維奇挑選的是患有敗血症的住院病人，隨機把他們分為兩組：一組可以獲得助禱（代禱），而另一組沒有。比較結果分為以下三類：持續發燒的時間、住院時間長短，以及因感染而

＊纏結粒子可以跨越遙遠的空間彼此聯繫，測量其中一個粒子，會立刻影響到遠方纏結的粒子。

死亡的人數。

代禱組的患者，比較早退燒，住院時間也較短（死亡人數雖然也較少，但與對照組的差別並不明顯，不具統計意義）。這是個有力的證明，顯示助禱的好處，以及我們如何能透過思想和感情發送意念到量子場中。

但是二〇〇〇年七月，光是一間醫院就同時有三千多名血液感染案例，難道這個地區的衛生非常糟糕，或是當時有某種厲害的傳染病？這個疑問，正是這個故事的另一個要點，也是你應該知道的。

事實上，那些被助禱的人並非全都是二〇〇〇年的住院患者。代禱組的名單是從一九九〇年到一九九六年的住院病患，也就是橫跨了十年的患者名單，其中有些人已病癒出院，有些人已病故。但代禱的基督徒們並不知道這一點。

神奇的是，代禱組的患者竟能從幾年後的實驗中受益，病情都能實際獲得好轉。換個方式來說明：二〇〇〇年的「追溯助禱」，讓四到十年前的患者在健康上都顯現出可測量的正面變化，而這些變化都發生在數年之前。

這個實驗的統計分析，證明了這些影響遠遠超出巧合。這揭示了我們的意念、思想和感情，還有我們的禱告，不僅會影響我們的現在及未來，實際上還可以影響過去。

現在，這引發了一個問題：假如你要祈求（或專注意念於）有更好的人生，可能會影響你的過去、現在及未來嗎？

量子定律說：所有的可能性同時存在。我們的思想和感情會影響生活的各個層面，而且超越時間和空間。

我們的存在狀態就是一種心境

在本書中，我會交互使用「存在狀態」（state of being）或「心境」（state of mind）這兩個用語。舉例來說，我們可以說，你的想法與感受創造了一種存在狀態。我希望你理解，當我使用存在狀態與心境這兩個用語時，你的身體也是其中的一部分。事實上，你將會看到，有很多人幾乎完全被身體和感官統治了，他們活在一種身體已經「變成」了心靈的狀態之下。因此，當我談到有效觀察時，不只是頭腦在影響事物，也包括身體。這就是你作為一個觀察者的存在狀態（即身心合一的狀態），而這個狀態會影響外在的世界。

我們主要透過思想和感情與量子場溝通。我們的思想本身就是能量，如你所知，大腦產生的電脈衝可以很容易被現代儀器測量到，比如腦電波儀。思想是我們傳送信息到量子場的主要方式之一。

在我進一步說明這是如何運作的細節之前，我想跟大家分享一個了不起的研究，證明想法和感受如何影響事物。

細胞生物學家格倫．瑞恩（Glen Rein）博士設計出一系列的實驗，以測試治療者的能力對生物系統的影響。由於ＤＮＡ（去氧核糖核酸）比細胞或細菌培養物更為穩定，他決定讓治療者用手拿著裝有ＤＮＡ的試管。[3]

這個研究在加州享有盛名的心數研究中心（HeartMath Research Center）進行。首先以一個十人小組為研究對象，所有成員對於使用心數所教授及建立的同調性技術都十分嫻熟。他們採用此技術產生強烈的高昂情感（比如愛與讚賞），並在兩分鐘後拿著裝有DNA的試管。實驗後分析這些樣本，沒有發現統計學上的顯著改變。

第二組受訓學員也做了同樣的事情，但除了創造愛和讚賞的正面情緒之外，他們還抱持著一種意念（想法）：捲曲或解旋DNA鏈。在這一組中，DNA樣本的結構（形狀）產生了統計學上顯著的改變：某些情況下，DNA鏈的改變比率多達二五％！

第三組受試者則被告知要抱持著改變DNA的明確意念，但沒有指示他們進入正面的情緒狀態。換句話說，這組受試者只用想法（意念）去影響DNA的捲曲或解旋。結果呢？DNA樣本沒有產生任何改變。

換句話說，只有受試者同時懷著一致性的正面情緒及明確目的，才能製造出預期的效果。有意念的想法需要一個催化劑，也就是帶有能量的高昂情緒。心與腦一起工作，感情和思想合為一體，創造出一種存在狀態。如果這種存在狀態可以在兩分鐘內讓DNA鏈解旋或捲曲，這對我們創造實相的能力又說明了什麼呢？

心數實驗顯示，量子場不能單純回應我們的願望（情感要求），也不能單純回應我們的目的（想法）；只有當這兩者同調時，或者說，當它們一致傳播出相同的信號時，量子場才會有所回應。當我們結合高昂的情緒、開放的心、有意識的意念及明確的思維，我們將能發送出信息，使量子場以令人驚喜的方式回應我們。

然而，量子場並非回應我們想要的，而是反映了我們是怎樣的存在。

想法和感受，把我們的電磁信號送到量子場

由於宇宙中的每個潛能都是一個機率波，具有電磁場與充滿能量的本質，因此我們的想法和感受也不例外。

我發現一個有用的模型，就是把想法當成量子場中的電荷，而把感受當成量子場的磁荷。[4]我們的想法會發送出電信號進入量子場，而我們的感受則產生事件送還給我們。總之，我們如何思考和如何去感受，創造出一種

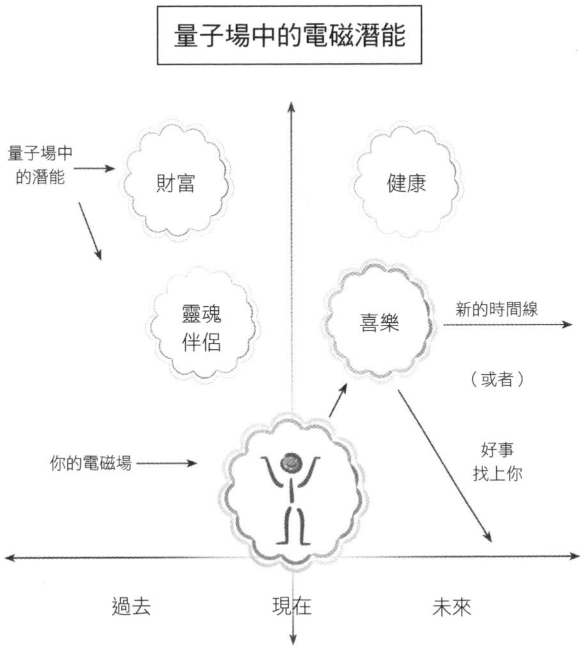

圖 1E　所有的潛在經驗都已存在於量子場中，有如一個充滿無限可能的海洋。當你改變你的電磁特徵，使之符合一個已存在的電子場，你將會進入一個新的時間線；或者在新的現實中，某事件會找上你。

存在狀態，由此產生的電磁特徵（electromagnetic signature）會影響世界上的每個原子。這應該會啟發我們提出一個問題：**我每天都有意識或無意識地在傳播什麼？**

所有潛在的可能經驗都是以電磁特徵的形式存在於量子場中：才能、富有、自由、健康、喜樂……，有無限多個潛在的電磁特徵已經以能量頻率模式存在著。假如你可以改變你的存在狀態，使之符合信息量子場中的某個潛能，創建出一個新的電磁場，那麼有沒有可能你就會陷進某事件中，或是某事件會找上你？

想要讓改變發生，就要用心去觀察

我再重申一次，我們慣常的想法和感受維持了一個相同的生存狀態，產生出同樣的行為及同樣的實相。因此，想要改變現實的某些層面，我們必須以新的方式思考、感覺及行動。我們必須成為不同的人，必須去創造一種新的心境，並用新的心靈來觀察新的結果。

從量子的角度來看，身為觀察者的我們必須創造不同的存在狀態，並產生新的電磁特徵。當我們這樣做，將會符合量子場中某個僅以電磁潛能存在的潛在現實。一旦我們的所作所為和量子場中的電磁潛能符合時，我們將會被吸引到那個潛在的現實裡，或者它將會找到我們。

我知道，當人生看起來就像是只能製造出一連串繞著同一個負面結果的無數個小變化時，真的很令人沮喪。但只要你還是老樣子，你的電磁特徵一直沒變，就不能期望得到一個新的結局。改變人生就是改變能量——從本質上改變你的思想和情感。

如果你想要一個新的結局，就必須打破習以為常的自己，重新塑造一個全新的自我。

改變需要同調，你的想法和感受必須一致

你的存在狀態和雷射有什麼共同點？如果你想改變人生，這是你必須知道的另一件事。產生同調光的雷射，是同調信號的一個完美例子。當物理學家談到同調的信號，指的是組成信號的波形是「同相」的——波谷（低點）和波峰（高點）是平行的。當這些波同調時，它們會強而有力。

信號中的波可能對齊或不對齊，可能同調或不同調。你的想法和感受也是如此。有多少次當你想創造些什麼時，你的大腦認為最終結果是可能的，但你的心卻覺得不可能？於是，你送出的是一種不同調的信號，導致了怎樣的結果呢？這就是你所想所願無法體現的原因。正如你剛才所看到的心數研究，只有當你的想法和感受一致時，量子創造才會發生。

一旦你的思想和感受一致，就會像同調波一樣產生強大的作用力。當你懷抱著清晰的目標、專注的想法，並投注強烈的熱情，你正在傳送的是一個強大的電磁信號，引領你走向你想要的那個潛在實相。

我經常會跟研討會的聽眾談起我的祖母，她是一個老派的義大利人，對天主的信仰就跟要在義大利麵上淋番茄醬汁的傳統一樣深。她不斷祈禱，一心想過新的生活，但她的成長過程灌輸給她的內疚感，卻擾亂了她所發送的信號。於是，她只能體驗更多讓她感到內疚的理由。

如果你的意念和願望一直沒能產生相符的結果，你可能發送出去的都是不同調與矛盾的信息。比如說，你希望能夠有錢，你腦中想著的是「有錢」，但你的感受卻是貧窮，那麼你就不會吸引錢進來。為什麼？因為你的想法是頭腦的語言，而感受是身體的語言，也就是你想的是一套，但感覺又是另一套。當心靈與身體對著幹（反之亦然），量子場將不會以任何穩定的方式做出回應。

相反的，如果你的心靈和身體合作無間，想法與感受一致，就會處在一個新的存在狀態，那麼你發送出去的將會是同調信號的無形電波。

顛覆因果關係，一個令人驚喜的量子結果

現在，讓我們再填上另一塊拼圖。要改變現實，那些被我們吸引過來的結果必須以讓我們驚訝、甚至震驚的方式降臨。我們理應永遠無法預測我們的新創作將以何種方式體現，它必須猝不及防地來到我們身邊，必須從我們所習慣的日常現實幻夢中喚醒我們。這些體現應該讓我們毫

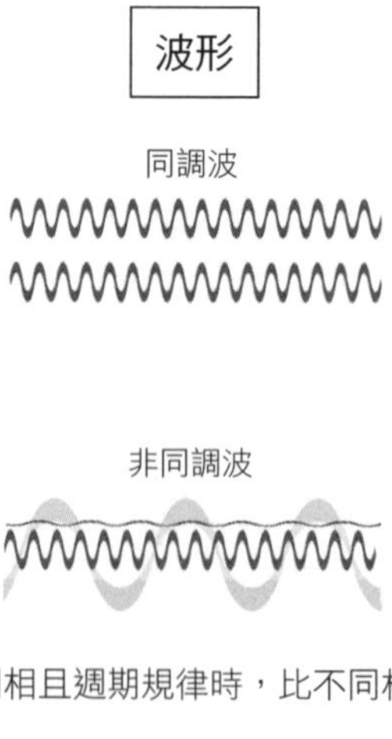

圖1F　當數個波同相且週期規律時，比不同相時更強而有力。

無疑問地相信，我們的意識與量子場接觸過，這樣的喜樂會讓我們躍躍欲試地想要再來一次。

為什麼你會想要一個量子驚喜？因為，如果你能夠預測事件，就沒有什麼新鮮感，就會像日常所發生的事件一樣，讓你產生同樣熟悉的結果。事實上，一旦你想要控制結果如何出現，你就變成了一個「牛頓信徒」。古典物理學正是試圖預料及預測事件，跟因果關係完全是一回事。

變成一個牛頓信徒，意味著外在環境正控制著你的內在環境（想法和感受）。這就是因果。反之，改變你的內在環境——你的想法和感受，看看經由你的努力，外在環境會如何改變。然後，當出其不意的事件以對你有利的情況發生時，你將會感到莫大的驚喜。於是你成為一個量子創造者，脫離了「因果」來到了「造果」。

因此，要對你所想要的事物抱持明確的意念，但要將「如何達成」的細節留給不可預知的量子場，它將會以最適合你的方式呈現出來。信任和放手，你所期望的事件將會自行展開。

這是你必須克服的最大障礙，因為我們人類總是想要重新創造過去所發生過的事來控制未來的現實。

量子創造，得到結果前要先感恩

我剛剛談到我們的想法和感受要一致，才可能產生出我們想要的結果；但在這個過程中，我們要把事件如何發生的細節放在一邊。這是充滿信心的一躍；如果我們想把單調、可預見結果的人生，轉換成充滿新經驗及量子驚喜的快意人生，這是先決條件。

但是，我們還需要另一個信心的一躍，來把我們想要的東西變成現實。

通常在什麼情況下，你會心懷感激？你可能會這樣回答：「我很感謝我的家人，我也很慶幸能擁有好房子、好朋友以及好工作。」以上回答的共同點是，這些都已經存在你的生活中了。

一般而言，我們心存感激的對象，往往是已經發生或已經存在於我們生活中的事物。我們已經習慣於相信我們需要理由去喜悅，需要動機去感恩，需要原因去愛，我們依靠外在的現實讓我們的內在產生不同的感受——還是掉進了牛頓模型。

然而身為量子創造者，我們必須在感官體驗到實證之前，就先改變我們的內在——包括心靈與身體、想法和感受。

你能否在期待的事件發生之前，就對它表示感謝，並感受到與該事件相關的高昂情緒？你能否徹徹底底地想像在你想要的那種狀況成真之前，就開始有置身於那種生活的感受？

在量子創造方面，對以潛能形式存在於量子場、但尚未發生在現實中的事物，你是否能心存感謝？如果可以，你將從被動的因果狀態轉變成主動的「造果」狀態（改變你的內在來影響外在）。

當你處於感恩的狀態之中，就會傳送「該事件已經發生」的信號到量子場中。感恩的心要比一個理性思考強大得多。你必須感覺彷彿你所想要的，在此時此刻已經存在於現實中了。

宇宙智能和量子場

我希望到現在你已經同意一些量子模型的基本概念了，包括所有的物理現實基本上都是以能量形式存在於跨時空互聯的廣大網絡中。該網絡（或稱量子場）擁有所有我們能夠透過思想（意識）、觀察、感受和存在狀態將之塌陷成為現實的潛在機率。

但是，難道現實只是冷漠電磁力的交互作用和反應嗎？難道我們內心活蹦亂跳的精神力量，只不過是生物方程式和隨機的亂數嗎？我已經與抱持這種觀點的人討論過了，最後帶出以下對話：

維持我們心跳的智能是從哪裡來的？

那是自主神經系統的一部分。

這個系統在哪裡？

就在大腦裡。大腦的邊緣系統是自主神經系統的一部分。

那麼在大腦中，有沒有一個特定組織來負責維持心跳？

有的。

那是由什麼構成的？

細胞。

那麼這些細胞又是由什麼構成的？

分子。

這些分子又是由什麼構成的？

原子。

這些原子又是由什麼構成的？

次原子粒子。

那麼，這些次原子粒子主要是由什麼構成的呢？

能量。

於是我們達成了以下結論：我們的生理載具與宇宙的其他部分，都是由同樣的東西構成的，而賦予身體生命力的是某種形式的能量，也就是跟構成物質世界一樣的、多達九九．九九九九九％的「無」。

那麼，我們傾盡所有注意力關注那屬於物質的、只有〇．〇〇〇〇〇一％的現實，是不是很諷刺？我們是否錯失了什麼？

如果這「無」是由攜帶信息的能量波組成，而這股力量又組成了我們的身體結構且負責所有運作，那麼把量子場當成一種無形的智能確實是有其道理的。

量子場是無形的潛能，可以把能量組織成次原子粒子，再逐步構成原子和分子，並進而構成所有一切。而從生理角度來看，這種能量組織分子成為細胞、成為組織、成為器官、成為系統，最終構成整個身體。換句話說，這種潛能將自身降為波動模式的頻率，直到其顯現成為實體。

正是這種宇宙智能（universal intelligence），賦予量子場與其中的一切生命，包括你和我。這股力量，也是讓物質宇宙的每個層面都能運作的同一個宇宙意識。這種智能維持我們的心跳、消化，並監督每秒發生在每個細胞中不計其數的化學反應。此外，同樣的意識也促使樹木開花結果，以及導致遙遠星系的形成和崩解。

這種智能存在於所有的時空，同時屬於個人及全宇宙。

我們是宇宙智能的延伸，我們可以仿效它

這種宇宙智能具有跟我們一樣的覺察：意識及正念專注力。儘管這種力量是普遍且客觀的，但它確實擁有意識——自我覺察，以及在物質宇宙中移動和行動的能力。

它也會全然地關注到所有層面，不只是它本身，還包括你我。由於這種意識關注一切，因此知道我們的思想、夢想、行為，以及我們的願望。它觀察所有成為物質型態的萬事萬物。

這樣的意識，不僅創造了所有的生命，並且持續消耗能量和意志來調節我們身體的每個功能以維繫生命，對我們表現出如此深刻又持久的興趣，怎麼可能不是一種純粹的愛呢？

我們已經談過意識的兩個層面：一個是量子場的客觀意識與智能，另一個是主觀意識，即一個具有自由意志、自我覺察的個體。當我們仿效這種覺察的性質時，我們正在成為創造者。當我們對這個充滿愛的智能產生共鳴時，就會開始喜歡它。這種智能將會安排一個事件、一個充滿能量的回應，以符合每個主觀心靈送進量子場的任何期望。當我們的意志跟它的意志符應時，當我們的心靈能夠匹配它的心靈時，當我們對生命的愛吻合它對生命的愛時，我們正在扮演這種宇宙意識。於是，我們成為提升的力量，超越過去、療癒現在，並開啟未來。

我們所得回的，正是我們送出去的

讓我們看看，這種事件的安排在人生當中是如何運作的。如果我們曾經歷過那種深植於身心的苦難，並透過想法和感受表達出來，我們就把帶有那種能量的特徵信號送進量子場。接著，宇宙智能會發送另一個事件到我們的生活中作為回應，相同的想法與情緒反應就會一次次重現。

我們的想法把信號發送出去（比如我很痛苦），而我們的感受（我很痛苦）會將符合這種情緒頻率的某個事件（一個受苦的好理由）帶進我們的生活中。毫無疑問的，我們隨時都在尋求宇宙智能存在的證據，而它也無時無刻都在我們的周圍發送回應。我們就是如此神通廣大。

這本書的核心問題是：**為什麼我們不發送會產生正面結果的信號？**我們該如何改變，才能使我們發送出去的信號能夠產生我們所想要的人生？一旦我們篤信，透過選擇所傳送出去的想法與信號，能夠產生可觀察並出乎意料的影響時，我們將會有所改變。

有了這種客觀的智能，我們不會**因為**我們的罪（也就是我們的想法、感情和行為）受到懲罰，而是**經由**它們得到寶貴的一課。當我們因為過去不好的經驗，將那些想法和感受所產生的信號投射進入量子場中，那麼量子場也會以同樣負面的方式來回應，這不是理所當然嗎？又有何奇怪的？

想想你有多少次說過：「我簡直不敢相信，為什麼這些事總是發生在我身上？」現在，基於對現實本質的新認識，你是否已看出來這些陳述反映的是你受到了牛頓／笛卡兒模型的影響，而使自己成為因果論的受害者？你是否已經有新的體認，相信自己完全有能力左右影響？你是否應該重新這樣問問自己：「**我應該怎麼用不同的想法、感受和行為，來產生我想要的影響和結果？**」

那麼，我們的使命，就是有意識的和宇宙智能連結，直接接觸充滿可能性的量子場，發送出我們真心想要改變的明確信號，並看到我們所希望的結果以回饋形式發生在我們的生活中。

目標明確的創造，正是你向量子意識請求聯繫的象徵，勇敢去要求一個跟你的期望同步的結果。當你這樣做時，代表你已壯大到知道這種意識是真實存在的，並且對你的努力有所覺知。一旦你做到這一點，就能創造出一種充滿喜樂與啟發性的狀態。

但首先，你得放下所有自以為知道的一切，虛心臣服於未知，然後觀察生活中量子以回饋形式所發生的影響。這是我們最好的學習方式。當我們得到正面的徵兆（看到外在環境朝有利方向轉變），於是我們知道內在的所作所為是正確的。因此，當量子回饋開始出現在生活中，你可以像一個探索中的科學家一樣充滿好奇心。所以，何不去追蹤任何的改變，看看宇宙意識是否贊同你的努力，並自我證明，看看你有多麼神通廣大？

那麼，我們要如何才能與這種意識狀態連接呢？

量子物理學是超越感官的

牛頓物理學假定，永遠存在一連串可預測且可重現的線性交互作用。就像你所知道的：如果A＋B＝C，那麼C＋D＋E＝F。但在量子模型的古怪世界裡，萬事萬物都與高維度的信息場互通，那是超越時空的全面纏結。

量子物理學為何如此難以捉摸的原因之一，是多年來我們已經習慣了根據感官來思考。如果我們用感官來衡量和認定現實，我們就會卡在牛頓的科學模式中。

相反的，量子模型要求我們不要根據感官來理解現實。在透過量子模型創造未來現實的過程中，我們的感官應該要置於最後，所有的感官回饋應該是我們所經歷的最後一件事。為什麼？因為量子是超越感官而存在的一個多維實相，處在一個沒有形體、沒有俗物、沒有時間的國度裡。因此，為了進入該場域並從中由無生有，你必須暫時忘掉你的身體，暫時把你的知覺從外在環境（所有那些你曾經在生活中認同的事物）移開。你的配偶、孩子、財產以及問題，都是你身份的一部分，讓你跟外在世界融為一體。最後，你必將失去與線性時間的聯繫。也就是說，當你有意去觀察一個可能的未來經驗的那個時刻，你將不得不存在於當下，使得你的心靈不再介於過去的回憶和未來「一成不變」的預期之間搖擺不定。

弔詭的是，為了影響你的現實（環境）、療癒你的身體，或者改變一些未來的事件（時間），你必須完全放開外在的世界（無物），釋放你對身體的知覺（無身），並失去與時間的聯繫（無時間）；**實際上，你必須成為純粹的意識**。

能夠做到這一點，你就能支配環境、身體和時間——我暱稱它們為**三巨頭**（Big Three）。何況，由於量子場的次原子世界純粹是由意識組成，你也根本無法用其他方式進入，只能憑藉自己純粹的意識通行。你無法以「某人」的身份走進量子場，而必須以「誰也不是」的方式進入。

你的大腦與生俱來就擁有利用這個技能的能力（後面會再詳談）。當你明白，你完全有能力做到這一切，將現有的這個世界拋諸腦後，進入一個嶄新的、超越時空的實相，你將很自然地得到啟發，並應用在生活中。

超越時空的存在

超越時空是什麼意思？時間與空間都是人類創造出來的架構，以便解釋涉及空間點及時間感的物理現象。當我們提到一個玻璃杯放在桌子上，我們同時說明了它的位置（空間點）以及它已占據該處多長的時間。身為人類，我們迷戀著時間和空間這兩個概念：我們在哪裡？已經存在了多久？能活多久？下一步又將何去何從？雖然時間不是我們能真正觸及的，但我們能感覺到它的流逝，正如同我們感受到自己在空間中的位置一樣。我們「感覺」過了幾分幾秒，感覺時光匆匆流逝，就像我們感覺身體陷在椅子上，或腳踩踏在地面上一樣。

在量子場中，可以把現實物質化的無限機率超越了時間和空間，因為潛能尚未存在；如果潛能不存在，則它就不占任何位置。任何不具實體存在的事物，其機率波尚未塌陷成粒子，因此就成為超越時空的存在。

既然量子場僅僅是非物質的機率，它就被排除在時空之外。一旦我們觀察到那些無限可能的其中之一，並賦予它物質化現實的當下，它立刻就獲得了時空的特性。

想進入量子場，先要讓自己進入類似的狀態

太好了，我們有能力在量子場中選擇，以便製造我們自己想要的實相。但是，我們必須先透過某種方式進入量子場。一直以來，我們都跟量子場緊密連結，但我們如何使它能回應我們？倘若我們持續發送能量，將信息傳送到量子場中，我們又該如何能夠更有效地跟它溝通呢？

下一章中，我即將以大篇幅談論如何進入量子場。目前你所需要知道的是，想進入超越時空存在的量子場，你必須先進入一個類似的狀態。

你是否曾有過這樣的經驗：時間和空間似乎消失了？想想你在開車或工作時，專注於某件事的那些時刻。在這種情況發生時，你會忘了你的身體（你不再注意你在空間中的感覺），你會忘了環境（外界消失了），而且你還會忘記時間（你不知道你「出神」了多長的時間）。

在這些時刻，你已經站在進入量子場域的門檻上了，並取得與宇宙智能共事的許可。就本質而言，你已經讓思想變得比任何事物都更真實了。

稍後，我將會教你如何定期進入這種意識狀態、如何進入量子場，以及如何更直接地與運行

萬物的宇宙智能交流。

心改變了，人生就改變了

從本章一開始到現在，我已經帶著你從精神和物質是完全獨立的觀念，走到主張它們是無法分開的量子模型。心靈是物質，反之，物質也是心靈。

因此，過去當你試圖改變的那些時刻，或許你的想法從根本上就受到限制了。你可能會認為，改變都要從外在情況做起，比如：**假如我沒有那麼多負擔，我就可以減掉多餘的體重，然後我就能夠開心**。我們都曾說過類似的話，假如這樣，就會那樣。還是在因果論繞啊！

倘若你可以改變你的心、你的想法、你的感受，以及你的存在方式，超越時空的局限，那會怎樣呢？倘若你可以提前改變，並預見你的「內在」變化對「外在」世界的影響，那又會怎樣？

你確實可以的。

當你了解到要改變你的心，從而有新的體驗，並獲得新的見解，你所要做的只是：打破「你之所以成為你」的那些習慣，這個深刻的道理積極地改變了我跟其他許多人的人生。當你克服你的感官，當你明白你不是被過去的枷鎖所束縛，當你所過的生活是超越你的身體、環境和時間，所有的事情都會成為可能。運作一切事物的宇宙智能，將帶給你驚奇與喜樂。它所想的，無非就是為你提供途徑，通往你所想要的事物與人生。

簡言之，當你改變心，也就改變了人生。

連結量子場，安排一次你想要的經驗

在談下個主題之前，我想與大家分享一個故事，說明與更高智能接觸是多麼強而有力的力量，可以改變你人生中不可或缺的一部分。

孩子需要你的牽引*。我的孩子們曾經使用一種冥想方式，類似我在本書第三部所介紹的靜坐方法，體驗到一些不可思議的神奇冒險。從他們小時候開始，我們早有協議，他們必須努力去創造自己想要的事物。我們的規則是，我不干預或協助他們去促使結果出現，他們必須運用自己的心靈和量子場交流，靠自己創造出所期望的現實。

我女兒現在二十多歲，在大學讀藝術。有一年春天，我問她暑假想做什麼。她列出了一長串，但並非典型的暑期打工。她想去義大利工作，學習和體驗新事物，造訪至少六個義大利城市，然後花一個星期待在佛羅倫斯，因為她有朋友在那兒。

我因為女兒明白她想要的願景是什麼而稱讚她，並提醒她，宇宙智能自會有安排，讓她夢想的暑假實現。她負責「要什麼」，而一個更偉大的意識會處理「怎麼做」。

我女兒對預先思考及感覺未來經驗的技巧已經相當嫻熟了，所以我只是提醒她每天都要去設想那個暑假的樣子（比如會看到什麼人、會發生什麼事、她會去什麼地方，並去想像體驗這些事物會有什麼感覺），還要求她持續創建心中的願景，直到它夠清晰真實，讓她的大腦突觸開始傳導信息，如同現實一般。

我又叮嚀她：「不能只是想，一定要起而行，就像妳正在度過一個人生中最不可思議的暑假一樣。」

如果她仍然是那個在宿舍裡夢想著要去義大利的年輕女孩，那麼她仍是活在同一個現實下的同一個人。因此，儘管現在才三月，她不得不開始「做」那個去義大利過暑假的年輕女孩。

「沒問題。」她說。過去她曾有過類似的經驗：一次是她想出現在音樂錄影帶裡，一次是她想體驗無限購物的樂趣。這兩個事件後來都完美優雅地發生了。

她明白我的提醒。每一天她不得不進入一種新的心理狀態，並在高昂的感恩情緒中度過一天，如同她真的在義大利過暑假一樣。

幾個星期後，女兒打電話給我。「爸，學校提供我一個在義大利學習藝術史的暑期課程，我可以把學費和所有花費壓到四千元，你能幫我付這筆錢嗎？」

她這番話並沒有打動我，因為她原先就說過去義大利是她設定的目標，而她現在正試圖插手控制這個潛在命運的結果，而不是放手讓量子場來安排。我勸她要真正沉浸在義大利之旅中，最好使用義大利語來思考、感覺、說話以及做夢，直到她把自我丟掉。

如此又過了幾個星期，當她再次打電話給我時，語氣興奮。她說，她在圖書館跟她的藝術史老師聊天，最後不知不覺地就說起了義大利語，兩人都很流利。這時她的老師說：「我想起來了。我有一個同事需要找人教初級義大利語，對象是一些今年夏天要去義大利念書的美國學生。」

＊出自《以賽亞書》第十一章第六節：「豺狼必與綿羊羔同居，豹子與山羊羔同臥，少壯獅子與牛犢並肥畜同群，小孩子要牽引他們。」

當然，我女兒被錄用了，並得到了這些：她可以拿到旅費與薪水，並在六個星期內造訪六個不同的義大利城市，最後一週待在佛羅倫斯。她夢想的工作，還有她最初設想的每個細節都一一實現了。

這是否跟你常見的做法不同呢？傳統上，一個在學的年輕女孩為了尋求這種機會，她會上網搜尋、會纏著教授……。摒棄依循因果關係，我女兒改變了她的存在狀態，在某種程度上，她靠量子定律生活而發揮了影響。

當她以電磁方式連接到存在於量子場中的期望命運時，她的實體就會被吸引進未來的事件中；於是未來的經驗找上了她。這結果是不可預測的，會以她無法預料的方式降臨，而且毫無疑問的，這是她內在努力的結果。

花點時間想一想。有什麼樣的機會在那裡等著你？在這一刻和所有其他時刻，你是誰？你所存在的這種方式，是否能吸引所有你想要的經驗到你身邊？

你可以改變你的存在狀態嗎？一旦你深植新的想法，你能觀察到新的命運嗎？這些問題的答案，正是本書接下來要談到的。

第2章 境由心造，你必須克服的內外在環境

由於經常跟外在世界的各種刺激互動，而活化各種不同的大腦迴路。這種類似自動回應的結果，會讓我們開始用習慣的方式思考和反應。因為外在環境引導我們這麼思考，而腦中熟悉的神經細胞網絡將會啟動相對應的過往經驗。

現在，我相信你應該開始接受主觀心靈能影響客觀世界的想法了。你甚至可能會認同，觀察者只需藉由將單顆電子從能量波塌陷成粒子，就可以左右次原子世界，並影響特定的事件。此外，你可能也相信我所探討過的那些量子力學領域的科學實驗，它們證明了意識可以直接控制微小的原子世界，因為這些元素基本上就是由意識和能量所構成的。這是量子物理學在發揮作用，沒錯吧？

但是，或許有人仍然對這個概念——你的心對你的人生具有真實且可度量的影響——抱持著觀望態度。你可能會問自己：**我的心要怎樣才能影響比較重大的事件，來改變我的人生呢？我要怎樣塌陷電子成為一個特定的事件，也就是我想在未來某個時刻所接觸到的新經驗？**如果你懷疑自己能夠在更廣大的現實世界裡創造實際的經驗，我不會感到驚訝。

我的目標是讓你了解，並讓你在實踐中看到（其中或許有些科學根據）自己有能力創造出實相。不過，對於懷疑的人，我希望你們先考慮接受一個可能性：思考方式會直接影響人生。

不斷重溫想法和感受，可以一再創造出實相

如果你已經能接受「境由心造」的可能性，那麼你也不得不承認以下的可能性：為了在你的個人世界中創造一些不同於慣常的東西，你必須改變你習以為常的思考和感受方式。

否則，當你一再重複用同樣的方式去思考和感受，你將繼續在生活中創造出相同的情境，導致你經歷相同的情緒，並影響你用「等同於」那些情緒的方式去思考。

在這裡，請容我拿大家所熟知的車輪倉鼠來做類比。當你（有意識或無意識地）不斷想著你的問題，你只會為自己創造出更多同類型的困境。也許你會花這麼多時間來思考你的問題，就是因為你的想法先創造出了這些問題。也或許你的煩惱感覺起來如此真實，就是因為你不斷在重溫那些最初創造這些問題的熟悉感覺。如果你堅持在生活中持續用跟目前處境相同的方式去思考和感受，你就會再次重溫那些情境與現實。

因此，在接下來的這幾章中，我將著重在為了改變，你需要理解的那些概念。

為了改變，你需要超越環境、身體與時間

大多數人所注重的，不外人生三大事：環境、身體和時間。他們不只是專注於這三個要素，他們更套用這些因素來思考。但要打破舊自我的習慣，你的思考必須凌駕你的生活環境，必須超越已經記憶在身體裡的感受，並以一個新的時間線來生活。

如果你想要改變，就必須在心裡預想一個理想化的自我，一個你可以仿效的良好模範，不同於存在於你目前所處的環境、身體和時間裡的那個「你」。歷史上的每個偉人都知道如何做到這一點，而一旦你掌握接下來的概念和技術後，你也能在自己的人生中成為一個更好的人。

在本章中，我們將重點放在如何克服你的內外在環境，先打好基礎；接下來的兩章，我們再繼續討論如何克服你的身體和時間。

記憶，構成了我們的內在環境

在我們開始談論要如何打破自己的習性之前，我想讓你問問自己：你一遍又一遍用同樣方式思考和感受的習性，是怎麼開始的？

至於我，只能透過談論大腦——我們思想和感受的起點——來回答這個問題。目前神經科學的理論告訴我們，腦的組成反映的是我們所知道的一切。在生活中所有我們接觸到的資訊，包括知識和經驗，都儲存在腦中的突觸連結（synaptic connections）裡。

我們與熟**人**的關係、我們擁有和熟悉的各種**事物**、在人生不同**時間**裡，我們曾居住過與造訪過的**地方**，以及這些年我們所遭遇的無數**經驗**，都設定在腦的結構中。甚至我們在有生之年裡，已經記憶並重複表現的眾多行動和行為，也都烙印在我們大腦灰質的複雜皺褶中。

所有我們在特定**時間**、特定**地點**所遭遇的那些**人事物**，這種種個人**經驗**都在構成我們大腦的神經元（神經細胞）網絡中確實反映出來。

如此創造出來的所有「記憶」，我們統稱為什麼？答案就是：我們的外在環境。在大多數情況下，我們的頭腦等於我們的環境，是我們個人過去的紀錄，與過去生活的反映。

在我們醒著的時候，因為經常與世界的各種刺激互動，我們的外在環境會活化各種不同的大腦迴路。這種類似自動回應的結果，會讓我們開始用習慣的方式思考和反應。因為外在環境引導我們這麼思考，而腦中熟悉的神經細胞網絡將會啟動相對應的過往經驗。從本質上來講，我們會自動用過往記憶所衍生出來的熟悉方式去思考。

如果真的「境由心造」，想法可以決定實相，那麼一個不斷反覆循環的想法（即環境的產物和反射），就會日復一日地繼續催生出同樣的實相。於是，你內在的想法和感受就會完全符合你外在的生活，而你的外在實相（包括所有的問題、條件和環境），同樣會回過頭去影響你內在實相如何思考與感受。

熟悉的記憶會提醒我們重現一模一樣的遭遇

每天，當你看到同樣的人（例如你的老闆、配偶和孩子）、做同樣的事情（開車去上班、進行日常工作、做一樣的運動）、去同樣的地方（你最喜歡的咖啡館、經常去的雜貨店或工作地點），並看著同樣的物品（你的車子、房子、牙刷……，甚至你自己的身體）時，這些已知世界的熟悉回憶會「提醒」你重現同樣的遭遇。

我們可以說，環境實際上控制了你的心靈。所謂的「心靈」，在神經科學上的定義是指運作中的大腦，它「提醒」你，你就是那個根據外在世界所定義的你，由此反覆產生出同樣的心靈層次。你外在的一切定義了你是誰，因為你認同所有構成你外在世界的元素。因此，你會用跟現實符應的那個心靈來觀察，進而塌陷量子場的機率波，形成一個反映你心靈狀態的特定事件。因此，你會創造出更多相似的經驗。

你可能會認為，環境與想法哪一點相關了，而現實哪會那麼容易就被複製。但是考慮到我們的大腦是過去的完整紀錄，以及心靈是意識的產物，某種意義上來說，你的想法可能一直是過去式。當你用符合過去記憶的大腦硬體來回應，所創造的心靈層次也將跟過去無異，因為你的大腦會自動觸發既有的迴路，以反映你已知及經歷過的一切，讓一切都變得可以預測。根據量子定律，你的過去即將成為你的未來。

原因就是：當你藉由過去的記憶來思考，你只能創造出過去的經驗。由於所有在你生活中的「已知」，導致你的大腦會用熟悉的方式去思考和感受，從而創造出可以預知的結果，因此你才會不斷地重溫你所熟知的生活。而且，由於你的大腦等同於你的環境，每天早晨，你的感官會將你拴牢在相同的現實中，並開始同樣的意識流。

所有來自外界、經由頭腦處理過的感官輸入（即視覺、嗅覺、聽覺、觸覺與味覺），會啟動大腦不加思索地套用現實中所熟悉的一切去思考。你睜開眼睛，因為過去的經驗，知道躺在身邊的人是你的另一半；你聽見門外的叫聲，知道那是你的狗狗想要出去。你的背在痛，你想起來，這跟昨天一樣的痛。透過記憶在這個維度、這個特定時空的自己，你認識到自己是誰，並將你與外在的熟悉世界聯繫在一起。

所謂常規，只是把我們跟過去套牢在一起

每天早晨，我們的感官會提醒我們是誰、我們在哪裡，將我們連接到現實，接著我們會做什麼呢？沒錯，我們會跟前天、昨天一樣，遵循著一套高度常規化且無意識的自動行為，跟過去的自己連接起來。

舉例來說，你可能在床的同一側醒過來，一如既往地以同樣方式穿上睡袍，並照照鏡子來想起你是誰。接著，按照慣例淋浴，然後將自己打扮成大家都預期看到的那個你，並用你一貫的方式刷牙，用你最喜歡的那個杯子喝咖啡，吃你習慣的早餐麥片。出門前，你穿上你常穿的那件外套，不知不覺地拉上拉鍊。

接下來，你沿著習慣且方便的路線，本能地開車去上班。在辦公室，你做著熟悉的工作，那些你已經滾瓜爛熟要怎麼做的事。你看見同樣的人，觸動你相同的情緒按鈕，導致你用同樣的想法去思考那些人、你的工作和你的生活。

下班後，你趕著回家，這樣你就可以早點吃完飯、早點看自己喜歡的電視節目、早點上床睡覺、早點將這一切再重複一遍。像這樣的一天中，你的大腦有任何變化嗎？

當你每天都思考著相同的想法，執行著相同的動作，體驗著相同的感受，為什麼你還暗自期待生活中會出現不同的事物？這不是很荒謬嗎？我們所有人都曾經受困在這種生活中。現在，你明白原因為何了嗎？

日復一日，你一直在重現同樣的心靈層次。量子世界已經告訴你，環境是你心靈的延伸（以

及心靈和物質其實為一體），那麼只要你的心靈不變，你的生活將會維持「現狀」。

因此，假如你的環境維持不變，而你也以相同的思考方式來回應，根據量子模型，你所創造出來的除了一再重複之外，還能有什麼新鮮事嗎？試著這樣想：輸入不變，輸出也必定不會變。那麼，該怎麼做才能創造出新東西呢？

從神經網絡的固化到潛意識反應

我應該讓你知道，如果你每天繼續以同樣方式生活，觸發相同的神經模式，另一個可能產生的後果。每一次你重新創造相同的心態（也就是啟動同樣的神經細胞，使大腦用同樣的方式工作），來回應你所熟悉的現實，你就會「固化」（hardwire）你的大腦來屈從個人現實中的慣性條件，無論那是好是壞。

有個神經科學原理稱為海伯定律（Hebb's law）。海伯定律基本上指出：「同步發射的神經元會連結在一起。」加拿大心理學家海伯（Donald Hebb）認為，如果你反覆活化同樣的神經元（神經細胞），在每次啟動時，它們將會更容易同步被再次觸發，而發射得越多次，神經連結得越緊密。最後，這些神經元會發展出長期的合作關係。[1]

所以，當我使用「固化」一詞，就意味著這群神經元已經多次以同樣方式被觸發，以至於它們連結組織起來，成為特定模式的長效連接。這些神經元網絡被觸發得越多，它們被固化成為穩定活動路線的程度就越高。隨著時間推移，無論是經常重複的思想、行為或感受，都會成為一種自動的、無意識的習慣。

所以，如果你一直有同樣的想法、做同樣的事情、感覺同樣的情緒，你就會開始固化你的大腦，使得它進入一個有限的模式，對有限的現實直接做出反應。久而久之，你對於重現同樣的心境會變得更加容易且自然。

這個單純的反應週期會導致你的大腦、而後是你的心靈，進一步強化某些特定的現實（也就是你的外在世界）。透過反應外在的生活，你會觸發更多相同的迴路，你的大腦迴路連結會跟你的個人世界越來越相同。假以時日，你將會開始「在框框裡」思考，因為你的大腦會觸發一套既有的、有限的迴路，然後創造一個更特定的心理特徵。這個特徵被稱為你的**個性**。

你的習慣是如何形成的？

由於這種神經習性的影響，內在心靈與外在世界的兩個現實看起來幾乎形影不離。舉例來說，如果你不能停止去想你的問題，那麼你的心靈和生活將會合而為一。於是你主觀心態的看法會給客觀世界著色，而現實則會不斷附和。你在夢中的幻象裡徬徨迷失。

你可以稱它為窠臼，我們都身陷其中，而且還會越陷越深：不只是行為，還包括態度和感情，都會一再重複。從某種意義上來說，你會成為環境的奴隸，形成一個由習慣打造出來的你。你的所思所想開始跟你的生活條件亦步亦趨，身為一個量子觀察者（我們都是），你正創造出一種心境，而在你的現實中只會重現這些情境。你所做的一切，只是對外部已知且不變的世界做出回應而已。

千真萬確的，此時的你已經成為外在環境所製造出來的一個效應了。你已經允許自己放棄了主宰自己命運的權利。不同於比爾．莫瑞（Bill Murray）在電影《今天暫時停止》（*Groundhog Day*）裡的角色*，你甚至沒有反抗，讓你自己與你的生活變成永無止境的一成不變。更糟的是，你並不是被某種看不見的神祕力量放進這個重複循環的受害者，你自己就是這種循環的創造者。**好消息是，因為是你創造了這個循環，你當然可以選擇結束它**。

量子模型告訴我們，要改變生活，必須從根本上改變想法、行動和感受的方式。我們必須改變自己的生存狀態。因為我們怎麼想、怎麼感覺和怎麼舉止，基本上就是我們的個性；而就是我們的個性，創造了我們的個人實相。因此，要創造新的個人實相與新生活，我們就必須創造出一個新個性；我們必須成為不同的人。

為了改變，我們的思考和行動必須超越現況，也超越環境。

偉大就是緊抓住夢想，不受環境影響

在我開始探討能超越環境的思考方式，以便打破你自己的習性之前，我想先提醒你一些事。

---

*在電影《今天暫時停止》中，比爾．莫瑞飾演的主角菲爾．康納因為不明原因，不斷重複過著二月二日的土撥鼠節，從一開始的混亂、沮喪，甚至嘗試自殺未果後，他慢慢改變自己，最後終於得到救贖，進入二月三日的人生。

超越目前現實的前瞻性思考是可以做到的。歷史上滿滿都是這種人，有男有女，如黑人民權領袖馬丁・路德・金恩（Martin Luther King, Jr.）、蘇格蘭獨立戰爭的英雄威廉・華勒斯（William Wallace）、物理學家居里夫人、聖雄甘地、發明家愛迪生及聖女貞德等等。這些人的心裡都有一個對未來現實（以潛能形式存在於量子場）的描繪。這個願景存在於一個超越感官、充滿可能性的內在世界裡，而最終這些人使之成為事實。

共同點是，他們都擁有一個遠遠超過自身的夢想、願景或目標。他們都深信未來的命運終究會成真，因為在他們的心靈中那是如此真實，真實到他們甚至以這個夢想已經發生的方式開始生活。他們看不到、聽不到、嘗不到、聞不到、也感覺不到這個潛在現實，但是他們對自己懷抱的夢想如此著迷，使得他們的行事方式提前與之相互符應。換句話說，他們表現得就像是他們的夢想已經成真一樣。

以甘地為例來說明。儘管帝國主義者斷言，二十世紀初印度所經歷的殖民統治會讓印度人灰心喪志，但甘地卻深信一個還沒有出現在印度的未來現實。他全心全意擁護平等、自由和非暴力，並對此深具信心。

雖然在英國的控制下，現實情況與甘地的理想天差地別，而當時的傳統思想也跟他的希望和抱負彼此對立，他卻沒有被外在逆境的現實左右，從而放棄這個理想。在很長一段時間裡，來自外界的多數回應顯示，甘地並未造成廣大的影響，但他幾乎不曾讓這些環境條件來主導他的存在方式。他深信一個他還不能用感官看到或經歷的未來，但在他的心靈中一切卻是如此真實，以至於他無法用其他任何方式去生活。他接受了一個全新的未來，即使現實上他仍受困於目前的生活。他了解他所想的、所反應的，以及所感覺的方式將會改變現況。最後，由於他的努力，現實開始改變了。

當行為符合了意念，當行動等同於思想，當心靈與身體一起攜手合作，當言行一致時……任何人的背後都存在著一股巨大的力量。

歷史上的偉人，為什麼他們的夢想都那麼不切實際

歷史上最偉大的人物會堅定不移地朝向未來的命運努力，不需要環境的任何即時回應。對他們而言，是否收到任何感受或證據，可以顯示他們想要的改變已經發生，並不是要緊的事。他們每天都會提醒自己，那個自己必須專注的現實。他們的心靈領先於當前的環境，因為環境不再能控制他們的思想。認真說起來，他們也領先了時間。

這些名人另一個重要的共通點是：他們的心裡都十分清楚什麼是他們期望發生的。（記住，我們要將怎麼發生留給更偉大的意識來決定，而這些人必定知道這一點。）

再者，當時的多數人可能會說他們不切實際。事實上，他們根本就是不切實際的，他們的夢想也一樣。他們在思想、行動及情感上所領會的事件是不實際的，因為那個現實尚未發生。

再舉一個例子，聖女貞德曾經被認為有勇無謀，甚至是瘋狂的。她的想法挑戰了她那個時代的信仰，並對當時的政治體制構成威脅。但是，一旦她的願景體現了，人們對她的評價卻是高尚良善的。

一個人擁有不受環境左右的夢想，就是非凡的表現了。接下來，我們很快會看到克服環境，就不可避免地要克服身體及克服時間。以甘地為例，他並沒有被外在世界發生的一切左右，他也不擔心他的感覺如何，以及將會遭遇到什麼（身體），而且他也不在乎需要多長時間才能實現自由的夢想。他只知道，所有的這些因素遲早都會臣服在他的意念之下。

對這些歷史上的偉人來說，有沒有可能是因為他們的想法已在心靈的實驗室中茁壯到如此強大的程度，以至於對他們的大腦而言，彷彿這些經驗已經發生了呢？那麼，你是否也能單靠思想就改變自己呢？

在內心預演，想法如何能成真？

神經科學已經證明，僅僅只是以不同的方式思考，我們就能夠藉由改變大腦，進而改變行為、態度和信仰（換句話說，沒有改變環境中的任何東西）。透過內心預演（mental rehearsal），在腦海中創造或重建經歷，大腦迴路就可自行重組，以反映我們的目標。我們可以讓思想變得如此真實，來改變頭腦，彷彿該事件已經成為物理現實。我們可以在任何實際經驗發生之前，就進行改變。

在此舉例說明。在《進化你的腦：改變心智的科學》一書中，我提到了一個研究：一組受試者每天在內心演練單手彈鋼琴兩個小時，一共持續五天（實際上他們從未碰到任何琴鍵），他們的大腦變化，跟在同時間內實際在鋼琴鍵盤上彈琴的另一組人幾乎相同。[2]腦功能掃描顯示，所有的受試者都活化且擴張了大腦中相同部位的一群神經元。基本上，在內心演練音階的受試組，跟實際彈鋼琴的另一組受試者，幾乎產生了相同數量的大腦迴路。

這項研究指出兩個重點：其一，我們可以單靠不同的思考方式來改變大腦；其二，當你專心一致時，其實大腦無法分辨你的內心活動與外在環境真正遭遇到的經驗有何不同。也就是說，我們的想法可以成為經驗。

這個概念，是你在努力用新習慣（發展新的神經網絡）來取代舊習慣（刪除舊的神經連結）時，成功與否的關鍵。下面就讓我們來看看，相同的學習成果是如何發生在這些僅靠內心練習、但不曾真正彈過任何音符的人身上的。

無論是實際或只在內心學習技能，我們都會用到四個要素來改變大腦：學習新知識、接受實作教學、專注及重複。學習會促使神經突觸連結；教學會讓身體參與其中，以獲得新的體驗，從而進一步充實大腦。然後加上專注及一遍又一遍地重複新技能，我們的大腦就會發生改變。

實際彈琴的受試組產生新的大腦迴路，是因為他們遵循了上面這個學習公式。而只在內心演練的受試者，同樣也是遵循這個公式，只是他們沒有讓身體實際參與而已。在心裡面，他們很輕易地就能想像自己在彈鋼琴。

這些受試者在心裡反覆練習後，他們的大腦跟實際彈鋼琴的受試者呈現出相同的神經變化。新的神經元網絡形成了，顯示他們不必透過實際體驗，就已經有了彈鋼琴的成效。我們可以說，在真正彈鋼琴的物理事件發生之前，他們的大腦就已經「先一步存在於未來了」。

人類擴大的額葉，以及我們能夠「境由心造」的獨特能力，自然而然的讓前腦能夠降低外在環境的干擾，使得我們能夠心無旁鶩。這種內部運作，讓我們可以全心投入我們的心理成像，讓頭腦不需經歷真實事件，就能變更線路。當我們能不受環境影響而改變思想，然後持續專注、堅定不移地懷抱理想，頭腦就能領先環境。

這就是內心預演、打破慣性的一個重要工具。如果我們摒除其他雜念，反覆思考某一件事，我們就會遇見當思想變成經驗的美妙時刻。一旦這種情況發生，神經硬體就會重新布線，以便反映如同經驗一般真實的想法。這就是思想改變頭腦，從而改變心靈的那一刻。

明白神經變化可以在沒有實際動作的情況下發生，是我們要成功打破慣性的關鍵。想想看，倘若我們能將內心預演的方法，運用到任何我們想要做的事情上，不就可以在任何具體經驗發生之前就提前改變我們的大腦嗎？

如果你能影響大腦，使它在遇到你期望的未來事件之前就發生變化，你將會創造出適當的神經迴路，使你的行為在願望成真之前就符合你的意念。透過內心預演的方式來思考、行動或者存在，你將能把生理上準備要面對新事件所需要的神經硬體安裝好。

事實上，你會做得更多。大腦的硬體，我指的是大腦的物理結構和組織，一直到最小的神經元。如果你持續安裝、加強並改善神經系統的硬體，不斷重複的結果，最終會產生出一組新的神經網絡——就像一個新的軟體程式，當然也會像你操作電腦軟體一樣，一打開電腦，這個程式（包括你的行為、態度或情緒狀態）就會自動運轉。

現在你已經把大腦準備好以便迎接新的經驗，坦白說，你的心靈也已經到位了，這樣的你就可以開始處理挑戰。當你的心改變了，你的大腦也會跟著改變；同樣的，當你改變大腦，你的心也會跟著改變。

於是，當你想要的願景與當下的環境條件不符時，你已經能夠堅定不移、毫不猶豫地去思考與行動。事實上，你對自己在未來事件中所顯現的樣貌越是清晰，就越容易執行新的存在方式。

一旦你能深信一個感官還無法看到或體驗到、但在心靈中已經用了足夠時間去思考的未來經驗，並使得大腦迴路確實發生改變，彷彿該經驗已經提早於外在環境發生了，此時你的大腦就不再只是過去的紀錄了，而是已經成為未來的地圖了。

現在你知道，可以透過不同的思維方式來改變大腦，那麼有沒有可能改變身體，讓它也「看起來像是」正在體驗你想要的那種經驗呢？你的心靈有那麼強大嗎？敬請期待。

第3章 擺脫身體為主的存在模式

我們可能有意識地想要快樂、健康和自由，但多年的受苦經驗，以及一再循環的傷痛和遺憾所產生的化學物質，已經下意識地制約身體成為一種慣性狀態。於是我們無意識地倚賴習慣生活，不再意識到我們的所思所為所感。

你並非在真空中思考。每當你有個想法，你的腦中就會產生一個生化反應。正如你即將學到的，大腦隨後會釋放特定的化學信號給身體，這些信號扮演的是思想的傳令兵。當身體從大腦一接受到這些化學信息後，會立刻執行命令，直接啟動與大腦想法相符的配套反應。然後身體立即發送確認的訊息回報大腦，表示它現在的感覺正是頭腦正在思考的東西。

想要了解你如何用等同你身體的方式在思考，以及如何形成新意識的這些過程，首先你要明白的是，大腦和化學在生活中扮演的角色。在過去幾十年中，我們已經發現，大腦和身體的其他部分會經由強大的電化學信號互動，以及我們的雙耳之間有個大型的化學工廠，負責協調各種不同的身體機能。別擔心，這只是一門大腦入門的課程，你所需要知道的，只是幾個名詞而已。

所有細胞的表面都有許多受體部位，負責接收來自細胞邊界外的信息。當其中一個受體部位，與外部的輸入信號在化學、頻率和電荷上相符應時，這個細胞就會被「啟動」，以便執行特定的任務。

神經傳導物質、神經胜肽及激素（荷爾蒙）是大腦活動和身體機能的因—果化學反應物質。這三種不同類型的化學物質統稱為配體（ligare的拉丁文意思是「連結」），會在毫秒之內連接、啟動或影響細胞。

神經傳導物質：化學信使，主要在神經細胞之間發送信號，使大腦和神經系統得以互相通訊。神經傳導物質有各種不同類型，每一種各自負責一類特定的活動。其中有些會刺激大腦，而有些則會減緩大腦活動，還有一些會讓我們清醒或昏昏欲睡。它們可以指示一個神經元從當前的連結脫離或黏得更緊；甚至還可以改寫正在發送到神經元的信息。

神經胜肽：這種類型的配體在信使中占了大多數，大部分的神經胜肽都是在一個稱為下視丘的大腦結構中製造出來的（最近的研究顯示，我們的免疫系統也會製造神經胜肽）。這些化學物質會通過腦下垂體，然後腦下垂體就

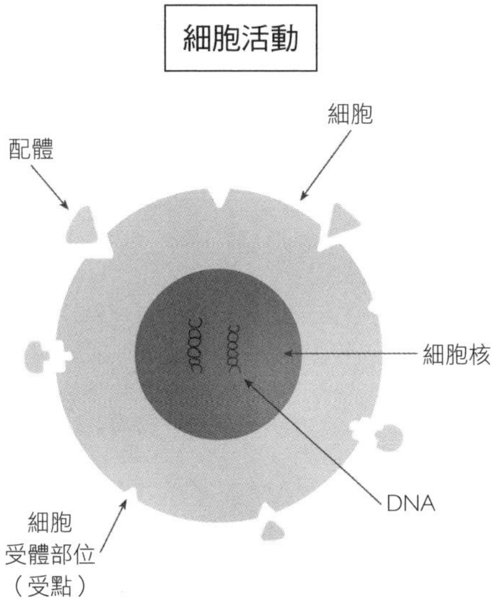

圖3A　一個細胞的受體部位，是用來接收來自細胞外的輸入信息。該信號可以影響細胞進行無數的生物功能。

將帶有特定指示的化學訊息釋出給身體。

激素：神經胜肽會透過血流前進，附著在各種組織（主要是腺體）的細胞上，然後啟動第三類的配體——**激素**，進一步影響我們用特定的方式感覺。神經胜肽和激素是負責我們感覺的化學物質。

我們可以把神經傳導物質想成是來自大腦和心靈的化學傳令兵，而把神經胜肽想成是大腦和身體之間的橋梁，使我們的感覺與想法能夠一致，至於激素則是與身體感覺有關的化學物質。

舉例來說，當你有一個

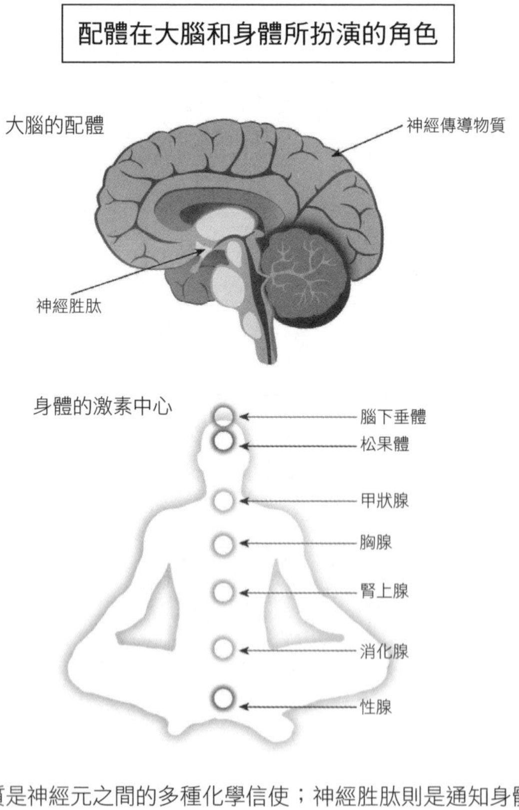

圖3B　神經傳導物質是神經元之間的多種化學信使；神經胜肽則是通知身體不同腺體製造激素的化學信使。

性幻想，所有這三種因子都會被喚來行動。首先，你開始有了一些想法時，你的大腦分泌一些神經傳導物質，用來啟動一組神經元網絡，在你腦海中創造出影像。這些化學物質接著激發特定的神經胜肽，釋放到血液中。當它們到達你的性腺時，這些胜肽就黏附在腺體組織的細胞上，接著啟動你的內分泌系統，然後——蹦！事情就開始發生了。

你在腦海中會把這些幻想變得分外真實，導致你的身體開始準備要獲得真實的性經驗。這就是心靈和身體緊密相關的例子。

同樣的，如果你開始想著該如何回應你家孩子弄凹你新買的車子，神經傳導物質會在你的腦中開始這個思考過程。你的神經胜肽會發出化學信號，用特定的方式號令你的身體，於是你開始覺得有點發火了。當胜肽找到方式到達你的腎上腺，它們會迅速釋放腎上腺素及皮質醇，現在的你肯定火大了。在生物化學上，你的身體已經處於備戰狀態了。

別落入想法和感覺的循環

當你有不同的想法時，你的大腦迴路會激發相對應的序列、模式和組合，然後產生等同於這些想法的意識層次。一旦這些特定的神經元網絡被激發，腦中會產生具有確切特徵的特定化學物質來搭配這些想法，這樣你才能跟方才所想的具有同樣的感受。

因此，當你有個了不起的想法，或是有愛或喜樂的想法時，你所產生的化學物質會讓你感覺到了不起、感覺到愛或喜樂。同樣的，如果你有消極、可怕或不耐煩的想法，在幾秒鐘之內，你就會開始感受到消極、焦慮或不耐煩。

在大腦和身體之間存在著某種同步性，事實上，就因為大腦不斷在和身體溝通，一旦你的身體開始感覺到你所想的，你的大腦也正在開始思考你所感覺到的。大腦會不斷追蹤身體的感受，並根據接收到的化學回饋反應，而產生更多的想法，製造出與身體感受相對應的化學物質，讓我們先開始感覺到我們所想的，然後再去想我們所感覺到的。

現在你先把「想法」看成主要與心靈（以及大腦）相關，而「感覺」則主要與身體連結。因此，隨著身體的感受與特定心理狀態中的想法一致，心靈和身體就會協同合作。一旦心理和生理兩者彼此契合，最終的產物就是「存在狀態」，這樣的存在狀態，會對我們的現實產生影響。

想法與感覺的循環

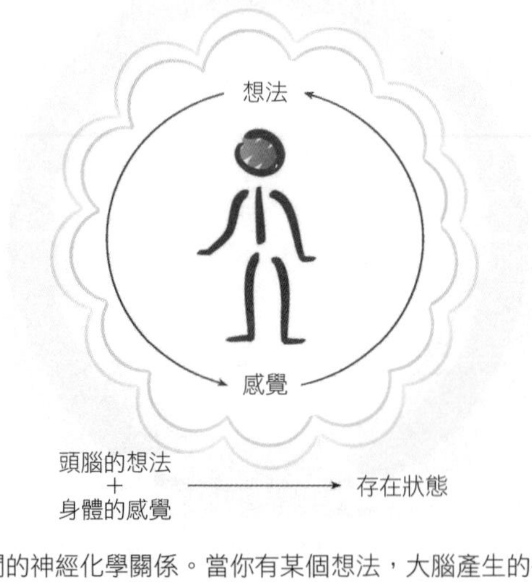

圖3C 大腦和身體之間的神經化學關係。當你有某個想法，大腦產生的化學物質會導致你的感覺正如你所想的。一旦你的感覺如同你所想的那樣，你就會開始去想你所感覺到的。這種不斷的循環，創造了一個稱為「存在狀態」的回饋環。

出現「存在狀態」，意味著我們已經熟悉了心理情緒狀態、思考及感覺的方式，這些已經成為我們自我認同中不可分割的一部分了。因此，透過當下我們正在思考以及感覺的狀態，描述了我們是誰：我很生氣；我很痛苦；我很振奮；我缺乏安全感；我很消極……

多年來的固定想法，讓你用同樣的方式去感覺，再以這些感覺的方式去思考（一如在輪子上不停跑步的倉鼠），由此創造了一種記憶狀態，使我們可以強調這個我很……的聲明是絕對的。這意味著，我們現在正處於我們定義自己為這種存在狀態的時刻。我們的想法和感覺合而為一。

舉例來說，我們說：「**我一向很懶**」、「**我是個急性子的人**」、「**我通常對自己沒把握**」、「**我的價值觀有問題**」、「**我脾氣暴躁、沒耐性**」、「**我實在沒有那麼聰明**」等等。這些特定的記憶感覺，決定了我們所有的個性特徵。

警告：當感覺變成一種思考途徑，或者我們的思考無法超越感受，我們就永遠無法改變。**改變就是你的想法要擺脫單純的感受**；改變就是你要超越記憶中自我的熟悉感來採取行動。

舉個實際的例子來說明。假設今天早上你開車去上班時，想起前幾天跟同事發生衝突。當你腦海中冒出跟這個特定經驗相關的念頭時，大腦就會開始釋放化學物質，傳遍你的全身。很快的，你就會開始感覺到你所想的，因而使你變得怒氣沖沖。

你的身體把信息傳回你的大腦說：「沒錯，我真的很火大。」由於你的大腦不斷與身體溝通，並追蹤其中的化學反應，自然就會被你突然改變的感覺所影響。這樣一來，你就會開始產生不同的想法。你無意識地繼續冒出憤怒和沮喪的想法，去強化原本的感覺，於是這讓你感到更加憤怒和沮喪。實際上，你的感覺正在控制你的思想，你的身體正在主導你的心靈。

隨著這個循環持續進行，你生氣的想法會產生更多化學信號傳給你的身體，活化與憤怒情緒有關的腎上腺素。於是，你變得怒不可遏、具挑釁性。你面紅耳赤、胃部糾結、腦袋嗡嗡作響，肌肉開始繃緊。所有這些升高的情緒淹沒了你的身體，改變了你的生理狀態，這種化學物質的混合物又啟動你大腦中的一組迴路，導致你的想法一直糾結在這些情緒之中。

於是你私自在心裡，用十種不同的方式謾罵你的同事。你憤怒地想起了一連串的往事，驗證你現在的不快，腦力激盪著要怎麼用一封信詳細描述所有你一直都想提出來的抱怨。早在到達辦公室之前，你就已經在心裡把這封信轉發給老闆了。然後，你下車，茫然而瘋狂，只差一步就要殺人。而這所有的一切，都始於一個想法。在這一刻，似乎不可能超越你的感覺去思考，這就是為什麼改變會如此困難。

頭腦和身體之間的這種循環溝通，其結果往往是你會以預期的方式應對這些情況。你創造同樣熟悉的思考和感覺模式，無意識地以自動方式處事而陷入常規。這就是化學作用下的「你」如何運作。

你是心控制身體？還是身體控制心？

為什麼改變如此困難？

試想一下，你的母親偏愛受苦，而經過長期觀察，你也看到這種行為模式使她的人生真的如她所想的那般不快樂。或者比如說，你已經有過一些不幸的經驗，為你帶來了不少痛苦，那些記憶依然會引起你的情緒反應。你經常會想起過去，而且不知何故，那些記憶也時不時地會被喚醒，自動浮現於腦海。現在想像一下，這二十多年來，你已經習慣了這種受苦的思考和感受。

但事實上，你已經不用去回憶往事來創造這些感覺了，因為除了慣常的感覺之外，你似乎無法再用其他方式來思考或行動了。反覆想著那個事件或人生中的其他事件，讓你記住了痛苦。你對自己及人生的想法，往往沾染上犧牲和自憐的情感。二十多年來，你重複著同樣的想法和感受，讓你的身體沒有經過太多有意識的思考，就記住了受苦的感覺。直至如今，這樣的反應看起來是最自然且再正常不過了。這就是你。而且，每當你試著改變任何一部分的自己，都像是在兜圈子一樣，沒多久又繞回到原來的自我。

大多數人所不知道的是，每當回想起一個高度緊繃的情緒體驗時，就會讓大腦啟動跟以前一模一樣的程式和模式，活化了一組老舊的大腦迴路，並再次強化及僵化這些迴路。同時，它們也會不同程度地在大腦和身體裡製造出相同的化學物質，感覺就像那個當下又再次遭遇到同一事件。這些化學物質會強制身體進一步記憶起那種情緒。想法和感受、感受和想法交互作用，加上神經元的啟動和連接，一起調節了心理和生理成為一套受到限制的自動程式。

我們一遍又一遍地重溫往事，一生中也許重複了好幾千次。正是這種無意識的重複訓練了身體記住那些情緒狀態，其效果有時更甚於有意識的心理活動。當身體比「意識心」（conscious mind，即顯意識）*更善於記憶，也就是說，當身體變成了心，這就是所謂的習慣。

心理學家告訴我們，大約在三十五歲時，我們的個人認同及個性將完全成型。這意味著，我們這些三十五歲以上的人，已經記住了一套選定的行為、態度、信仰、情緒反應、習慣、能力、聯想記憶、條件反應以及理解力，成為我們潛意識中的背景程式。這些程式控制著我們，因為身體已經變成了心。

也就是說，我們會有同樣的想法，有同樣的感受，用同樣的方式回應，以同樣的態度處事，相信同樣的教條，並用相同的方式來理解現實。到了中年，大約有九五%的自我[1]是一組已經成為全自動的潛意識程式，包括開車、刷牙、壓力下暴飲暴食、擔心未來、評價朋友、抱怨生活、責怪父母、不相信自己、長期不愉快等等的組合。

通常我們只有表面看起來清醒

由於身體變成了「潛意識心」（subconscious mind），顯而易見的，在身體變成心的狀態之下，意識心不再是我們行為的主宰。在我們有一個想法、感覺或反應的瞬間，身體會處於自動駕駛的模式，因為我們進入的是無意識狀態。

舉個例子來說，有個媽媽開車送小孩去上學。她怎麼能夠在穿越車流、打斷爭論、喝咖啡、換檔的同時，還能幫兒子擤鼻涕？這就跟電腦程式很類似，因為這些動作都已經成為自動功能，可以輕鬆地運行無阻。在多次重複下，身體已經記住怎麼做這些事，所以媽媽能夠巧妙地做到這一切，不需再經過有意識的思考。這就是習慣。

想想看：只有五%的心是清醒的，是有意識的。它們掙扎著對抗九五%自動運行的潛意識心。我們記憶了一套行為，甚至牢記到我們的身體成了一個自動、慣性的心之身體。事實上，當身體記住一個想法、行動或感情而達到成為心的程度時，我們目前的存在狀態就只是一個記憶中的自己而已。而如果到了三十五歲，九五％的自我是一套無意識的自動程式、記憶性的行為和習慣性情緒反應，那麼我們九五％的人生就都是無意識的。我們似乎只有表面看起來是清醒的。這可真糟糕！

因此，一個人可能有意識地想要快樂、健康和自由，但主宰了他二十多年的受苦經驗，以及一再重複的痛苦和遺憾所產生的化學物質，已經下意識地制約身體成為一種慣性狀態。我們憑藉習慣生活，不再意識到我們的所思所為所感；我們變成無意識的個體。

所以你必須打破的最大習性，就是讓你之所以成為你的那些習慣。

當僕人變成主人時，你覺得會怎樣？

以下是身體在慣性狀態下的一些實例。你是否曾經無法有意識地想起某個電話號碼？甚至連三個數字都想不起來。然後，你拿起電話，無言地看著你的手指習慣地撥出那個號碼。你有意識的心記不得這個號碼，但你的手指因為做過太多次，以至於現在你的身體清楚記得該怎麼動作。（你在自動提款機或網路上輸入密碼時，也許會有相同的經驗。）

＊我們的心理活動受到兩股力量的作用，其一是意識心，可以稱為顯意識或「客觀的心智」，這是我們在物質世界一切活動的總指揮。其二是「潛意識心」或稱為「主觀心智」，這股內在力量會以恐懼、擔憂、病痛等各類不幸的狀態支配我們。

我也發生過類似的事。我在健身房有一個密碼鎖的置物櫃，有一次運動後累壞了，始終想不起密碼。我盯著鎖，努力想記起那三個數字，但茫然無頭緒。直到我開始撥動鎖，竟然就撥對了密碼，彷彿施了魔法一樣。

這都是因為我們反覆練習某件事，導致身體知道的比我們的意識心更清楚。身體下意識地變成了心。

還記得嗎？到了三十五歲時，九五％的自我會處於同一個潛意識的記憶系統中，身體會自動運行一套設定好的行為和情緒反應。換言之，就是身體操縱了一切。

事實上，身體是心的僕人。因此，如果身體變成了心，就像僕人變成了主人一樣。前主人（意識心）已經沉睡，雖然心可能自認為它仍然是主宰者，但因為受到身體的影響，最後所做的決定，也認同了身體所記憶的情緒。

現在，假如心想拿回它的主導權，你認為身體會怎麼說？

> 你去哪兒？回去睡覺吧！我都搞定了。你沒有這樣的意志力、持久力或覺察力，可以做我一直以來所做的這一切，而你不是一直都無意識地順從我的命令嗎？長久以來，我甚至修改我的受體部位，為你提供更好的服務。你以為你正主宰著一切，但我一直在影響你並督促你做所有決定，確保它們會產生我所熟悉的感覺。

而當有意識的五％打算對抗潛意識自動程式的九五％，就會屢戰屢敗。因為這九五％是全自動反應，只需要一個不經意的想法或環境的某個刺激，就能再次打開自動程式。然後，我們又回到了老樣子，有同樣的想法，執行相同的動作，同時卻又期待生活中會有新鮮事發生。

一旦我們試圖恢復主控權，身體馬上就會向大腦發出信號，開始說服我們放棄這些有意識的目標。我們的內在會私語著編出一套理由，說服我們為什麼不應該嘗試做出任何不尋常的舉動，不應該去打破我們已經習慣的存在狀態。身體會找出所有它所知道以及培養出來的弱點，向我們頻頻出招。

我們在心中打造了一個最壞的情境，說服自己沒有必要擺脫那些熟悉的感覺。因為當我們試圖打破習慣成自然的內部化學秩序時，身體將會進入混亂狀態。身體內部的糾纏不休幾乎讓我們招架不住，於是很多時候我們就屈服了。

進入潛意識進行改變

潛意識只知道你設定好要它做的事。你是否曾經有過這樣的經驗，當你正在打電腦時，突然間，電腦卻開始運作起你無法控制的自動程式？當你試著用意識來停止儲存在身體中的那些潛意識程式時，就像在對有數個程式同時運行、對話窗不斷彈出的失控電腦喊話：「喂！住手！」電腦當然不可能有反應。它會繼續下去，直到有某種形式的干預（你進入電腦的操作系統，更改某些設定）為止。

本書中，你將會學習到如何進入潛意識，用一套新的策略重新設定它。實際上，你必須做的是「不連線」，或者說終止舊的思維和感覺方式，然後再學習，重新以新思維和感覺方式來連上你的大腦，以你理想中的自我取而代之。當你用全新的心去調整身體，兩者不僅不再對立，還能同心協力。這是一個自我創造的轉捩點。

在證明清白之前都是有罪的

讓我們用現實生活中的情況來說明，當我們決定打破以記憶形式留存下來的情緒狀態，並改變我們的心時，會發生什麼事呢？我想大家都有一個共同的存在狀態：負罪感。所以我打算用它來說明，對於實際的思考和感受，它會如何對我們產生不利的作用。

好好想一想，你是否經常對各種事情抱持著負罪感？比如某段關係出現問題（因為誤會、遷怒，或其他任何事），你都是那個承擔責任並覺得抱歉難過，在心中暗想或說出「都是我的錯」的那個人。

在這樣對待自己多年後，你充滿了負罪感，並自發地認為自己一定有缺失，於是你為自己創造了一個充滿負罪感的環境。當然還有其他因素促成了這樣的狀態，但現在我們只把注意力放在這個議題：想法和感受如何創造出你的生存狀態和環境。

每次當你產生一個內疚的想法時，就會號令身體產生特定的化學物質來構成負罪感。如果你經常這樣做，會讓你的細胞泡在內疚化學物質的海洋中。

你細胞中的受體部位會改變，以便能夠更好地參與及處理這個特殊的化學表現（即負罪感）。細胞泡在大量的負罪感中會開始感到習慣，而最後身體的感知會因為太過習慣而把它詮釋為舒坦。這種情形就像住在機場附近多年後，你就會習慣噪音而彷彿再也聽不到，除非飛機飛得比平時低，引擎的轟鳴聲特別響亮，你才會再注意到它。你細胞的回應也是如此，它們對負罪感的化學感覺幾乎麻木，除非再獲得一個更強而有力的情緒，或者說一個更高門檻的刺激，才會被再次啟動，就像愛喝咖啡的人喝了第一杯爪哇咖啡的感覺。

每個細胞在生命終結時都會分裂出子細胞，新細胞外側的受體部位將會需要更高的負罪感刺激才能啟動。換句話說，身體需要更強烈的負面情緒衝動，才會有活著的感覺。你已經內疚成癮。

當你的人生出錯或有問題，你會自然而然地認為你就是有過錯的那一方。你對此習以為常，甚至想都不用想就覺得有負罪感。不僅你的心沒有意識到，你是如何透過言行來表達自己的內疚，連你的身體也因為習慣而想要去體會這樣的感覺，因為這就是你一直以來訓練它做的事。在大部分的時間裡，你會無意識地感覺到內疚，而你的身體也已經成為一個被負罪感綑縛的心。

只有在某些時候，比方說，朋友指出是店員找錯零錢給你，你不必道歉時，你才驚覺你某一面的個性幾乎無處不在。又比方說，在某些靈光乍現的時刻，你會想著：「為什麼我總是在道歉？為什麼我總是要承擔其他人失誤的責任？」在你回想著你先前不斷「認罪」的過往後，你對自己說：「從今天開始，我要停止自責，停止為其他人的不良行為找藉口。我要改變。」

你跟自己約定好一定要做到，於是你不再被同樣的想法束縛，當然也不會再產生相同的感受。兩個小時過去了，你的感覺真的很好，於是你想著：「**哇，這真的有用！**」

不幸的是，你的身體細胞感覺沒有這麼好。多年下來，你已經把它們訓練得去渴求更多的分子情緒（即負罪感）才能滿足；你把身體訓練成以記憶中的化學通性來生活，而如今你卻打斷了這一切，打算違背潛意識的程式。

一旦你的身體對負罪感成癮，就會像藥物成癮一樣，需要更大的劑量才能滿足它。[2]一開始，你只需要一點點情緒／藥物就能有感覺；然後你的身體逐漸變得麻木，需要的量越來越多。我想說的是，改變情緒模式就跟戒除毒癮的過程很類似。

一旦你的細胞不能再從大腦獲得負罪感的信號，它們會開始表達關切。先前，身心一起協力產生負罪感這種生存狀態；而如今為了產生更多積極的想法，你不再採用同樣的方式思考和感覺，但你的身體卻不依不從，想盡辦法要產生負罪感。

想像這是一條高度專業化的生產線。你的大腦已經把身體設定成一個接收及期待送來統一規格零件的下游工序。突然間，你卻送進另一種規格的零件，根本放不進原先「負罪感」的凹槽中。於是警鈴聲大作，整個運轉被迫停擺。

你的細胞一直以來都在窺探著頭腦和心所發生的一切；你的身體具有史上最好的讀心術。因此，現在它們都停下手邊正在做的事，抬頭看著大腦，並想著：

> 你在上頭做什麼？你堅持要背著負罪感，所以多年來我們都忠心耿耿地遵照你的命令！你一再重複的想法和感受，讓我們下意識地記住了這整個內疚程式。我們改變了受體部位來反映你的心，也調整了化學反應，讓你可以自動感到內疚。我們一直堅守著這樣的化學程序，不受你生活中任何外在環境的影響。現在這種新的存在狀態讓我們感覺很不熟悉也很不舒服，

我們想要重回熟悉、可預測且感覺自然的狀態。你突然間就要改變，我們不能接受！

因此，細胞們聚在一起，商量著：「**我們一起把抗議信息送去給大腦吧。但是我們必須偷偷摸摸的，我們要讓他認為這些想法是他的。不能讓他知道，這些想法是我們提出來的。**」於是這些細胞發送標記為緊急的最速件，直接從脊髓傳到大腦的表面。我把這個途徑稱為「快捷道」，因為信息將在幾秒內直接上傳到中樞神經系統。

在此同時，身體的化學反應（即負罪感的化學反應）正處於較低的狀態，因為你的想法與感覺不同步。但是，這種落差沒有被忽視掉，下視丘這個腦恆溫器發出了警報：「化學值正在下降，我們必須製造更多！」

於是，下視丘發出信號給「思維腦」，要求恢復舊習慣。這是「慢速道」，因為化學物質是透過血液循環送達腦部的，需要較長的時間。

「快捷道」和「慢速道」的細胞反應同時發生。接下來你會開始聽到，你的腦袋裡有一些像這樣的想法在嘮叨著：「**你今天太累了，你可以明天再開始。明天是更好的時機。真的，你可以延後再做。**」還有我最喜歡的：「**這感覺不對。**」

如果這行不通，第二次偷襲就會發生。身體想要再次奪回主導權，於是它開始找你麻煩：「你現在感覺有點糟，不要緊的。這是你父親的錯。難道你不會對你過去的所作所為感到不安？事實上，讓我們一起回顧你的過去，才能想起來為什麼你會是這樣子的。看看你自己——一塌糊塗、可悲又軟弱；你的人生太失敗，永遠也不會改變。你太像你的母親。你為什麼不就此放棄？」當你繼續自我「醜化」時，身體正誘惑著你的心，回到它在不知不覺中的狀態。在理性層次上，這是荒謬的。但很明顯的，某種程度上，你會覺得這種糟糕的感覺很不錯。

當我們聽從那些潛意識的聲音，相信那些想法，並用同樣熟悉的感覺回應時，心理性失憶趁虛而入，讓我們忘記了原來的目標。有趣的是，我們確實開始相信身體要頭腦告訴我們的一切，讓自己又陷入自動程式裡，回到過去的那個自我。

多數人都有過這樣的狀況，這與我們試圖要打破哪種習慣無關。無論我們是沉迷於香菸、巧克力、酒精、購物、賭博或咬指甲，在我們停止習慣性動作的當下，身體和心之間就會開始混戰。而一旦我們向欲望投降，我們的生活將持續製造出同樣的結果，因為心和身體是對立的。我們的想法和感受正在互相角力，而假如身體已經變成了心，我們將永遠淪為感覺的附庸。

只要我們仍然把熟悉的感覺當成是我們努力改變的回饋，我們就會放棄去成就自己的可能性，所思所想將永遠無法超越我們的內在環境，也將永遠無法看到除了過往的負面結果之外，這個世界還能給我們其他的可能結果。想法和感受對我們來說，就是有這麼大的影響力。

解除情緒記憶，就能產生正面作用

想要打破舊自我的那些習慣，下一步就是要讓身和心一起合作，並破壞讓我們產生內疚、羞愧、憤怒、鬱悶等生存狀態的化學通性，這一點很重要。要抗拒身體要求去恢復舊有不健康的指令並不容易，但「解除記憶」（unmemorize）往往能發揮作用。

在下文中，你將學到要讓真正的變化發生，就必須「遺忘」已經成為你個性一部分的情緒，然後重新調整身體去適應新的心理活動。

情緒的化學反應往往會讓我們的身體習慣於產生憤怒、嫉妒、怨恨、悲傷等情緒狀態，畢竟，我曾說過，這些程式、這些傾向都埋藏在我們的潛意識中。

但好消息是，我們能變得更有意識去覺察到這些傾向（下面我會再詳談）。現在，我希望你已經能接受這個想法：要改變你的個性，就必須先改變你的存在狀態，因為存在狀態與身體已經記憶住的感受緊密相連。一如負面情緒可以成為你潛意識操作系統中的內建程式，正面情緒當然也可以。

單靠意識的正面思考，無法戰勝潛意識的負面思考

我們都曾經有意識地宣告：「我想要快樂。」但是，除非身體收到不同的指令，否則它還是會照常上演內疚、悲傷或焦慮等程式。意識與理智可能會說，它想要快樂，但身體多年來已經被設定成去感受不快樂。我們站在講臺上，高聲宣布改變是對我們最好的，但在本能層次上，我們似乎無法培養出真正快樂的感覺。原因在於身心無法彼此合作。意識心要的是一種，而身體要的是另一種。

假使多年來你一直都沉浸在負面的感受中，這些感受已經創造了自動的存在狀態。我們可以說，你是下意識的不開心，對吧？你的身體已經被調整成負面的，它知道怎樣做會不開心（甚至

不用任何想法就能變得消極負面），而你的意識心對於要如何做才能開心，顯然還不夠嫻熟。你會說：「這就是我啊，我就是這樣。」你的意識心要怎樣做，才能控制身體藏在潛意識的這種態度呢？

有些人認為「正面思考」就是答案。但我可以明確地說：「只靠正面思考，永遠不可能奏效。」許多所謂的正面思想家幾乎都有揮之不去的負面感受，而如今，他們也在努力地想要用正面思考來蓋過內在的感受。但是，如前所述，只要身與心還處在對立狀態，改變就永遠不會發生。

成為身體記憶的感受，只能讓過去重現

根據定義，情緒是過去生活經歷的最終產物。

當你正在體驗時，頭腦會通過五種不同的感官（視覺、嗅覺、聽覺、味覺和觸覺）來接收外在環境的重要信息。這些累積的感官數據會送到腦部後再經處理，接著神經元會編排成特定的網絡模式來反映外在事件。當這些神經細胞串聯到位的當下，大腦隨即釋出化學物質。這些化學物質就被稱為「情緒」或「感覺」。

一旦這些情緒化學物質開始湧進身體，你會察覺到內在指令改變了（你的想法和感覺跟前一刻不一樣）。而當你發現到內在狀態起了變化，自然會注意到外在環境中引起這種變化的人事物。如果你能找出引發變化的外在因子，與該事件相關的一切都被歸總為記憶，你會把這些環境訊息編寫到頭腦和身體中。如此一來，你就能把經驗記得更牢，因為你還記得當這些經驗發生時

是什麼感覺；而感覺和情緒都是過去經驗的化學紀錄。

舉例來說，你的老闆正在做你的績效考核，你馬上注意到他看起來臉紅脖子粗，甚至有些惱火。當他開始大聲說話，你聞到了他嘴裡散發的大蒜味。他指責你在其他員工面前破壞他的名聲，還說他已經決定不讓你升遷。在這一刻，你的心怦怦跳，神經緊張、膝蓋疲軟、反胃想吐。你感覺到了恐懼、背叛和憤怒。所有累積的感官信息——嗅覺、視覺、感覺和聽覺所接收到的一切，改變了你的內在狀態。你把外在經歷跟內在感受的轉變連結在一起，並銘刻在你的情緒紀錄上。你回到家，在心中反覆回顧這個經驗。每次的回顧都提醒了你，你老闆臉上帶著指責和威脅的表情，以及他怎樣對你大吼大叫、他說了什麼，甚至他聞起來的味道。然後你再次感受到恐懼和憤怒；在你的頭腦和身體又再次產生了相同的化學反應，彷彿績效考核仍在進行。你的身體認為它正在一次又一次地經歷著同樣的事件，於是你讓身體逐漸習慣活在過去之中。

我再進一步解釋。請將你的身體想成是潛意識心，或者服從意識命令的客觀僕從。它是如此客觀，以至於不知道從外在世界經驗所產生的情緒，跟那些你在內心世界只靠思想所製造的情緒有什麼不一樣。對身體來說，這兩者都是一樣的。

如果你這些負面思考和感受一直持續好幾年，又會如何？倘若你老想著那次被老闆責罵的經驗，或一直重溫那些熟悉的感覺，長此以往，你就是在用化學感受去喚起身體與過去的關聯。這種化學通性會讓身體以為它仍然在經驗著過去的事件，因此身體會不斷重溫相同的情感體驗。當你記憶中的想法和感受一起迫使你的身體「存在於」過去，我們可以說你的身體就會成為過去記憶的紀錄。

假設多年下來，這些記憶中的負面感受一直驅策著你的想法，那麼你的身體在一天二十四小時、一週七天、一年五十二週裡，無時無刻都活在過去。即便時間流逝，你的身體還一直停泊在過去。

你知道嗎？一旦你反覆創造同樣的情緒，直到你完全被感受綑綁而無法思考，你的感受就會成為你的思考方式。此外，由於你的感受來自於過去的經驗，你等於就是用過去式在思考。而根據量子「境由心造」的定律，你就會創造出更多的過去。

但其實大多數人都活在過去裡，並抗拒活在不可測的未來。為什麼？因為身體已經習慣去記憶我們過去經驗的化學紀錄，漸漸的，它變得越來越依賴這些情緒，實際上應該說，我們是沉迷於那些熟悉的感覺。所以，當我們想要放眼未來，夢想一個遠大的前景時，身體只會對情感買帳，而抗拒你突然的改變。

要做到澈底改變，對每個人都是大工程。因此，許多人即便很努力要創造新命運，卻發現自己無法克服過去記憶中的那個自己。就算我們渴望未知的冒險，但似乎仍然無法避免再次跟過去相遇。

感受和情緒沒有所謂的好壞，它們只是經驗的最終產物。不過，如果我們總是重溫相同的感受和情緒，就無法接受任何新的經驗。你是否認識一些人，他們似乎總在談論「過去的好時光」？他們真正的意思是：「生活中沒有什麼新事物，足以刺激我的感覺；因此，我不得不拿一些輝煌的過去時光來肯定自己。」如果我們相信想法與命運有關，那麼對身為創造者的我們，我可以這樣說：大多數的人都只是在原地打轉。

控制我們的內在環境：遺傳神話

到目前為止，在量子模型與物理現實的相關討論中，我已經花了很多時間來談論情緒、大腦和身體。如你所見，如果要打破舊自我的習慣，那麼克服身體所記憶及反覆發生的想法、感覺是必要條件。

打破舊習慣的另一個重要層面，跟我們的身體健康有關。當然，很多人想要改變習慣的首要目的之一，就是健康問題。而一旦討論到我們想要如何改變健康，有一套論點是我們必須檢驗及扭轉的，那就是基因決定論的謬論。下文中還會提到一個較新的科學領域，稱為表觀遺傳學：從細胞外去控制基因的生物學新領域；更精確的來說，是在沒有改變ＤＮＡ序列的情形下，左右基因的表現程度。[3]

正如我們能為自己創造新的體驗，我們也可以控制生命中某個非常重要的部分，也就是基因。等你了解基因的相關資訊後，就會明白為什麼你必須由內而外的改變。

科學界過去曾言之鑿鑿，說基因是大部分疾病的肇因。幾十年後，科學界卻輕描淡寫地說他們錯了，並宣布環境才是致病的最主要因素。如今我們知道，現存的所有疾病，僅有不到五％是源自於基因問題，比如戴薩克斯症（Tay-Sachs disease）和亨丁頓舞蹈症（Huntington's Disease），而多達九成五的疾病都跟生活方式、長期壓力及環境中的毒素相關。[4]

然而，外在環境也只是部分原因。不然你怎麼解釋在同樣環境條件下的兩個人，一個生了病，而另一個卻沒有？你又怎麼解釋一個患有多重人格障礙的人，其中一個人格有嚴重的過敏，而同一個軀殼裡的另一個人格卻完全免疫？還有，為何大多數的醫療院所每天都暴露在大量的病原體下，但醫護人員卻沒有不斷生病？

此外，還有許多案例顯示同卵雙胞胎（基因一樣），在健康程度和壽命的表現上也不一致。至於有家族遺傳病史的雙胞胎，往往只有其中一人會帶有這種遺傳病。相同的基因，卻有不同的結果。[5]

在所有這些案例中，有沒有可能保持健康的那個人具備了協調、平衡、充滿活力的內在秩序，因此即使身體暴露在相同的有害環境條件下，外界卻無法影響到他的基因表現，所以也無法號令基因來創造遺傳疾病？

的確，外在環境會影響我們的內在環境。然而，透過改變內部的存在狀態，我們是否能克服壓力或有毒環境的影響，使某些基因不會被活化？我們可能無法控制外在環境所有的條件，但我們絕對可以選擇控制內在環境。

基因，過去環境的記憶

為了解釋我們要如何控制內在環境，我需要談到基因的一些性質。基因是攜帶遺傳信息的DNA序列，當細胞製造出特定的蛋白質（蛋白質有如建構生命的磚塊），基因就會表現出它所攜帶的遺傳信息，從而控制生物體的性狀表現。

我們的身體是生產蛋白質的工廠，肌肉細胞製造的肌肉蛋白質稱為肌動蛋白（actin）和肌凝蛋白（myosin），而皮膚細胞製造的蛋白質則稱為膠原蛋白（collagen）和彈性蛋白（elastin），胃細胞製造的胃蛋白質稱為酶或酵素。大部分的身體細胞都會製造蛋白質，而基因則是製造蛋白質的方法。大多數的生物體適應其環境條件的方法之一，是透過漸進的基因改造。舉例來說，當某種生物面臨嚴峻的環境條件，比如嚴寒或酷熱、有危險的獵食者、速度太快的獵物、毀滅性的暴風、強勁的水流等等，為了生存下來，牠們必須克服不利的形勢。當這些生物用大腦及情緒來記錄這些經驗時，牠們就會隨著時間而漸漸改變。比如說，當獅子要追逐的獵物往往被順利逃脫，好幾代都經歷過這樣的遭遇後，牠們將演化出更長的腿、更銳利的牙齒或是更大顆的心臟。所有這些改變，都是基因製造蛋白質以便改造身體來適應環境的結果。

讓我們來到動物世界，看看在適應力或演化方面，基因是如何運作的。假設有一群哺乳動物遷移到一個氣溫從攝氏零下二十六度到四度的新環境裡。在經歷好幾代都生活在嚴寒下之後，這些哺乳動物的基因最終將被激發而製造出一種新蛋白質，以便產生更厚和更多的毛皮（毛和皮的成分都是蛋白質）。

又如許多昆蟲物種已經進化出偽裝的能力，比如一些生活在樹木或植被上的昆蟲，為了適應環境可以將外貌變裝成樹枝和荊棘的樣子，得以逃過鳥類銳利眼神的追獵。變色龍更是有名的偽裝高手，牠的變色功力也歸功於蛋白質的基因表現。在這些過程中，外界條件成為基因的新編碼，這就是演化。

表觀遺傳學，我們可以號令基因改寫我們的未來

我們的基因與大腦一樣，都是可以改變的。遺傳學的最新研究顯示，不同的基因會在不同時候被活化，而且總是不斷在變化和被影響。例如環境倚賴型基因會在生長、治療或學習時，才會被活化；而行為環境倚賴型基因則是在緊張、興奮或在做夢時，才會被影響。[6]

表觀遺傳學是現今最活躍的生學物研究領域之一，做的就是環境如何控制基因活性的研究。表觀遺傳學全然違反傳統的遺傳模型（認為ＤＮＡ控制生命的一切，以及所有的基因表現都發生在細胞之內），傳統的遺傳學判定，我們的未來是可預見的，我們的命運都是基因遺傳的犧牲品，而且所有細胞生命都是預定的，就像個自動化的「機器中的幽靈」＊。

事實上，表觀遺傳上的變化是可以傳給下一代的。但在ＤＮＡ編碼保持不變的情況下，這些性狀又是如何傳遞的呢？

科學解釋太複雜艱深，我們在此用一個比喻來說明。讓我們拿設計藍圖與基因序列來做比較。想像一下，你打算按照設計藍圖來蓋房子，你把藍圖掃描到電腦裡，然後用Photoshop在螢幕上改變外觀、一些特徵，但不變更藍圖。比如，你可以更改顏色、尺寸、比例、材料等。成千上萬的人（代表環境變量）可能會製造出各種不同的房子圖像，但都只是同一張藍圖的不同表現而已。

表觀遺傳學讓我們能夠更深刻地去思考改變。表觀遺傳的典範轉移＊＊（指的是環境出現劇變時）給予我們自由意志，來活化自身的基因活動，以及修改我們的遺傳命運。只需藉由改變我

們的思想、感情、情緒反應和行為（例如，選擇在營養和壓力程度上相對健康的生活方式），我們傳遞新的信號給細胞，讓它們能在不改變基因藍圖的情況下，產生新的蛋白質。因此，儘管DNA序列不變，但一旦細胞被新訊息以新方式活化，該細胞就能創造出相同基因的數千個變體。換句話說，我們可以號令基因來改寫我們的未來。

延續舊的生存狀態，會讓我們陷入遺傳宿命

就像腦中的某些部位是不可更動的，而其他部位則相對具有可塑性（能夠透過學習和經驗來改變），我相信基因也一樣。在我們的基因中，某些部分比其他部分更容易被啟動；而其他的基因序列在某種程度上是固定不變的，意味著它們更難被活化，因為在遺傳上它們已經存在久遠了。至少，這是目前科學的說法。

我們要如何讓某些基因開啟，並讓其他基因關閉？如果我們一直維持同樣的憤怒、憂鬱、焦慮狀態，或者同樣的自我貶低狀態，這些我們剛才提過的化學信號就會持續按下相同的基因按鈕，最終導致某些疾病的發生。你將會知道，緊張的情緒實際上會觸動遺傳的扳機，會造成細胞

---

* ghost in the machine 一詞出自英國哲學家吉伯特．萊爾（Gilbert Ryle）所著的《心的概念》（*The Concept of Mind*）一書，用來批判笛卡兒的身心二元論。萊爾認為，身心二元論把人看成一部機器，在這部機器中，有個幽靈在操控整個機器的運作。

**典範轉移（paradigm shift），原指從根本假設上的一種改變，後來也被各種學科用於指稱巨大的轉變。

功能失調受損，從而創造出疾病。

當我們將大把大把的時間都花在同樣的思維和感受上，並一再強化舊記憶的迴路，我們內在的化學反應會不斷活化相同的基因，這意味著我們將持續製造相同的蛋白質。但身體無法適應這些重複的指令，於是開始出現一些故障。如果十年或二十年我們都持續這樣做，基因就會變得疲乏，而開始製作「劣質」的蛋白質。

打個比方來說明。汽車的金屬零件是工廠以壓模製造出來的，在高熱和摩擦等外力作用下，壓模會開始磨損。就如你知道的，汽車零件的容差量（指工件尺寸的允許變量）非常小，可謂「失之毫釐，差之千里」。時日一久，等壓模磨損到一個程度後，所生產的零件將無法跟其他零件相接合。我們身體發生的狀況就類似這種情形。等到壓力或持續重複的負面情緒養成習慣後，那些用來產生蛋白質的ＤＮＡ就會開始出現故障。

如果我們固守熟悉的常規條件，做同樣的事、抱持同樣的想法、遇見同樣的人、創造相同的情緒反應，將生活設定成一種可預測的模式，必定會對遺傳產生影響，走向一個可預見的遺傳命運。如果我們只是重溫過往的情緒回憶，我們也將走向一個可預見的終點：我們的身體會開始創造跟前幾代人一樣的遺傳條件。

因此，只要我們都以同樣的方式去感受，身體也必將會維持原樣。如果科學告訴我們，是環境在號令這些參與演化的基因，那麼假如環境不改變會怎樣呢？假如我們已經摸熟且記住了外在世界的所有條件，正在以相同的想法、行為和感受來生活會怎樣？假如我們一輩子就這樣一成不變地過下去，又會怎樣？

我們前面提過，外在環境會透過你所體驗過的情緒化學物質來傳送信號給基因。因此，如果你的生活一成不變，那麼進入你基因的化學信號也不會改變。也就是說，外界沒有任何新訊息傳送到你的細胞之中。

量子模型透露，我們可以用情緒來號令身體，並開始改變一連串的遺傳事件，而無需真正擁有任何的具體經驗。我們不需要真的贏得比賽、中彩票或升遷，就能經歷同樣歡喜的情緒。請記得，我們僅僅藉由思考就能創造出感受及情緒。我們可以在事件發生之前，就感受到深刻的喜悅或感恩的心情，甚至能讓身體開始相信我們確實「置身」其間。這樣一來，我們就可號令基因製造出新的蛋白質來改變我們的身體，讓改變比環境先一步發生。

高昂的心理狀態能產生健康的基因表現嗎？

以下這個例子說明，當我們開始在感情上接受一個未來事件時，即便這個事件尚未發生，我們也能號令新基因。

日本進行了一項研究，探討心理狀態對疾病可能產生的影響。研究對象為兩組第二型糖尿病患者，即胰島素依賴型。多數的糖尿病患者都要使用胰島素來降低血液中的葡萄糖，並將之存在細胞內來產生能量。研究期間，參與者持續使用藥片或注射胰島素來控制血糖值。[7]

每組受試者都接受空腹血糖測試，作為血糖值基準。接下來，一組受試者觀看一個小時的喜劇表演，而對照組則觀看一場沉悶的講座。然後在所有受試者享用一頓美味餐點後，再次測量他們的血糖值。

結果顯示兩組受試者的測量值有顯著差異。從平均值來看，看講座的那組血糖值升高了123mg/dl——高到他們需要使用胰島素來遠離風險。而在笑了一小時的歡樂組中，受試者的飯後血糖值只上升了大約前者的一半（略微超過正常範圍）。

起初，研究人員認為這一組受試者血糖降低，是因為當他們大笑時，收縮腹肌和橫膈肌所致。理由是，肌肉收縮需要能量，而使用的能量正是葡萄糖。

但當他們進一步研究，檢查了歡樂組每個人的基因序列後，發現這些糖尿病患者僅僅因為看著喜劇表演發笑，就已經改變了二十三個不同的基因表現。他們高昂的心理狀態明顯觸動大腦發送新信號到細胞，啟動了這些基因變異，讓身體自然地開始調節處理血糖的基因。

該研究清楚顯示，我們的情緒可以開啟一些基因序列，並關閉其他基因。僅僅靠一個新情緒就可號令身體，改變內在的化學反應，從而改變基因表現。

有時候，基因表現的改變可能會很突然或很劇烈。你應該聽說過，有人在極度緊張的情況下，頭髮一夜變白了？這就是基因運作的一個例子。經歷了這樣一個強烈情緒反應的幾個小時內，因為身體的化學變化而啟動灰髮的基因表現，並同時關閉正常髮色的基因表現。藉由情緒↓化學↓基因的過程，透過改變內在環境就能以新方式號令新基因。

正如我在上一章提過的，當你用內心預演某個事件，並「體驗」該事件無數次，你就會在該事件正式發生前有親歷其境的感受。然後，當你以新的思考方式改變大腦迴路，並在事情實際發生前就產生置身其間的情緒，很可能你就能從基因上來改變身體。

你能從量子場（蘊藏著無數個潛能）選擇其中一個潛能，並在實際體驗它之前，在情感上先接受此一未來事件嗎？你能不斷這樣做，直到你的情緒將身體調整為適應新的心境，因而以新方式號令新基因嗎？如果可以做到，你極有可能會開始重塑你的頭腦與身體，成為新的基因表現，讓它們在所期望的潛在實相發生之前就有了實際的改變。

只動一根手指，就能改變你的身體

你或許相信，光靠想法就能改變大腦，那麼想法對身體又能產生什麼作用呢？透過內心預演的簡單過程，我們甚至不用動一根手指就能獲益良多。下面是一個實際動手指的例子。

一九九二年《神經生理學期刊》（*Journal of Neurophysiology*）有一篇文章描述了這個實驗[8]，受試者分為三組：

- 第一組被要求動動左手一根手指，反覆做收緊與放鬆的動作，一週五次，每次訓練一小時，為期四週。
- 第二組以相同的時間表在內心預演同樣的練習，但沒有實際動到任何手指肌肉。
- 對照組的人什麼都沒做，既沒真的動手指頭，也不用在內心預演。

研究結束後，科學家做了各組的手指力量測試。第一組受試者與對照組比較，結果實際演練組的手指肌肉比對照組多了三〇%的力量。然而，令人吃驚的是，內心預演組的肌肉力量也增加了二二%，意味著心對身體也產生了一個可量化的實際效應。換言之，在沒有實際的具體經驗下，身體也改變了；亦即透過心理鍛鍊就能產生生理變化，不需要任何的實際經驗。

另一組實驗是比較二頭肌彎舉訓練的實際體驗與內心預演效果，結果也是相同的。無論是身體實際練習二頭肌彎舉或只在內心預演的受試者，二頭肌的力量都增強了。[9]

僅僅是透過想法或心理力量，就能讓身體產生生物理及生物層次的改變，彷彿就跟實際去做一樣。倘若大腦將它本身的硬體升級至看起來就像經驗過一樣，而身體也產生基因或生物上的改變（顯示事件已發生），那麼無論是在意識的量子世界或是物理的現實世界中，都代表該事件已經發生了，雖然我們並沒有具體去「做」任何事。

內心預演要能奏效，可以分成兩個層次來看：其一，你要仔細地在內心預演未來的現實，直到大腦實際發生變化，以為事情正在發生；其二，你要在情感上無數次地接受一個新意圖，直到你的身體也改變了，反映出彷彿親身經歷過一樣。這就是讓你想要的事件找上你的做法！它將會以出乎你意料的方式報到，使你毫不懷疑地相信，它絕對來自於你跟一個更偉大意識之間的聯繫，由此激勵你想要一再嘗試。

第4章　擺脫過去，活在一個不可預期的未來

我們帶著這個身體活了數十年後，身體記住了我們的好惡、感受、行為及反應。事實上，我們的身體已經在潛意識中被設定了如何生活，於是你才可能每天心不在焉地照常過日子。

許多著作都強調專注於當下的重要性。我可以引用各方面的統計數據，從分心駕駛到離婚率，來支持人們很難專注於當下的觀點。現在，我要用量子方式來詮釋這個議題。在當下，所有的潛能同時存在於量子場中。一旦我們專注於當下，一旦我們「投入那一刻」，就能超越時空移動，並使得任何潛能變成現實。但是如果我們身陷於過去，這些新的潛能就都不會存在。

你已經知道，當人類試圖改變時，反應就像個癮君子一樣，因為我們已經沉迷於熟悉的種種化學生存狀態之中了。當你成癮時，就像是你的身體有它自己的心，完全不受你的控制。當某個事件觸發了與原始事件相同的化學反應時，你的身體會認為它正在重新體驗相同的事件。經由這個過程，會慢慢把身體調整成潛意識心，身體就由潛意識接管。既然身體成了心，從某種意義上來說，它就能思考。

我剛剛談的是透過思考和感受、感受和思考的循環，如何讓身體變成心。但還有另一種方式也會出現這種情況，靠的是過去的回憶。

以下說明這是如何運作的：你有一個帶有情緒糾葛的經驗，你對那個經驗有特定的想法。然後想法變成記憶，接著你本能地重現對該經驗會產生的相同情緒。如果你一直反覆想著那個記憶，想法、記憶和情緒會融合成一體，而你「記住」了情緒。於是活在過去，不再是個顯意識的程式，而更像是潛意識程式。

潛意識包括生理程式及心理程式，其中多數發生在我們有意識的覺知之下。潛意識的大多數活動都跟維持身體機能相關，科學家將這個監管系統稱為**自主神經系統**或**自律神經系統**。我們不需要有意識地去想著要呼吸、維持心跳、調節體溫，或其他數以百萬計的自動程式，來幫助身體維持秩序以及自我療癒。

我相信，你能預見放棄日常情緒反應的主控權，拱手讓給我們記憶和環境的自動系統來控制，會有多少的潛在風險。這套潛意識的例行反應，我們前面曾經拿自動駕駛及電腦的背景運作程式來比較過。這些類比要傳遞的訊息是，在我們有意識的表象之下，事實上還有某種東西正在控制著我們的行為。

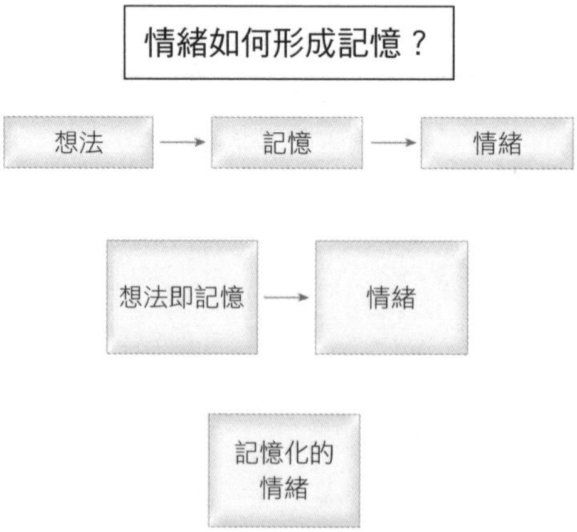

圖4A 想法產生記憶，記憶創造情緒。時日一久，想法就變成記憶，而情緒隨之產生。如果這個過程重複足夠多次，想法就會成為記憶，而記憶會成為情緒。於是，我們記住了該種情緒。

以下我再舉一個例子來加強這個論點。假設你小時候有一天回到家時，發現自己最愛的寵物陳屍在地板上。那段經歷的每個感官印象，就深刻地烙印在你的腦海中。這個悲痛的經驗會在你的心中留下創傷。

有了這樣的創傷經驗，你很容易理解這些情緒如何會成為無意識的記憶反應，回應環境裡對於你失去心中摯愛的提醒。現在你知道，每當你想到這個經驗，你的大腦和身體就會產生相同的情緒，彷彿往日事件重現。只需要一個不經意的想法，或者對外界事件的一個反應，就能啟動該程式，讓你開始感覺到過去的悲傷情緒。或許是你看到一隻跟你原來那隻寵物很像的狗，或許是你重返曾經帶牠去過的地方，於是你馬上就觸景生情。無論是怎樣的感官輸入，都會激發你所記憶的情緒。這些情感觸發可以是明顯的或微妙的，但它們都在潛意識層面影響了你，在你能夠處理所發生的一切之前，就回到痛苦、憤怒和悲傷的情緒化學狀態。

一旦出現這種情況，意味著身體主導著心。你可以試圖用意識心來擺脫這種情緒狀態，但你總覺得你不由自主。

想想巴甫洛夫（Ivan Pavlov）和他的狗。一八九〇年代，年輕的俄國科學家巴甫洛夫把幾條狗綁在餐桌邊，搖響了鈴，然後讓狗兒們飽餐一頓。經過反覆讓狗狗接受相同的刺激後，久而久之，當他只是搖鈴，狗狗就會開始自動流口水。

這就是所謂的「**制約反應**」，整個過程都是自動發生的。為什麼？因為身體開始有了自主反應（想想我們的自主神經系統）。瞬間觸發的一連串化學反應在生理上改變了身體，而且是在潛意識下發生的，意識幾乎沒有出任何力。

這就是改變如此困難的原因之一。意識心可能處於當下，但已成為潛意識心的身體卻活在過去。如果我們以過去的記憶為鑑，開始期待可預期的事件發生，我們就像是巴甫洛夫的狗一樣：在過去的特定時空中，特定人事物所產生的一個經驗，自動地（或自主地）讓我們以生理方式來回應。

一旦打破根植於過去的情緒成癮狀態，就不會再有任何誘因可以驅使我們回到舊自我的相同自動程式。

這樣想想，你就會覺得這說得通了：即便我們「想著」或「相信」我們是活在當下，但我們的身體極可能還活在過去。

從情緒、氣質到人格特質，都會把身體往過去推

遺憾的是，因為我們的大腦總是以重複與連結的方式運作，所以不需要一個重大的創傷就能產生身體變成潛意識心的效果。[1] 即使是最微小的觸動，也能產生不由自主的情緒反應。

舉例來說，在你開車上班的途中，順路到常去的咖啡館買咖啡，卻發現你最愛的榛果咖啡已經賣完了。你很失望，喃喃抱怨著，為什麼像這樣的一家大企業，連維持起碼的庫存都做不到。到公司的停車場後，你看到你屬意的停車位上停了一部車，你的情緒更差了。然後你走進空電梯，卻發現有人在你進來前按下了所有的按鈕，於是你開始冒火了。

當你終於走進辦公室，有人跟你說：「怎麼回事？你看起來不開心呢。」

你告訴他剛剛發生的事，那個人深表同情。你做了總結：「我現在心情不好。但我會挺過去的。」

但其實你沒有。

心情（mood）是一種化學的存在狀態，通常為時不長，這是長期情緒反應的一種表達。當環境中的某些事物引起了你的情緒反應（在上述例子中，咖啡未能滿足你的需求，緊接著發生了一些其他的小麻煩，引起了你的情緒反應），這種情緒的化學物質不會瞬間耗盡，效果會持續一段時間。我稱之為「**不反應期**」（refractory period），即情緒化學物質從最初釋放到效果消失的期間。[2]很明顯的，不反應期越長，你體驗到這些感受的時間也拉得越長。當一個情緒反應的不反應期持續數小時至數天，那就是心情。

如果近日引起的那種心情一直縈繞不去，會發生什麼事呢？答案是：這幾天你會變得憤

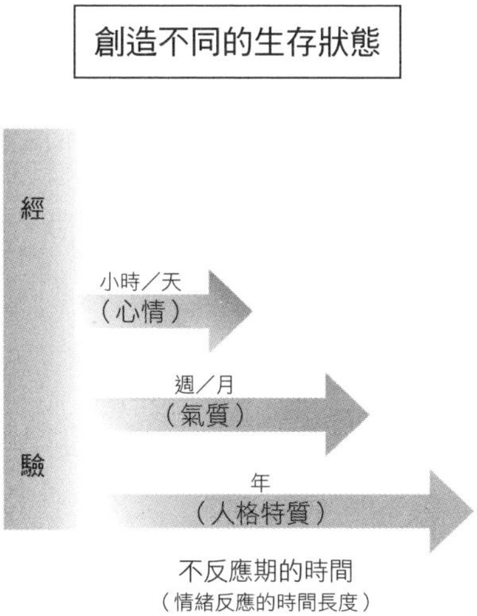

圖4B　三種「不反應期」的發展。一個經驗創造出一個情緒反應，然後變成一種心情，接著變成一種氣質，最後變成一種人格特質。我們以個性的表現方式（人格特質），記住了這些情緒反應，而活在過去。

世嫉俗。就像現在，正在開員工會議，你環顧四周後心裡想的都是：瞧，這個人的領帶真可怕；老闆的鼻音比指甲刮到黑板還難聽……

在這個階段，你不只帶有一種心情，你還反映出了一種**氣質**（temperament），即透過特定行為習慣性表達情緒的一種傾向。氣質是一種在不反應期間，從幾週到幾個月的情緒反應。

如果一種情緒的不反應期持續幾個月甚至幾年，逐漸的，這種傾向會變成一種**人格特質**（personality trait）。在這個階段，其他人會形容你是「痛苦」、「不滿」、「憤怒」或「武斷」的。

我們的人格特質經常是以過去的情緒為基礎。而多數情況下，個性（我們如何思考、行動和感覺）則以過去為基礎。因此，要改變我們的個性，我們必須要改變我們所記憶的情緒，也就是要擺脫過去。

如果未來是可預見的，我們將無法改變

還有另一種原因，會讓我們裹足不前，阻止我們改變。我們也可能訓練身體成為潛意識心，讓自己能根據過去的已知記憶，活在一個可預見的未來。因此，我們再次錯過珍貴的「當下」。

如你所知，我們可以調整身體讓它活在未來。當然，這可能是讓我們生活變得更好的一個方法，當我們做出有意識的選擇，把重點放在想要的新經驗上，就像是我的女兒為自己創造出在義大利的暑期工作一樣。如同她的故事所示，假如我們專注於某個選定的未來事件，然後計畫著該如何去準備或行動，當我們如此明確且專注在那個可能的未來時，那個想法就會開始成為經驗本

身。一旦你的想法變身為經驗，其最終產物就是一種情緒——就像你在未來可能發生的事件中親歷其境。接著，當我們提前開始體驗這種情緒，身體（潛意識心）就會做出反應，即使該事件實際上尚未發生。

反之，假如我們根據過去的記憶，而開始去預料一些不想要的未來經驗，甚至沉迷於最壞情況的假設中，又會發生什麼事？同樣的，我們的身體也會去體驗尚未發生的這樁未來事件。如今身體不再處於當下的時刻或過去，而是活在未來，但是這個未來是由過去建構出來的。

一旦發生這種情況，身體無法區分這是現實中發生的真實事件，或只是我們心裡抱藏著的一個想法而已。因為無論我們設想的是什麼，身體都會變得活躍起來而做好準備。那是如此真實，身體正處於我們所設想的事件中。

以下是一個奠基於過去、但活在未來的例子。想像一下，你被要求在三百五十個人面前演講，你不由自主地記起很久以前你公開演講時發生的慘事，於是你害怕上臺。每當你想起演講日子即將到來，你就會想像自己張口結舌地杵在臺上，腦中一片空白，忘記你準備好的講稿內容。你的身體開始做出反應，就像那個未來事件現在就已發生：你的肩膀緊繃、心跳加快、汗如雨下。你預想著那可怕的一天，導致你的身體已經活在緊張的未來現實裡。

你糾纏於再次失敗的可能而不可自拔，你是如此專心於那個預期的現實，以至於無心去關注其他事。你的心和身體在兩個極端擺盪，從過去轉向未來，再從未來轉回過去。於是，你就這樣輕易地否認了未來有美好結果的可能性。

另一個更普遍的例子是，多年來當你在每個新的一天醒來時，都不知不覺地自動陷入同一套無意識的動作。身體是如此習慣於期待上演你的日常行為，以至於幾乎機械式地一個任務接著一個執行下去。餵狗、刷牙、穿衣服、泡茶、丟垃圾、拿信……你懂我的意思。雖然可能醒來時，你想著要做些不同以往的事，但不知為何，你會發現自己還是做著同一套程序，彷彿你並非身體的主人，只是個跑龍套的。

在記住這些動作十年或二十年之後，你的身體已經被訓練成不斷「期待」著做這些事。事實上，你的身體已經在潛意識中設定好活在未來，讓你能夠心不在焉、不假思索地生活……我們甚至可以說，你不再是個駕駛。現在，你的身體無法存在於當下，它已做好準備，操作著一批無意識的自動程式來控制你，而你袖手旁觀，任憑它朝著某個無聊的已知命運前進。

要克服你幾乎是自動反應的多年習慣，而且不再去預測未來，你需要的是一種能力：超越時間而活（後面會深入討論）。

一旦活在過去，未來也成了過去

這裡還有另一個例子，可以說明熟悉的情緒如何創造相呼應的未來。你受邀去參加同事舉辦的國慶日烤肉活動，你部門的每個人都將出席。但你不喜歡主辦人，你認為他永遠都把自己擺在第一位，而他也不介意讓大家知道這一點。

他之前主辦的每個活動，你都是敗興而歸，因為這傢伙踩中了你的每一個地雷。現在你正在開車去他家的路上，你腦中只想著上次聚會，他是如何打斷大家用餐，好讓他可以向老婆秀出一臺新的BMW。你很確定，正如你在烤肉活動前整整一個星期一直跟你的另一半叨念著一樣，這會是一個悲慘的日子。而今天的一切，正在變得跟你所想的一樣。你在一個號誌燈前沒有及時停下車子，而被開了一張罰單；有個同事把啤酒灑在你的褲子上；你點的全熟漢堡，拿到手時肉還是生的……

因為你的態度（你的生存狀態）如此，你怎能期望事情以其他方式發生呢？你一覺醒來，預期這一天肯定會是一個恐怖秀，而結果它就真的變成這樣了。你在不想要的未來（預期它會發生什麼）以及活在過去（將你接收到的刺激與先前的比較）之間來回擺盪，這樣的你只能創造出更多的相同情境。

如果你追蹤自己的想法並寫下來，你就會發現，多數時候你要不是想得太遠，要不是就在回顧過去。

在珍貴的這個當下，預定一個你想要的未來

所以，這裡就產生了幾個大哉問：倘若你知道，只要活在當下就能切斷你和過去的連結，從而碰觸到量子場中的所有可能性，為何你會選擇活在過去，持續創造出相同的未來呢？為什麼你不去做你能力所及，從心理上改變大腦及身體的物理結構，讓你可以在任何想要的經驗實際發生之前，就提前改變自己呢？為什麼你不選擇就在這個當下，提前活在你所選擇的那個未來呢？

與其糾結於某些過去經驗，而讓你害怕未來即將會發生的創傷或壓力事件，不如專注於一個

在情感上你還沒有接受、卻充滿期望的嶄新體驗。讓自己現在就生活在一個可能的新未來，直到身體開始接受或相信，就在這個當下，你能體會到未來果實所帶來的高昂情緒（你將會學到如何做到這一點）。

還記得我在前面提過，我女兒把她目前的生活，過得彷彿像她正在義大利過暑假一樣嗎？就在這樣做時，她就把該事件已經實際發生的信息傳送到量子場。

歷史上很多偉人都已經證明了這一點，成千上萬的普通老百姓也都做到了，由此可以證明「有為者亦若是」。你已具備了所有能超越時間的神經配備，讓你能練就這個技能。有些人會把這稱為奇蹟，但我會視為是個人為改變自己的存在狀態所做的努力，讓自己身心都不再只是過去的紀錄，而是成為積極的合作夥伴，一起採取行動，邁向更美好的嶄新未來。

超越三巨頭：高峰經歷與一般的意識改變狀態

現在，你已經明白要打破舊自我的習慣，最大的關卡是什麼，那就是用認同環境、身體及時間的方式去思考和感覺。於是很明顯的，在你準備好要學習本書的靜坐課程之前，就必須先學會如何讓思考及感受超越「三巨頭」（環境、身體及時間），這是你的第一個目標。

我敢說，在你人生中的某些時刻（或多數時刻），你已經能夠凌駕於環境、身體及時間去做思考。你超越三巨頭的這些時刻，有些人稱之為「神馳」狀態*。在這種全神貫注的狀態下，你會感覺不到周遭的環境、身體及時間，甚至覺得「不再屬於」這個世界。我在全世界各地演說時，曾經請聽眾形容他們經歷過的創造時刻（即他們專注於所作所為或覺得無拘無束的輕鬆時刻），他們說就像進入一種改變意識的狀態。

這類經驗一般分為兩大類。第一類就是所謂的高峰經驗（peak experience），也就是我們所說的「超越的時刻」，那是一種類似頓悟的存在狀態。相較於這些高度心靈化的事件，第二類的「心流經驗」（flow experience）可能比較世俗、普通和平淡，但這並不代表它們沒有那麼重要。

這些平凡的時刻，在我寫這本書的過程中，發生在我身上很多次（雖然我希望能更頻繁一些）。當我剛坐下來動筆時，經常會掛心很多事，例如我忙碌的行程、我的病人、我的孩子、我的員工，或者我有多餓、多想睡或多開心等等。等到寫作進入情況，字句似乎自動從我的體內流出，彷彿我的手和鍵盤就是心靈的延伸。我沒有意識到我的手指在移動或我的背靠在椅子上，辦公室外頭在風中搖曳的樹消失了，我脖子上的些許僵硬感不再引起我的注意，我全副心神都貫注在電腦螢幕上的字裡行間。然後在某個時刻，我突然發現時間已過了一個小時或更久，但我卻覺得好像只是一瞬間的事。

這種情況也很可能發生在你的身上，開車、看電影、跟對的人享受一頓晚餐、閱讀、編織、練鋼琴，或者僅僅是安靜地坐在大自然裡時，都可能有這種「進入心流」的時刻。

我不知道你的感受如何，但我在經歷過這樣一種心流經驗（環境、身體和時間似乎都消失

＊心理學家把這種心理狀態稱為 in the flow（或譯為進入心流），其特徵包括：高度專注；行動和意識合一；自我意識消失；不會憂慮失敗；喪失時間感。

了）後，常常感覺到不可思議的神清氣爽。我在寫作時，這種情況不常發生，但在完成這本書後，我發現心流經驗發生得越來越頻繁。透過練習，我已經能夠讓心流經驗不再像剛開始一樣，成為偶然發生的事件了。

克服三巨頭後，這樣的神奇時刻會更容易發生，那是你擺脫舊心靈、創造新心靈的關鍵。

第 5 章　活得越像自己，越缺乏創造力

我們都是「某人」，別人眼中定義的你，跟你熟悉的自己，都在反覆過著制式的生活，但那些都不是真正的自我。因為我們不僅是實體的存在，還是一種自由的能量形式，而當你受困在身份認同的圈囿中，你就會認命地順服現實。

在上一章，我特意用了我自己寫書的例子，來說明超越三巨頭的概念，因為在寫作時，你正在創造文句（無論是紙本或數位文字檔）。當你畫畫、演奏樂器、在車床上削木頭，或從事任何能打破三巨頭限制的其他活動時，相同的創造活動都正在運行。

為什麼要活在這些創造性的時刻裡會那麼困難？如果我們專注於不想面對的過去，或關注令人懼怕的未來，這意味著我們大都生活在壓力中，也就是處於求生模式。比起成為人生的創造者，大多數人都更熟悉我們稱之為「求生存」的心靈成癮狀態，無論你是擔心健康問題（身體的求生），或擔心付不出房屋貸款（為躲避外在環境的求生需要），或是沒有足夠的時間做到求生所需。

在我的第一本書中，曾經詳細地解釋了關於創造與求生存之間的差異。如果你想更深入了解，可以去讀一讀《進化你的腦：改變心智的科學》第八章到第十一章的內容。接下來，我將簡單介紹一下這兩者之間的區別。

要了解求生模式的生活型態，你可以想像一隻心滿意足地在森林裡吃草的鹿。讓我們假設牠處於一種恆定狀態（homeostasis），一種內外環境的完美平衡。但是，一旦牠發現外在世界的危險，例如出現了掠食者，戰—逃反應的神經系統就會被啟動。這種交感神經系統是自主神經系統的一部分，負責維持身體的自動功能，比如消化、調節體溫、血糖濃度等。為了讓生物體能夠應付偵測到的緊急情況，身體會產生化學變化，讓交感神經系統自動活化腎上腺來調動巨大的能量。假使這頭鹿被一群草原狼追逐，牠就會利用這些多出來的能量逃生。如果牠夠靈活而安然無恙地成功逃脫，那麼也許在威脅不復存在的十五到二十分鐘之內，牠又會開始吃草，身體也會重新回復恆定狀態。

人類也具有同樣的系統。當我們察覺到危險，交感神經系統就會啟動，調動能量來做出反應。在早期的人類歷史中，這種奇妙的適應性反應幫助人類面對天敵與其他生存威脅。這些動物性特質，在物種演化上發揮了很大的作用。

光用想的，就會觸發壓力反應

遺憾的是，智人（*Homo sapiens*，即人類）與我們的行星同居者之間的一些差異，讓這些動物特質在我們身上起了副作用。每一次我們破壞身體的化學平衡，就產生了所謂的「壓力」。壓力反應就是當身體失去平衡時所產生的本能反應，以及為了返回平衡狀態所做的事。無論是當我們在塞倫蓋提國家公園看到獅子，還是在雜貨店巧遇我們不那麼友善的前男／女朋友，或者是開會快遲到時在高速公路上被塞車搞到快崩潰，我們都會啟動壓力反應，作為對外在環境的回應。

不同於動物，我們光用想的就能啟動戰—逃反應的能力，而且這個想法也不必跟我們目前所處的環境有任何關聯。我們可以預期未來某個事件而啟動戰—逃反應；反之，我們也可以藉由重溫被烙印在大腦灰質的不愉快記憶，製造與過去相同的壓力反應。

因此，我們或者預期著壓力反應而產生經驗，或者重溫造成壓力的經驗；我們的身體或者存在於未來，或者存在於過去。這對我們不利，因為我們會把短期的緊張狀態轉化為長期的。

另一方面，據我們目前所知，動物沒有能力（或者應該說有能力不這麼做）如此頻繁及如此容易地啟動壓力反應，也無法將其關閉。比如說，那頭正在重新愉快吃草的鹿，牠就不會回想到幾分鐘前才發生的事，更不用說兩個月前被草原狼追趕的情形。這種重複的壓力對我們有害，因為當壓力反應很頻繁且長期持續時，生物體的設計沒有任何機制能夠處理這樣的負面影響。換句話說，沒有生物可以免除長期生活在緊急情況的後果。當我們啟動壓力反應而無法關閉它時，我們正慢慢走向某種體內失調狀態。

比方說，因為生活中的某些威脅（可能是真實的，也可能是想像的），你持續啟動戰—逃系統。於是你的心跳加速，心臟輸送出大量血液到四肢，你身體的平衡正在被破壞，你的神經系統已經準備好戰或逃。但是面對它吧：你不可能逃到巴哈馬*，也不能掐死你的同事，那太野蠻

*巴哈馬位於美國佛羅里達州東南方，離美國很近，但與美國沒有引渡條例，因此在美國犯罪的人若逃到巴哈馬後，美國就無法追捕了。

了。因此，你只能讓自己的心跳加速，導致你可能得到高血壓、心律失常等毛病。

當你不斷調動所有的能量來應付某些緊急情況，將會發生什麼事呢？假如你把大部分的精力用來應付某些外在環境的問題，用來調節你體內環境的能量就會很少。監控你體內世界的免疫系統，在能量不足的情形下，無法持續發展和修復。因此，你會生病，可能是感冒、癌症或類風濕性關節炎（這些都是和免疫有關的疾病）。

想想看，人類和動物的真正區別在於，雖然都經歷壓力，但人類能重新體驗並「預先」體驗創傷狀態。放任過去、現在和未來的壓力去觸發我們的壓力反應，對我們會產生什麼害處呢？一旦我們經常處在化學失衡狀態下，最終該失衡狀態就會成為常態。如此一來，我們就注定擺脫不了遺傳的命運，而且在大多數情況下，那意味著我們會遭受某些疾病的折磨。

理由很簡單：激素（荷爾蒙）的連鎖反應，加上反應壓力釋出的化學物質所產生的骨牌效應，可以造成基因異常而產生疾病。換句話說，反覆的壓力會觸動遺傳按鈕，讓我們開始走向遺傳命運。因此，壓力反應這個對人類來說曾經是適應行為及有益的生化反應，現在卻成了一種高度適應不良且有害的經驗。

舉例來說，當一頭獅子在追趕人類的祖先，壓力反應發揮了效果：從外在環境的危險中保護了他。這就是適應性。但如果你日復一日地掛心升遷、過度煩惱著如何向上司報告，或者擔心母親的病情，這些情況都會創造出相同的化學物質，彷彿你正在被獅子追趕。

而現在，這就是適應不良。你在緊急模式中待得太久，戰—逃反應耗盡了所有你內在環境所需的能量。你的身體從你的免疫、消化和內分泌等等系統，竊取了這些重要的能量並轉移到某些肌群上，好讓你能對付掠食者或逃離危險。但對現在的你來說，這只會對你不利。

從心理學的角度來看，過量的壓力激素會產生憤怒、恐懼、嫉妒、仇恨等情緒，激發侵略、挫折、焦慮和不安全感，並且使我們體驗到疼痛、苦難、悲傷、絕望和憂鬱。很多人在大部分的時間裡，都是充斥著這些負面想法和感受。難道大多數正在發生的事都是負面的嗎？顯然不是。負面情緒會這麼高昂，因為我們不是生活在預期的壓力下，就是透過回憶去重新經驗壓力，所以我們大部分的想法和感受，都被那些強大的壓力和求生激素所驅動。

當我們的壓力反應被觸發時，我們會專注於最重要的三個東西：

- 身體（必須照顧好）

- 環境（我要去哪裡才能逃離這個威脅？）

- 時間（我需要花多久時間來躲開這個威脅？）

以求生模式來生活，就是為什麼我們會如此依賴三巨頭的原因。壓力反應及它所觸發的激素，迫使我們把焦點放在（及執著於）身體、環境和時間上。於是，我們開始用實體的東西來定義「自我」；我們變得輕心靈重物質，變得漫不經心、覺察力變弱、愛胡思亂想。

換句話說，我們成為「唯物主義者」，習慣於思考外在環境的事物。我們的身份認同成為身體的包裝。我們被外在世界吸引，因為這就是那些化學物質迫使我們關注的事——我們所擁有的東西、認識的人、必須去的地方、面對的問題、不喜歡的髮型、身體的各部位、體重、和別人相比之下的外貌、有或沒有時間……諸如此類你可以想到的。我們記得自己是誰，主要根據的是我們的所知及所為。

以求生模式生活，導致了我們所專注的是現實中的〇．〇〇〇〇一%，而不是九九．九九九九%。

求生模式，讓你活得像「某個人」

我們多數人對自我的觀念大都是傳統的「某人」，但我們真正是怎樣的人，跟「三巨頭」沒有任何關係。我們真正的自我，是連結到智能量子場的一種意識。

當我們成為這個「某人」時，這個物質化的實體自我會以求生模式活著，於是我們忘記了那個真正的自我。我們和宇宙智能場失去聯繫，並感到疏離。我們越是活在壓力激素的影響下，那些大量分泌的化學物質越是會成為我們的身份認同。

如果我們把自己設想成僅僅是一個實體的存在，就讓自己只會用有限的身體感官去感知。我們越是用感官來定義現實，就越是允許感官來決定我們的現實。我們陷入了牛頓模式的思維，桎梏了自己只能根據過去的經驗來預測未來。你應該還記得，牛頓描述現實的模型就是用來預測結果的。現在，我們正試圖掌控現實，而非順服於一個更偉大的意識。我們所做的一切，都是為了生存下去。

如果量子的現實模型最終把一切都定義為能量，為什麼我們要讓自己以一種物質的存在方式

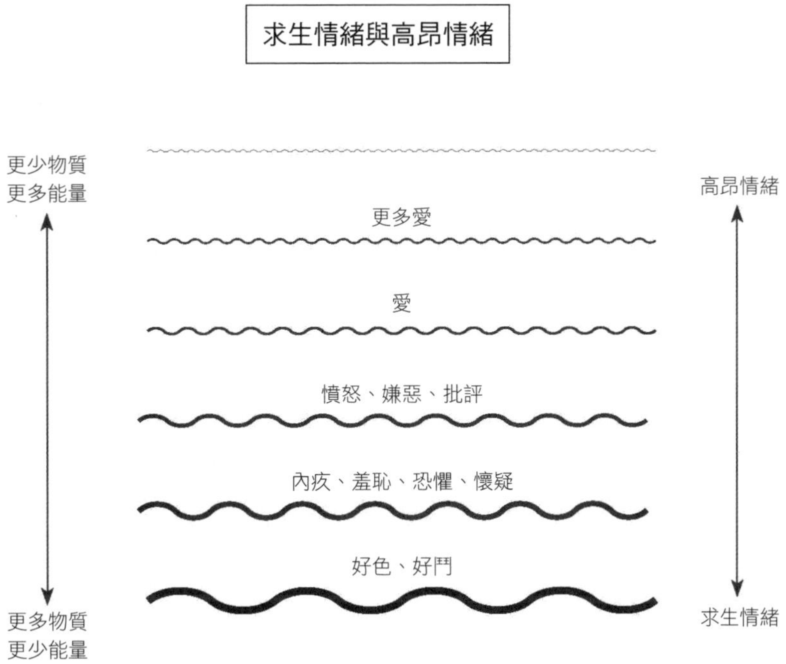

圖5A　頂端較高頻的波振動速度較快，因此更接近能量的振動速率，更少物質特性。順著量表往下移動，你可以看到波長越慢，能量就越「物質化」。因此，求生情緒讓我們更像物質，更不像能量。憤怒、嫌惡、痛苦、羞恥、內疚、批評和好色的情緒，讓我們有較多物質化的感受，因為這些情緒的頻率較慢，而更像實體物質。相反的，高昂的情緒，如愛、喜悅和感激的頻率較高，致使這些情緒更像能量而不像物質。

去體驗，而不是以能量的存在方式呢？我們可以說，求生導向的情緒（情緒是動能）是一種低頻能量的情緒，會以較慢的頻率振動，因此才使我們成為一個物質存在。我們密度更高、更重、更形體化，因為這能促使我們振動得更慢。我們的身體組成逐漸變得質量越來越多而能量越來越少……更多的物質，更少的心靈。[1]

因此，假如我們能抑制較原始的求生情緒，並打破我們對這些情緒的依賴，我們的能量將會具有較高的頻率，就比較不會跟身體綑綁在一起。某種程度上，我們就能從已經變成潛意識心的身體釋出能量進入量子場。隨著情緒變得更加高昂，我們自然會提升到一個更高層次的意識狀態，更貼近本源，並感覺與宇宙智能聯繫得更緊密。

當你已習慣當「某人」……

一旦壓力反應被啟動，無論是回應真實的或想像出來的威脅，一連串的化學物質會突然闖進我們的系統，帶來強烈的能量衝擊，瞬間「喚醒」我們的身體和大腦的某些部位，把所有注意力集中在「三巨頭」上。我們會上癮，因為這就像是喝了三倍濃度的特濃咖啡一樣，讓我們可以「提神」幾分鐘。

久而久之，我們就會在不知不覺中沉溺於問題、不利的情況或不健康的關係之中。我們繼續著這樣的情況，以滿足我們對求生情緒的癮，這樣我們才能記得自己是我們所認為的那個人。我們就是愛從麻煩中獲得瞬間的能量快感！

此外，我們也會將這種情緒狀態，跟我們外在世界中已知和熟悉的每個人、事、時、地、物和經驗相連結。我們開始癡迷或執迷於這些外在環境元素，並甘願接受把我們所處的環境當作自己的身份認同。

如果你同意，光靠想法就能啟動壓力反應，那麼由此推想，我們就可以得到大量令人上癮的壓力化學物質，如同我們正在被掠食者追逐一樣。結果是，我們更擺脫不了內心深處的想法；這些想法開始讓腎上腺素無意識地升高，並讓我們很難用不同的方式去思考。想要超越感受去思考，或者跳脫傳統框架去思考，都會讓我們很難受。在我們開始抗拒沉迷於其中的瞬間，內心的渴望、戒斷的痛苦，以及許許多多的內在聲音都會出現，要求我們不要改變。倘若你不夠堅定，就會同樣被束縛在我們所熟悉的現實裡。

於是，我們自我設限的思想和感受，重新把我們拉回到第一時間產生戰—逃反應的所有問題、情境、壓力和不良選擇中。為了能讓我們繼續產生壓力反應，我們會一直讓這些負面刺激在身邊，因為這種成癮狀態會強化我們是誰，重新肯定我們的身份認同。簡言之，在日常生活中，我們之中的大多數人都沉迷在會產生壓力的問題和環境中。無論是一個糟糕的工作或一段糟糕的關係，我們都傾向於把這些麻煩留在身邊，因為它們有助於鞏固我們作為某個人的身份；同時，這些麻煩也滿足了我們對於低頻情緒的癮。

而最具傷害性的是，我們害怕如果這些問題解決了，我們會不知道要想什麼或如何去感受，而我們也就無法體驗到能使我們記起自己是誰的那個爆發的能量。想想看，成為一個誰都不是的「無名氏」，將會是多麼可怕的事？

長期處於壓力反應，會發展出自私的自我

如你所見，我們所認同的自我存在於一個集體情緒聯盟之內，其中包括我們的想法和感受、我們的問題，以及「三巨頭」所有的元素。難怪人們發現很難進入內心世界，很難放下這個自己製造的現實。如果不憑藉著環境、身體和時間，我們要怎麼知道自己是誰？這就是為什麼我們會如此依賴外在世界。我們自我設限，只憑感官來定義及培養情緒，於是我們得到了生理回饋，再次肯定我們個人的好惡。而我們所做的這一切，都是為了感覺自己是個人。

當我們的求生反應和外在世界發生的事不成比例時，多餘的壓力反應激素會導致我們變得以自我為中心，於是我們越來越自私。我們沉迷於自己的身體或環境中的某個層面，並被時間奴役。我們被困在這個特定的現實中，感到無力改變，無力去打破「你之所以為你」的那些習慣。

這些過度的求生情緒扭轉了健康的**自我**（ego）。當自我受到控制，它天賦的責任就是確保我們於外在世界中受到保護和安全無虞。舉例來說，自我會確保我們遠離營火，或和懸崖保持幾步之遙。當自我平衡時，它的自然本能是自我保護。它的需求和其他人的需求、它對自己和對他人之間的關注，都維持健康的平衡。

一旦發生緊急情況，讓我們處於求生模式時，以自我為優先當然是合理的。但是，當慢性、長期的壓力化學物質使得身心失去平衡，自我的注意力就會變得過分專注在求生和自我優先上，排除了其他一切，我們成了在任何時候都是自私自利的人。於是，我們變得任性放縱、自我中心、自尊自大，充滿了自憐和自我厭惡感。當自我在持續壓力的作用下，就會造成凡事「以我為

優先」的結果。

在這些條件下，自我主要關注的是預測每種情況的結果，由於它過度專注於外在世界，它的感覺完全脫離了九九．九九九九％的現實。事實上，越是透過我們的感官去定義現實，這樣的現實越會成為我們的法則，因為我們把覺察放在哪裡，那裡就是我們的現實。所以倘若我們把注意力放在身體和物質世界上，被束縛在特定的線性時間中，那麼這就會成為我們的現實。

要忘記我們所認識的人，忘記發生在自己身上的問題，忘記所擁有的東西以及我們所到之處；要忘記時間；要超越身體，擺脫身體滿足習慣的要求；要放棄從熟悉的情緒體驗所得到的亢奮，因為熟悉的情緒體驗重申了身份認同；不要再試圖去預測未來或重溫過去的記憶；要放下只在乎自己需求的自私自我；要超越我們的感覺去思考或夢想，並渴望未知——這些都是我們要從目前生活獲得自由的起步。

如果想法能讓我們生病，是否也能讓我們痊癒？

我先前解釋過，我們可以單靠想法就啟動壓力反應。我也提到一個科學事實：與壓力相關的化學物質會創造嚴峻的細胞外環境來觸發基因，從而產生疾病。由此可證，我們的想法確實可以使我們生病。如果想法能讓我們生病，那麼有沒有可能也能讓我們痊癒呢？

比方說，有一個人在短時間內經歷了某些事，令他感到氣憤難平。他的潛意識對這些事件的反應，讓他牢牢記住這些痛苦。因應這種情緒的化學物質充斥了他的細胞。幾個星期後，他的情緒變成心情；這種心情再持續了幾個月，就變成了氣質；而這種氣質持續好幾年，就形成了一種強大的、稱為忿恨的人格特質。事實上，他將這種情緒記得這麼牢，一直重複著回想和感覺、感覺和回想的週期，年復一年後，身體比意識心更加明白憤恨的感覺。

現在你應該知道，情緒是經驗表現在外的化學印記，倘若一個人抓住忿恨不放，他的身體會做出反應，彷彿仍然在經歷著很久以前造成他這種情感的事件。此外，假如身體對這些忿恨化學物質的反應破壞了某些基因功能，長久下來，就會號令這些基因以相同方式做出回應，那麼有沒有可能會讓身體最終發展出具體的病症，比如癌症？

倘若如此，一旦他能忘記這種持續忿恨的情緒，不再去想那些會製造忿恨感覺的想法，也不再去感覺會創造忿恨想法的那些感受，是否身體（已成潛意識心）就能從情緒的奴役中獲得解放？久而久之，他就能停止以相同方式去號令基因？

最後，我們假設他開始以新的方式去思考和感覺，到了某種程度後就會發展出一個具有新人格特質的理想自我。當他進入這種新的存在狀態，有沒有可能會以有利的方式號令基因，在身體真正回復健康之前，就先調節身體提前進入高昂的情緒狀態？他能否單靠想法就做到這樣的程度，使身體開始改變？

我剛剛簡單描述的過程，其實就發生在我的一個學生身上，他戰勝了癌症。

五十七歲的比爾是屋頂承包商，他的臉上出現病變，皮膚科醫生診斷為惡性黑色素瘤。雖然比爾接受手術、放射線治療和化療，但癌症仍舊復發在脖子上，然後是身體側面，最後蔓延到了小腿。每一次，他都接受了類似的治療過程。

自然，比爾也經歷了「為什麼是我？」的時刻。他雖然明白過度日曬是危險因子，但他也知道同樣曝曬過度的其他人並沒有罹患癌症。他一直覺得老天待他很不公平。

在做完左側腹的癌症治療後，比爾反省是否自己的想法、情感和行為也是得病的原因。在自我反省的時刻，他意識到三十多年來，他一直深陷在憤恨的情緒中，總覺得他一直為了別人而不得不放棄自己想要的一切。

例如高中畢業後，他想成為職業音樂家。但是，當他父親受傷而無法工作時，比爾不得不進入自家的屋頂建設公司。他習慣性地重溫他被告知要放棄自己願望時的感受；某種意義來說，他的身體還活在過去，這也造成了他的夢想一直往後推遲，無法實現。每當有事情不如意時，比如他剛擴展業務，房市就冷清下來，他就把責任歸咎在某人或某事上。

比爾把痛苦的情緒反應模式牢牢記住，以至於讓痛苦主宰了他的個性，成為潛意識程式。他的存在狀態號令了某些基因這麼久，久到讓這些基因創造出現在折磨他的疾病。

比爾再也不願意受到環境擺布（他人生中的人事物以及造成的影響，一直支配著他怎麼思考、感受和行動），他發覺要打破舊自我的桎梏、重塑一個新自我，必須要離開熟悉的環境。於是他在墨西哥的下加利福尼亞半島待了兩個星期，遠離他熟悉的生活。

前五天的每個早晨，比爾會細心觀察當他感到不滿時，心裡是怎麼想的。他成為他的想法和感受的量子觀察者，開始意識到他的潛意識心。接下來，他開始注意到他以前無意識的行為和行動。他決定停止任何不愛自己的想法、行為或情緒。

經過第一週的自我警覺之後，比爾感到前所未有的自由，因為他已經從憤恨的情緒成癮中解放了自己的身體。他有意識地去抑制曾經主導他行為的熟悉想法和感受，在某種意義上，等於他阻擋了身體發出的求生情緒信號。於是他的身體釋出多餘的能量，可以用來為他自己設計一個新的命運。

接下來的一週裡，比爾的情緒變得非常高昂，他思考了想要成為的新自我應該是什麼樣子，以及他將如何回應先前控制他的人事物和影響。例如他決定，每當他的妻兒表達他們的希望或需求時，他會用仁慈和慷慨來回應，而不是讓他們覺得自己是負擔。簡單來說，他把重點擺在：重新面對過去考驗他的情況時，他要如何思考、行動及感受。由此，他創造了新的人格、新的想法，以及新的存在狀態。

比爾開始將他坐在墨西哥海灘時心裡所想的，一一付諸實踐。返家後不久，他發現小腿上的腫塊已經剝落了。再一個星期左右，當他去看醫生時，癌症已經從他身上消失了。

透過用新方式啟動大腦，比爾在生物上和化學上澈底地自我更新。於是，他以新方式號令新基因；而那些癌細胞再也無法與他的新想法、新的內部化學反應及新的自我共存了。曾經，他被過去的感情困住；而現在，他活在新的未來之中。

活得不像自己，才能創造不可預期的未來

在上一章的結尾，我簡要敘述了以創造模式來生活大概是什麼樣子。這些都是進入心流的神馳時刻，以至於環境、身體和時間都顯得微不足道，不會侵入我們有意識的思想中。

過著有創造力的生活，就不能活得像某某人。你是否注意過，當你真正處於創造的狀態中，你會完全忘記自己？你與已知的世界隔絕，你不再是那個與你身份相關的某人，不再擁有特定的東西，也不認識特定的人或做著特定的事，也沒有在特定時間居住在特定的地方。換句話說，當你處在創造的狀態時，你會忘了去做那些讓「你之所以是你」的習慣。你放下自私的自我，成為無我（self-less）的狀態。

你已經超越了時空，成為純粹的、非物質的意識。一旦你不再與身體連結，不再專注於外在環境的人事地物，並超越線性時間，你就走進了量子場的大門。你不能以某人的身份進入量子場，你必須成為無名氏。你必須將自我中心的那個自我留在門口，以純意識的型態進入意識的國度。正如我在第一章所說，為了改變你的身體來促進健康，或改變外在環境的某些事物（比如新工作或新關係），或改變你的時間表（通往一個未來可能出現的現實），你必須變得沒有身體、沒有外物，也沒有時間。

以下是重大提示：要改變你生活的任何層面（身體、環境或時間），你就必須超越它。**你必須先拋棄「三巨頭」，才能控制「三巨頭」。**

額葉，一個職司創造及改變的神經組織部位

當我們處於創造狀態時，會啟動大腦的創意中心——額葉（前腦的一部分，包括前額葉皮質區）。這是人類神經系統中最新、演化最多的部位，也是腦中適應性最強的構造。額葉一向是自

我認同的創造中心，是全腦的執行長或決策部位，跟注意力、專注力、覺察力、觀察力與自我意識有關。我們在這裡預測可能性，展現堅定的意志，做出有意識的決定，控制衝動和情緒化的行為，並且學習新事物。

為了幫助我們理解，額葉會執行以下三個基本功能。在本書的第三部，當你學習和訓練如何靜坐以打破舊自我的習慣時，這三個功能都會發揮作用。

後設認知：自我覺察，以防止不良的身心狀態

如果你想創造新的自我，就必須先停止做舊的自我。在創造的過程中，額葉的第一功能是變得自我覺察。

因為我們擁有後設認知（metacognition）的能力，亦即觀察自己的思想和自我的能力。我們可以自己決定不要繼續某種存在狀態，不再用某種方式去思考、行動和感受。這種自我反思的能力，讓我們能夠審視自己，然後制定一個計畫來修改我們的行為，因此能產生更多啟發性或符合期望的結果。[2]

你的專注力就是你的能量所在，但想要用專注力來增強你的人生，你必須檢驗你所創造過的一切。你要從這裡開始去「認識自己」，你要檢視自己對人生、自己和他人的信念。你就是你所擁有的事物，你就是你所身處的環境，你就是你自己，因為這就是你自認為的自己。你所謂的信念，就是那些讓你持續有意識或無意識去接受及規範你生活的想法。無論你是否覺察，它們都在影響著你的現實。

因此，如果你真的想要一個嶄新的個人現實，就請開始全面觀察你現在的個性。我們的個性類似軟體的自動程式，主要在**有意識的覺知**（conscious awareness）之下運作，因此你必須深入去看看這些先前可能沒有意識到的元素。由於你的個性包括你怎麼思考、行動和感覺，你一定要留意你潛意識的想法、反射行為和自動情緒反應，觀察它們，以決定它們是否為真，以及是否要繼續認可它們使用你的能量。

想要熟悉你心靈和身體的無意識狀態需要毅力、企圖心，以及高度的覺察力。當你變得更有覺察力，就會更專注；當你變得更專注，就會更有意識；而當你變得更有意識，你就會注意到更多。如果你注意到更多，你就具有更強大的能力去觀察自己和他人，包括內在與外在。最終，你觀察到的越多，你的心就越能從潛意識的狀態覺醒，轉變為有意識的覺知。

自我覺察的目的，是為了不再允許任何你不想體驗的想法、行動或情緒通過你的意識。等到有一天，你能有意識地去阻止這些存在狀態，就可以停止啟動跟舊個性有關的舊神經網絡。而因為你不再每天重新創造相同的心境，你也就卸除了跟舊自我相關的硬體。此外，透過中斷與這些想法有關的感受，你不再以相同方式去號令基因，於是身體不會再跟舊心靈掛勾。藉由這個過程，你很簡單就能「丟掉你的心」。

因此，當你發展出熟悉舊自我的技能後，結果就是變得更有意識。而你的目標就是忘記你曾經是誰，這樣一來就可以騰出能量來創造新的生活和新的個性。記住，你不能創造出一個跟從前一模一樣的新現實，你要成為別人。要擺脫過去、創造新未來，後設認知是你的第一個任務。

創造新心靈，去思考新的存在方式

額葉的第二個功能，是創造一個新的心靈，去拆解你腦中已經運行多年的神經網絡，並影響它以新方式重新連線。

當我們拋開時間和私人空間去思考新的存在方式，就是讓額葉去創造的時候。我們可以設想一個全新的可能性，並問自己一些重要問題，例如我們真正想要的是什麼、想要成為怎樣的人，以及我們想要改變自己和環境的哪些地方。

因為額葉連線到全腦的所有部分，所以能夠對所有的神經迴路進行掃描，無縫連接由知識和經驗構成的資訊網絡。然後額葉會在這些神經迴路中挑選，並以各種方式將它們結合起來創造出一個新心靈。這樣做的時候，就會創造出一種模型或內在表徵*，也就是我們視為預期結果的寫照。因此按理來說，我們擁有的知識越多，就會連接越多不同種類的神經網絡，並越有能力去建構出一個更複雜、更詳細的模型。

要開始創造的這個步驟，最好能詢問自己一些重要的問題以進入一種探究、沉思、可能、反省或推測的狀態。開放式的詢問是讓意識流能夠順暢流動的好方式：

- 如果……會是什麼感覺？
- 更好的方式會是……？
- 假如我是這種人，活在這樣的現實，會怎樣？
- 歷史上我最佩服的人是誰？他／她令人欽佩的特質是什麼？

隨之而來的答案自然而然會形成一個新的心靈，因為當你認真回答這些問題時，你的大腦將會開始以新的方式工作。當你開始在內心預演新的存在方式，新的神經網絡會連接出一個新心靈；**你預演越多次，你的頭腦和人生就會改變得越多**。

無論你是想要變得更有錢，或想成為更好的父母（或偉大的巫師等等），在腦中填滿你所選擇的目標是個不壞的主意，因為這會讓你有更多的「磚塊」去搭建你想要的新模型，以迎接你想要的新現實。每次當你獲得新信息，新的突觸連結就會增加，可用來破壞頭腦以相同方式觸發的模式。你學的越多，就擁有越多推翻舊個性的火力。

讓想法越真實越好

在創造過程中，額葉的第三個重要角色，就是使想法比任何東西都真實（在第三部將會提到實作方法）。

當我們處於創造狀態，額葉會高度活化，並降低其他腦區迴路的干擾，使得我們能心無旁騖。[3]由於額葉是調解其他腦區的執行者，可以監控所有的腦內「地形」。因此，它降低了感覺中樞（負責「感覺」身體）、運動中樞（負責移動身體）、聯合中樞（自我認同的存在處），以

* internal representation 或譯為「內在儲憶」，是指知識在頭腦內的呈現方式，包括感覺、知覺、表象、概念等形式，這會因人而異，比如每個人對於「美醜」、「同情心」的定義都不盡相同。

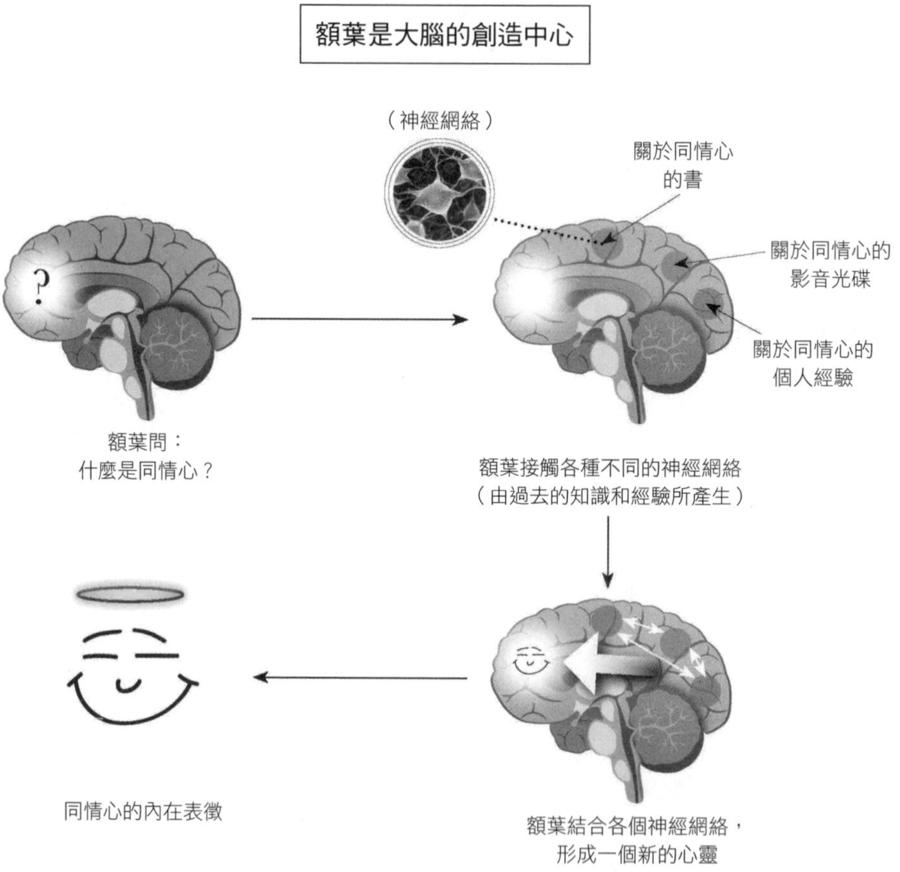

圖5B　當額葉在創造模式中運行時，會與全腦連結，收集腦中所有的訊息來創造一個新的心靈。如果同情心是你要創造的新存在狀態，那麼一旦你問自己有同情心是什麼感覺，額葉自然會將不同的神經網絡結合在一起，以新的方式創造一個新的模型或意象。額葉所需要的材料，很可能是你讀過的書、看過的DVD、個人經歷等儲存在腦中的資訊。一旦新的心靈到位，你將會看到一幅畫、立體圖或一個意象，描繪出你對同情心的定義。

作為腦中音量控制的額葉

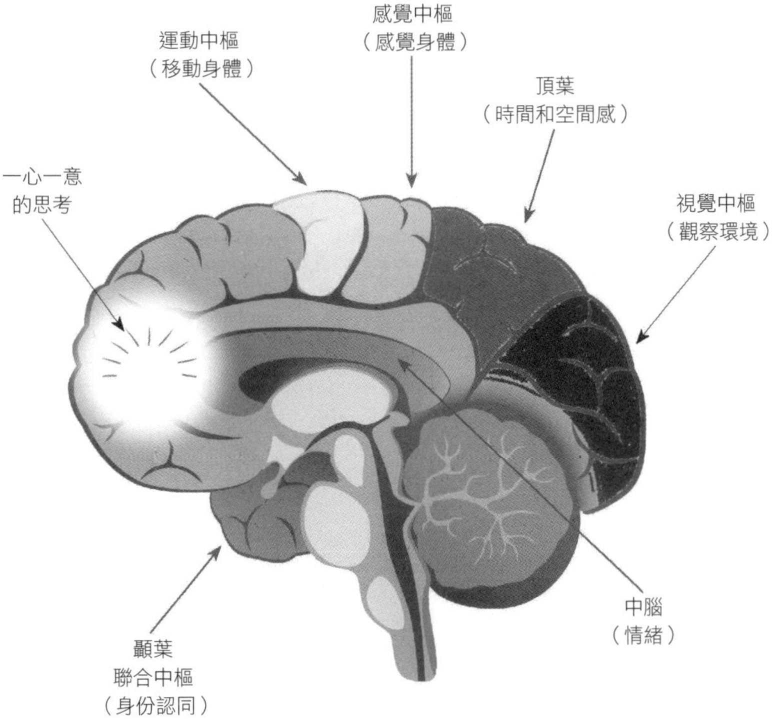

圖5C　在你專注的思想成為經驗的過程中，額葉會讓其他腦區安靜下來，讓頭腦除了那個一心一意的想法之外，不再處理其他事情。你是安靜不動的，不再感覺到身體，不再感知到時間和空間，並且渾然忘我。

及處理時間迴路的干擾，使它們能夠安靜下來。在神經活動微乎其微的狀態下，我們可以這麼說：心沒有在處理感官輸入（請記住**心**就是運作中的腦），沒有在啟動任何動作，也沒有在將活動與時間連結起來；因此，我們沒有了身體，成為了「無物」，也沒有時間。在那一刻，我們就是**純粹的意識**。隨著腦中這些區域的噪音停止，創造狀態成為唯一，其中沒有我們所熟知的自我或自己。

當你處於創造模式中，額葉主控一切。它是如此投入，以至於你的想法變成了你的現實和經驗。在這些時刻，無論你想的是什麼，額葉都會處理。因為當它調降其他腦區的「音量」時，它就謝絕了一切干擾。內在的思想世界，現在就跟外在的現實世界一樣真實。你的想法被神經捕獲，並烙印在你的腦結構裡，成為一個經驗。

假使你能有效執行創作過程，這種經歷會產生一種情緒，你會開始覺得這樣的事件實際正發生在你身上。你會擁有跟你期望的現實相關的想法和感受，你現在正處於新的存在狀態。你可以說，在這一刻，你正在藉由重新調整身體去適應新的心靈，來重寫潛意識的程式。

丟掉你的心，釋出你的能量

在創造的過程中，我們在沒有時間感的狀態下成為無名氏或無物，我們不再創造出習慣的化學特徵，因為我們的身份認同不一樣了；我們不再以同樣的方式思考和感受。我們關閉了求生思維所連接的神經網絡，而那個沉迷於不斷號令身體分泌壓力激素的個性也消失了。

簡單來說，活在求生模式下的那個情緒自我已不再運作。在這種情況發生的當下，我們以前的身份認同，亦即被求生想法和感受所束縛的「存在狀態」不復存在了。因為我們不再「存在於」相同的存在，先前被束縛在身體內的情緒能量，現在可以自由地轉移。

那麼，先前供給情緒自我的能量到哪裡去了呢？這些能量必須有去處，因此它們轉移到了一個新地方。這些能量以情緒的形式，從激素中樞向上移動到了心臟區（前往腦的途中）……突然的，美妙、喜樂、舒坦、開闊感潮湧而來。於是，我們愛上我們所創造的，那一刻我們體驗到了自然的存在狀態。一旦我們停止提供能量給情緒自我（由壓力反應餵養），我們就從「自私」轉變成了「無私」。[4]

把舊能量轉變為高頻率的情緒，身體得以從情緒的束縛中解放。我們的眼界開闊，俯瞰著全新的風景；不再透過過去求生情緒的有色鏡片來感知現實後，我們看到了新的可能性。現在，我們是新命運的量子觀察者。而這樣的解脫療癒了身體，解放了心靈。

讓我們回頭去看圖5A。當憤怒、羞愧或欲望從身體被釋出，它們會被轉化成喜樂、愛或感恩。在這個傳播更高能量的旅程中，身體（我們已把它制約成了潛意識心）變得不再那麼像「心」，反而更像同調的能量；構成身體的物質以更高的振動速度呈現，我們離「偉大」更近了。簡言之，我們將展現出更多的神性。

當你以求生方式生活時，會試圖去控制或強迫結果；這就是自我會做的事。反之，當你以創造的高昂情緒活著時，你的感受如此輕盈，以至於永遠不會想去分析你選定的命運將如何或何時到來。你相信它將會發生，因為你已經在身體和心靈中、在思想和情感上經歷過這一切了。你知

心與身的兩種狀態

求生狀態		創造狀態
壓力		恆定狀態
內縮		拓展
異化代謝		同化代謝
生病		健康
失衡		有序
崩解		修復
退化		再生
恐懼／憤怒／悲傷	VS.	愛／喜樂／信任
自私		無私
環境／身體／時間		無物／無形體／無時間
消耗能量		產生能量
緊急		發展／修復
狹隘的專注		開放的專注
疏離的		連結的
感官決定現實		現實超越感官
因果		造果
有限的可能性		所有的可能性
不同調		同調
已知		未知

圖5D　求生模式與創造模式的比較

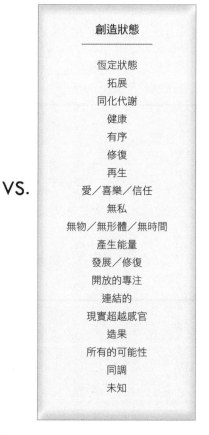

道它將會到來，因為你感覺離偉大更近了。你沐浴在感恩的狀態中，因為你感覺它已經發生了。

對於你所渴望的那個結果，你可能不清楚所有細節——何時會到來、在何處發生、在什麼情況下來臨等等，但是你全心相信這個你無法用感官看到或感覺到的未來。對你來說，它已經發生，雖然沒有時間、沒有空間，也沒有位置，但所有具體事物都已經萌芽待發。你處於真知（knowingness）的狀態下，此刻你全然放鬆，不再以求生存的方式活著。

預測或分析該事件會在何時、何地或如何發生，只會讓你再回到舊的身份認同。你身處於無法預知的喜樂之中；只有受困在求生狀態的人，才會試圖去揣測這些細節。

當你徜徉在這個創造的狀態中，你不再是你認同的身份，曾經一起啟動、形成舊自我的神經細胞也不再連結。這就是舊人格瓦解的時刻。所有與舊身份認同相關的感受，那些曾經制約身體成為潛意識心的情緒，如今已不再用相同的方式來號令相同的基因。你越是能克服自我，舊人格的物質證據就會被改變得越多。於是，舊的你消失了。

現在你已看完本書的第一部了，應該從中獲得了一些知識基礎，這些知識將會在創造新的自我時幫上你的忙。現在，我們要在這個基礎上開始建設了。

我們已經討論過很多的可能性：主觀心態可以影響客觀世界；超越你的環境、身體和時間，可以改變頭腦和身體的潛能；以及你可以不再以被動、緊張的求生模式活著，而是進入創造者的內在世界。我希望，你現在就可以把這些可能性視為可能發生的現實。

如果行有餘力，你可以繼續進入本書的第二部。在此，你將獲得以下相關的具體資訊：腦所扮演的角色，以及進入能創造真實且持久改變的靜坐課程之前，你要做好的準備工夫。

第 2 部

你的大腦與靜坐

第6章 我們都有三個腦：思考、實踐與存在

要打造一個全新的自己，你需要養成一些新習慣，有意識地控制那些已經成為無意識的自動反應。要做到這一點，你必須創造一種思考、實踐與存在的新方式。幸運的是，我們的腦神經具有強大的可塑性，我們同時有三個腦在工作。

我們通常將人腦比成電腦來幫助理解，而你的確已經擁有你需要改變「自我」和人生的所有硬體。但你知道如何最有效地利用這些硬體，來安裝新的軟體嗎？

想像兩臺具有相同硬體和軟體的電腦，一臺交給一位科技新手，而另一臺交給一位經驗豐富的電腦操作者。初學者對電腦可以做些什麼所知甚少，更別提知道要怎麼好好使用了。

簡單來說，本書第二部是提供給你跟大腦有關的適當資訊，讓身為操作者的你，在開始運用靜坐來改變你的人生時，能夠知道在你的大腦裡和靜坐時必須發生什麼，以及為什麼。

改變帶來新的思考方式、實踐和存在的方式

假如你會開車，那麼你已經體驗過這個可能是思考（thinking）、實踐（doing）和存在（being）最基本的例子。一開始，你得思考每一個要做的動作，以及所有的道路規則。接下來，你

對開車已經很熟練，只要你有意識地留心你在做什麼。最後，你成為一個駕駛人；你的意識心讓位，成為一名乘客，並從那時候開始，你的潛意識可能在大部分時間霸占了駕駛座；開車已成為你的自動反應和第二天性了。你所學得的大部分事情，都要經過這個從思考、實踐到存在的過程，而腦的三個部位促成了這種學習模式。

但是你知道嗎？你也可以直接從思考跳到存在，而且很可能你已經在生活中有過這種經歷了。透過本書的核心——靜坐（你可將本章當導讀來看），你可以從**思考**你想要的理想自我，直接**成為**那個新的自我。這就是量子創造的關鍵。

改變都是從一個想法開始：光用想的，我們馬上就可以形成新的神經連結和迴路，來反映我們的新想法。沒有什麼比學習—吸收新知識和經驗，更能讓大腦興奮。它們就像是大腦的春藥；大腦會「撫弄」來自我們五種感官每次收到的信號。每一秒鐘頭腦都要處理數十億位元的數據，進行分析、檢驗、識別、推斷、分類及存檔，讓它可以「按照需要」檢索及提取。的確，人腦是這個星球上的終極超級電腦。

你可能還記得，要了解你怎樣才能真正改變心靈的基礎，是一個「固化」（Hardwiring）的概念——神經元如何組成長期且慣性的關係。我也談過海伯學習的概念：「同步發射的神經元會連結在一起。」（神經科學家曾認為，童年期之後，大腦構造相對不變。但新的研究結果顯示，大腦和神經系統的許多方面，在整個成年期中，結構及功能都可能再發生改變，包括學習、記憶和從腦損傷中恢復。）

反之亦然：「不再一起發射的神經元將不再連結在一起。」如果你不使用它，就會失去它。

你甚至可以專注在一個有意識的想法上，去切斷或拆除不想要的連結。一旦連結消失，有可能會拋棄一些你一直保有且曾經為你的思考、行動和感覺方式上色的「東西」。重組後的大腦，將不會再根據以往的迴路啟動。

神經可塑性（neuroplasticity，即在任何年齡下，大腦可以根據環境及意圖輸入的結果，重組並創造新迴路的能力）為我們帶來的禮物是，我們可以創造一個新的心靈層次。這是腦神經一種「汰舊換新」的特質，即神經科學家稱為修剪（pruning，去掉某些無用的連結）和萌芽（sprout-

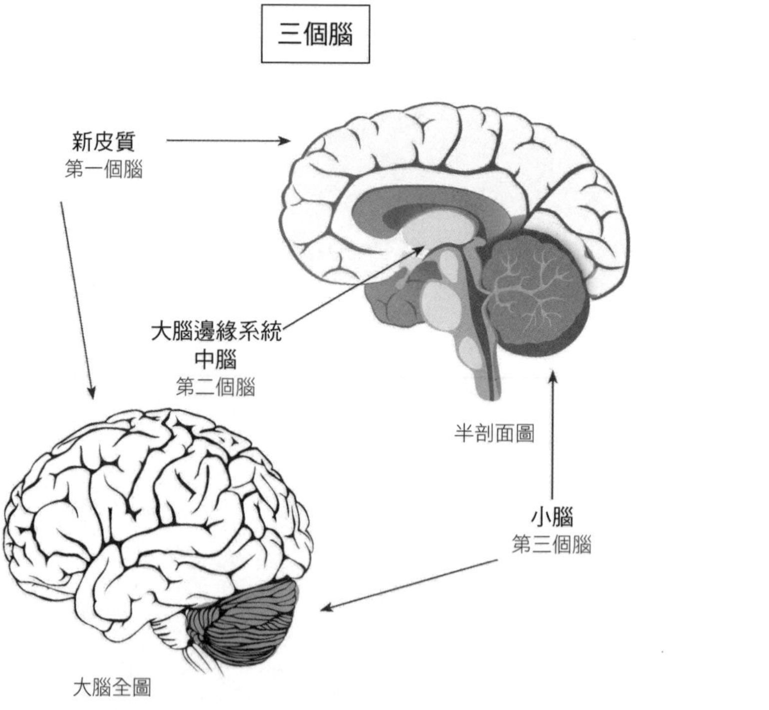

圖6A　「第一個腦」是新皮質或思考腦（白色部分）。「第二個腦」是大腦邊緣系統或情緒腦，負責創造、維護及組織體內的化學物質（灰色部分）。「第三個腦」是小腦，這是潛意識的所在地（深灰色部分）。

ing，建立新連結）的過程。這就是我所謂的忘記（放下以往所學的）和學習，進而創造出讓我們突破現狀的機會，來超越我們受到的制約或環境。

在創造新自我的新習慣時，基本上我們是有意識地去控制已經成為無意識過程的存在。我們要整合心靈的意念與身體的反應，而不是讓心靈與身體各自為政，比如你想的是「我不要成為一個愛生氣的人」，但身體的反應卻背道而馳：「繼續生氣下去吧，繼續泡在那些你所熟悉的化學物質裡吧。」要做到這一點，我們必須創造一種思考、實踐及存在的新方式。

誠如你所知，為了改變我們的人生，首先必須改變我們的想法和感受，然後做些事情（改變我們的行為舉止）來擁有全新的體驗；接著我們必須記住這個體驗所產生的新感覺，一直熟悉到能進入一種存在狀態（身心合而為一）。隨著大腦變得具有可塑性，我們可以說，我們有多個腦在工作。實際上，我們有三個腦。

（針對本書主旨，在這一章中我們僅將焦點擺在「三個腦」與打破舊自我習慣有關的那些功能上。以我個人來說，我覺得研究大腦和神經系統的作用，是一個永無止境的迷人探索。我的第一本書《進化你的腦：改變心智的科學》有更深入的探討；在我的網站www.drjoedispenza.com裡，也有補充的研究資源。當然，還有許多其他很棒的出版品和網站，有心想了解更多大腦、心靈和身體的讀者，都可選擇參閱。）

從思考到實踐：新皮質處理知識

我們的「思維腦」是新皮質（neocortex），即大腦核桃狀的外殼，這是人類最新也最先進的神經系統硬體。新皮質是意識心、我們的身份認同及其他高階腦功能的所在（前面提過的額葉，就是新皮質的四個部分之一）。

本質上，新皮質是頭腦的建築師或設計師，讓你可以學習、記憶、推理、分析、計畫、創造、推測、發明和溝通。新皮質讓你可以跟外在現實接軌，因為這個部位是你記錄（所見所聞的）感官數據之處。

大體上，新皮質處理的是知識和經驗。首先，你以事實或語義資訊（你學習到的哲學或理論概念）的形式收集知識，促使新皮質增加新的突觸連結和迴路。

其次，當你為了要表現所學，而應用或個人化你所獲得的知識時，往往會創造出一個全新的體驗。這會導致神經元在新皮質中形成神經網絡，以強化因為學習而形成的神經迴路。

假如新皮質有座右銘，那可能會是：**知識是心靈的食糧**。

簡單來說，知識是經驗的前身：新皮質負責處理你還未經歷過的創意，這些創意以一種潛能存在，讓你在未來的某個時刻得以擁抱它。當你欣然接受新的想法時，你會開始考慮改變自己的行為，以便當機會出現，你能做一些不同的事來獲得新的結果。隨後，當你改變你一成不變的日常活動和典型行為時，應該就會發生一些異於常態的情況，製造出新的事件來讓你體驗。

從新事件到新情緒：大腦邊緣系統的作用

大腦邊緣系統（limbic brain）位於新皮質下面，或稱為古哺乳類腦（paleo- mammalian brain）。除了人類、海豚和高等靈長類以外，其他哺乳動物的大腦中最高度發展及特化的部位就是**邊緣系統**。你可以把大腦邊緣系統想成「化學腦」或「情緒腦」。

當你身處於全新的體驗之中，你的感官會發送與外在世界相應的大量訊息到新皮質，而新皮質的神經網絡會組織起來以反映該事件。因此，經驗比新知識更能充實大腦。

當神經元網絡針對新體驗而以特定模式啟動時，情緒腦會製造和釋出胜肽形式的化學物質。這種混合化學物質有既定的特徵，反映你在那一刻所體驗的情緒。誠如你所知，情緒是經驗的終極產物；而全新的體驗創造了全新的情緒（而新情緒會以新方式來號令新基因）。於是，情緒號令身體以化學方式記錄事件，而你開始將正在學習的東西**具體化**。

在這個過程中，大腦邊緣系統有助於形成長期記憶：你之所以能將經驗記得更牢，是因為你可以回想起當事件發生時所感受到的情緒。（新皮質和大腦邊緣系統合作會形成「**陳述性記憶**」，意思是我們可以用語言方式敘述我們所學到或所經歷的東西。）

由此可知，感情強烈的經驗會以情緒為印記。比如說，每個已婚的人都能清楚告訴你，求婚當時，他們人在哪裡、做了什麼事。也許他們正在最喜歡的露臺餐館享用美食，在落日餘暉中感受著那個夏夜的和煦微風，背景裡傳來輕柔的莫札特樂曲，在那個當下，他單膝下跪向她求婚，手裡還捧著一個黑色的小盒子。

他們當下所經歷的一切統合在一起，使他們感覺到今天的自己不同於以往。他們所看到的、聽到的及感覺到的一切，破壞了他們自我身份認同所記憶的內在化學平衡。從某種意義來說，他們是從熟悉的環境刺激中甦醒了，這些熟悉的刺激平常會不斷對頭腦疲勞轟炸，導致我們採用可預期的方式來思考和感受。嶄新的事件若能讓我們驚訝到了某個程度，當下的我們會更有覺察力。

假如邊緣系統有座右銘，那可能會是：**經驗是身體的食糧**。

當你運用知識來創造一個新經驗時，就是把心靈所學到的知識傳授給身體。沒有經過經驗洗禮的知識，只是哲理；而不具知識的經驗，則是無知。因此這樣的過程必須要發生：你必須先獲得知識，再依循知識生活（也就是在情感上接納你所獲得的知識）。

如果你了解我先前所探討的應該如何改變人生，你就已經知道要擁有全新的體驗、產生新的感覺，就必須先獲取知識再採取行動。接下來，你要記住這種感覺，並將你意識心所學到的，轉移至潛意識心。你已經具備做到這個的硬體設備，就在我們即將要討論的第三個腦之中。

從思考、實踐到存在：小腦的作用

我前面提到過，我們無法有意識地記住電話號碼、提款機密碼或對號鎖密碼，但因為我們操作過太多次，所以身體比頭腦記得更牢，於是我們的手指自動地完成了任務。這看起來只是日常小事。但是，當身體知道的跟意識心一樣多，甚至更多時；當你不需要太多有意識的努力就能任意重複一個經驗時，表示你已經記住了這些動作、行為、態度或情緒反應，直到它成為一種技能或習慣。

一旦你達到了這個能力水準，就進入了一種存在狀態。在這個過程中，你逐漸活化了在改變你人生中扮演著重要角色的第三腦部位——小腦（cerebellum），也就是潛意識的所在地。

小腦位於頭骨後方，是人腦中最活躍的部位，你可以把它看成是頭腦的微處理器和記憶中心。小腦裡的每個神經元都具有潛能，與至少二十萬、甚至高達一百萬個其他細胞連結，以便處理身體各部位的平衡、協調與空間關係的認知，並執行受控制的動作。小腦儲存了幾類簡單動作和技能，以及我們已經精通和記憶的慣性態度、情緒反應、重複動作、習慣、制約行為和無意識的反射和技能。由於擁有驚人的記憶容量，小腦很容易下載各種形式、經過學習而來的資訊，並將之編寫進身心狀態。

當你處於一種存在狀態，你會開始記憶一個新的神經化學自我。這就是小腦接管的時刻，它會將這個新狀態變成你潛意識程式的一個內隱部分。小腦是非陳述性記憶（nondeclarative memories）的部位，這種內隱記憶意味著你做或練習某件事很多次而成為你的第二天性，不假思索就能自動做到，因此你很難去敘述或說明你是怎麼做的。一旦發生這種情況，你會到達一種境界，讓快樂（或你一直在內心或實際演練與專注的任何態度、行為、技能或特質）成為新自我的內建記憶程式。

我們現在舉一個貼近生活的例子來實際看一下，這三個腦是如何引導我們，從思考到實踐而進入存在狀態的。首先，我們會看到透過有意識的內心預演，思維腦（即新皮質）如何運用知識以新方式啟動新迴路，來產生一個新心靈。接著，我們的想法創造出經驗，並在情緒腦（大腦邊緣系統）產生一種新情緒。我們的思維腦和情緒腦把身體調整成新的潛意識心。最後，如果我們到達身心合一的狀態，小腦會讓我們記住一個新的神經化學自我，而我們新的存在狀態，就成為潛意識中的內建程式。

三個腦運作的真實案例

不曉得你最近是否看過有關惻隱之心或同情心的幾本好書，其中有達賴喇嘛的著作、德蕾莎修女的傳記，以及聖方濟*的故事。

這方面的知識讓你能夠跳脫框架思考。閱讀這些書籍，會在你的思維腦中打造出新的突觸連結。你透過其他人的經驗學會了憐憫的人生觀，然後經由每天的複習，就能維持這些神經連結。於是，你變得積極又熱心，不吝提供建議和經驗去解決所有朋友的問題。你成了一個了不起的哲學家。在智識上，你精於此道。

在你下班開車回家時，你的另一半打電話來，告訴你三天後要跟你岳母／婆婆一起晚餐。你把車子停在路邊，開始想著，自從十年前你岳母／婆婆在感情上深深傷害過你之後，你就非常不喜歡她。不久後，你已經在心裡列出了一大張清單：你從來就不喜歡她自以為是的說話方式、她打斷別人說話的習慣、她聞起來的味道，甚至是她做飯的口味。每當她靠近你，你就會心跳加快、下巴收緊、臉和身體緊繃，惶惶不安的感覺讓你只想轉身離開。

你仍然坐在車子裡，想起了這些闡述憐憫心的書，也想起你學到的理論。你突然想到：**如果**

我試著運用讀過的那些書，也許可能會跟我的岳母／婆婆有一種全新的體驗。在我所學到的知識中，有什麼我可以加以個人化運用，來改變這頓晚餐的結果？

當你考慮將你所理解的道理應用在你岳母／婆婆身上時，神奇的事就開始發生了。你決定不用那套一貫的自動程式來跟她互動，相反的，你開始想的是：「什麼樣子的我是我不再想要的，而什麼樣子的我是我想要的。」你問自己：「當我看到她的時候，我不想要怎麼感覺，不想要怎麼做呢？」於是，你的額葉開始「冷卻」連接到舊自我的神經迴路；你開始切斷或修剪那個作為身份認同的舊自我。既然你的腦子不再用同樣的方式觸發，你就不會再創造出同樣的想法。

接著，你回顧了一下那些書的內容，來幫你計畫如何去對待你的岳母／婆婆，包括如何思考、如何感覺，以及如何行動。你問自己：「我要怎麼修正我的行為、行動，乃至反應，讓我的新體驗能夠帶來新的感覺？」你想像自己問候和擁抱對方，問一些她感興趣的問題，並稱讚她的新髮型或新眼鏡。在接下來的幾天裡，你在內心預演著新的理想自我，持續在大腦裡安裝更多的神經硬體，好讓你在跟你的岳母／婆婆互動時，有準備就緒的適當迴路（精確來說，是一個新的軟體程式）。

對多數人來說，從思考到實踐的過程，就像是鼓勵蝸牛加快腳步一樣。我們會想要繼續待在一個理性的、哲學的現實裡；我們想要找回那些舊自我已經記住的、可識別的感覺。

＊聖方濟（Saint Francis of Assisi），義大利著名的天主教修士與傳教士。他放棄原先富裕的生活，堅持過著修士貧窮、四處傳教的生活，為貧病者服務，並熱愛大自然與動物。

反之，放棄舊的思考模式、中斷習慣性的情緒反應，以及放棄潛意識的行為，去規畫及演練一種新的存在方式，會把你自己放進你學到的知識方程式裡，開始打造出一個新心靈——也就是你正在提醒自己，你想成為的那種人。

但在這裡，還有一個步驟必須提及。

當你開始觀察那個「擁有舊人格的自我」——包括你熟悉的思想、習慣性的行為，以及記憶中跟你岳母／婆婆有關的情緒——時，會發生什麼事呢？某種程度上，你會進入潛意識心的操作系統，而現在的你是這些程式的觀察者。當你能覺察或注意到你正在成為怎樣的人，你就會對無意識的自我變得有意識。

當你在實際經驗（即將到來的晚餐約會）發生之前，提前在心理上把自己投射到未來的可能情境之中，神經網路會開始重組，看起來就像是該事件（對你的岳母／婆婆具有同情心）已經發生了。一旦這些新的神經網絡開始同步觸發，你的腦中會創造出一個畫面、願景、模型，或者我所稱為「全息圖」（hologram）的立體影像，描繪出你所致力要成為的那個理想自我。這一切發生的瞬間，你的想法是如此真實勝過一切。你的腦捕捉你的想法當成經驗處理，並「放大」其灰質部分，使得這個經驗看起來彷彿已經發生了。

經由經驗把知識具體化：身心之間的知識傳遞

不久，約定的晚餐時刻來臨，你發現自己與「好媽媽」面對面地坐在晚餐桌前。在她表現出一貫的行為時，你沒有如往常一樣開始膝蓋發抖；相反的，你有意識地記住你所學到的，並決定嘗試一下。你不再批判、攻擊或敵視她，你做了完全不同的事。如同那些書對你的鼓勵，你處於當下，敞開心胸，真正傾聽她說的話。你不再以她的過去來定位她。

你瞧，你修正了你的行為，並克制衝動的情緒反應，從而創造你與岳母／婆婆之間的一種新體驗。這個經驗活化了大腦邊緣系統，製造出新的混合化學物質，從而產生新的情緒，突然間，你真的開始對她抱持著同情心：你眼中的她變了一個人，甚至從她身上，你還可以看到自己的某些特質。你的肌肉放鬆了，你覺得豁然開朗，你能自由自在的呼吸。

那一天，你的感覺太棒了，以至於這種感覺縈繞不去。現在，你受到啟發，毫無偏見，並且發現你真正愛著你的岳母／婆婆。當你將懷有善意和愛的新感覺，與外在現實的對方疊合起來時，你就會把你岳母／婆婆跟同情心連結在一起。於是，你形成了一個聯想記憶。

一旦你開始感覺到同情的情緒，某種意義上，就是你指示身體去做你心智所知道的事，而這會活化並修改你的一些基因。於是你就從思考進入了實踐：你的行為符合你有意識的意圖；你的舉止等同於你的想法；你的身心協同合作。你所做的事，正是那些書本裡的主人翁做過的。因此，你是在用你的大腦和心智學習同情心，然後透過經驗在你的環境中證明了這種理想；換句話說，你將這種正面的感受具體化了。現在，你只需調控你的身體去適應充滿同情的新心理狀態，於是你的身心就合作無間了。你體現了同情心，某種意義上，可以說是文字有了血肉*。

*原文是 The word became flesh（道成肉身），出自《約翰福音》第一章第十四節：「道成了肉身，住在我們中間。」原指上帝將神的道理化為血肉之軀，降臨於世（即耶穌基督）。

從思考到實踐，現在你能轉化為一種存在狀態嗎？

因為你體現同情心的努力，現在你的新皮質和邊緣系統通力合作。你已經跳脫那個由一組自動程式所運作，熟悉的、慣性的記憶自我，進入一個新的思考和感覺的循環之中。你已經歷過同情心是怎樣的感覺；比起隱藏的敵意、抑制的憤怒和抗拒，你更喜歡這種狀態。

但且慢，你離聖人還有一段距離呢！只讓身心協力合作一次是不夠的。雖然這能使你從思考前進到實踐，但是你能否隨意重現這種同情心的感覺呢？你能不受環境條件的限制，反覆體現同情心，使得任何人或任何情況都無法再次讓你回到舊有的存在狀態嗎？

如果答案是否定的，表示你還沒有精通同情心。我對精通的定義是：內在的化學狀態超越外在世界的任何事物。當你用篩選過的想法和感情來調控自己，記住你想要的情緒與化學狀態，而且你外在生活中的任何事物，再也無法阻止你朝著目標邁進，你就成了自己的主宰。沒有任何人、任何事或任何經驗，在任何時間和地點能夠打亂你內在化學的同調性。在任何時候，只要你願意，就能用不一樣的方式思考、行動和感覺。

在上面的例子中，如果你練習你的想法、行為和情感夠多次，同情心成為一種存在狀態會變得水到渠成。你會從只是思考同情，到去做一些與同情有關的事，然後到「成為」一個有同情心的人。「存在」意味著它很容易、自然地成為第二天性、常規，以及無意識。

所以，現在你要做的是：複製這個源自於同情心的思考、感覺和行動的經驗。如果你這樣做，將能打破你過往情緒的成癮狀態，並從神經化學的層次來調控你的身心，以記住這個叫做

「同情心」的內在化學狀態，比你的意識心記得更牢。最後，假如你能隨意反覆重現同情心的經驗，不受任何生活情況的影響而持續練習，你的身體就會變成同情的潛意識心，而把同情深刻地牢記，外在世界沒有什麼能撼動你這種存在狀態。

如今，三個腦正在合作無間地運作，不論是在生物、神經化學或基因上，你都處在同情心的狀態中。當同情之於你已經成為無條件的熟悉常態時，意味著你已經從單純的知識發展到體驗，又從體驗進步到智慧的狀態。

假如你能習慣受苦，你也能習慣喜樂

你很可能認識某個把「吃苦當吃補」的人，於是你打電話問她：「最近好嗎？」

「還好。」

「聽著，我要跟一些朋友去一家新藝廊，然後再去餐廳吃飯，有好吃又健康的甜點喔。飯後，我們還要去聽現場演奏。妳要不要跟我們一起去？」

「不要，我不想去。」

但其實她真正的意思是：「我已經牢記了這個情緒狀態，因此在我的環境中，沒有任何人、任何經驗、任何條件、任何事物，可以撼動我受苦的內在化學狀態。受苦的感覺，比放手去過快樂生活更好。我現在很享受受苦的癮，而所有你想要做的這些事，都可能會把我從情感依附中抽離。」

但你知道嗎？我們也可以輕而易舉地熟練不同的內在化學狀態，比如喜樂或同情等。

智慧是透過反覆體驗所獲得的累積知識。而當悲憫或同情心跟受苦、批判、指責、沮喪、消極或不安全感一樣，成為我們自然而然的存在狀態時，我們就成了有智慧的人。由此我們可以自由地去抓住新的機會，因為人生似乎莫名地就自動重組了，讓我們可以做真正的自己。

進展至一種存在狀態，靠的是兩個記憶系統

我們有三個腦，讓我們能從思考進展到實踐，再進化到存在（參見圖6B(1)）。在腦中，有兩個記憶系統：

1. 陳述性記憶或**外顯記憶**（explicit memory）。當我們記住並可用語言方式表達所學到的或所經歷的，這些就是陳述性記憶。陳述性記憶有兩種類型：一是知識（從哲學知識而來的語義記憶），二是經驗（從感官經驗衍生而來的事件記憶，即我們在特定的時間和地點進行或見證某件事情時，所有相關的人事物）。大腦和身體對情節記憶的印象，通常會比語義記憶更為持久。
2. 非陳述記憶或**內隱記憶**（implicit memory）。當我們練習某件事很多次，以至於它成為第二天性，我們不用回想就能做到，而且似乎也無法陳述我們是怎麼做的，此時身與心是一體的。這是我們的技能、習慣、自動行為、聯想記憶、無意識態度和情緒反應的聚集處。

因此，當我們將大腦新皮質所學到的東西拿來應用、個人化或者體現出來時，就會在某些方面修正我們的行為。當我們這樣做，就會創造出新的經驗，這個經驗會產生一個新的情緒（邊緣系統）。如果我們可以反覆、複製或者隨心所欲地體驗該行為，我們將進入一種存在狀態（小腦）。

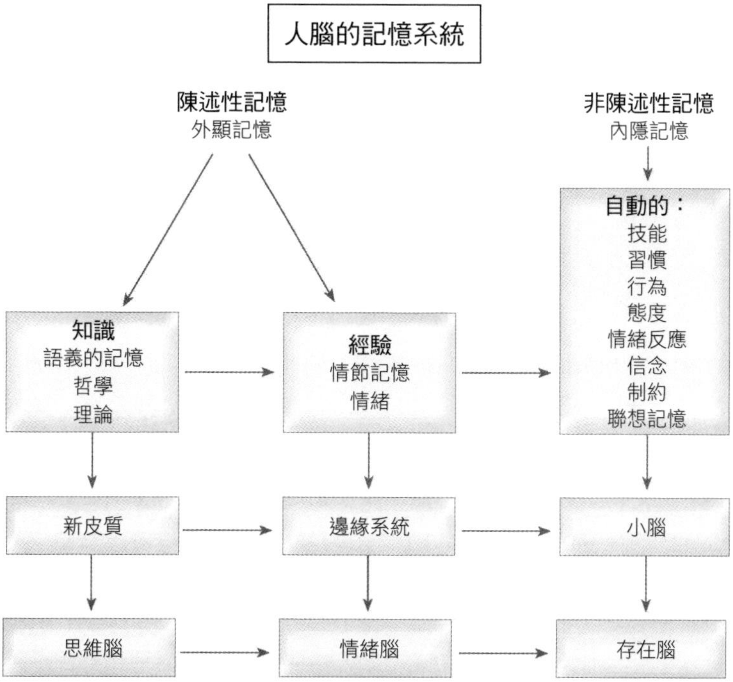

圖6B(1)　陳述性記憶與非陳述性記憶

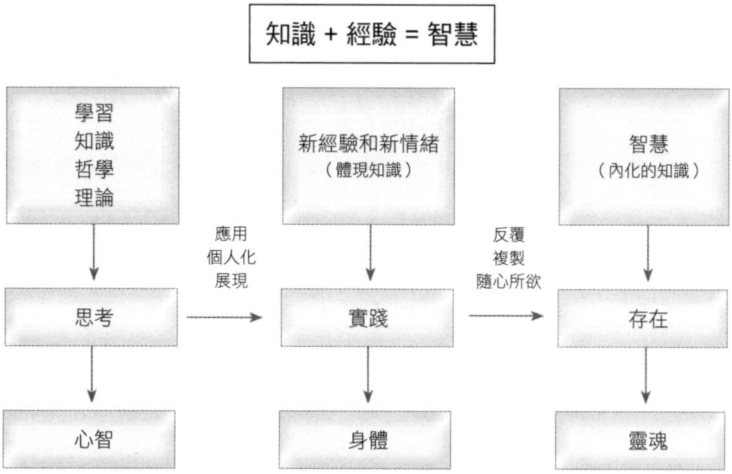

圖6B(2)　三個腦：思考、實踐到存在

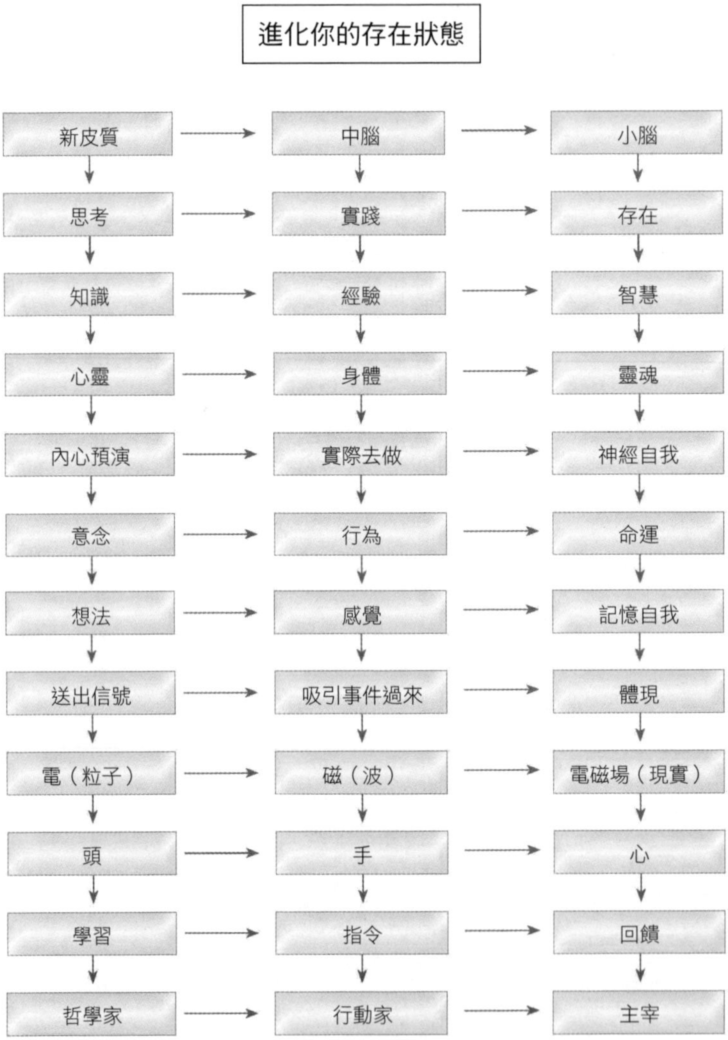

圖6C　此圖表顯示三個腦對應到個人進化的不同途徑

從思考跨越到存在：靜坐的前奏曲

從思考、實踐到存在，是每個人都曾經有過很多次的一個學習過程，無論是學開車、學滑雪或學編織，或者是學習第二語言時。

現在，讓我們來談談進化帶給人類的其中一個大禮物：不用採取任何實際行動，就能從思考跨越到存在狀態的能力（跳過實踐過程）。換句話說，我們可以提前在擁有實質經驗之前，就先創造出新的存在狀態。

我們一直都在做這件事，而且絕對不是西方諺語所說的：「演久了就變成真的」。舉個例子，你有一個性幻想，你在內心體驗著當你的另一半旅行回來時，所有你期待會發生的想法、感覺和行為。你的內在體驗是如此真實，以至於你的身體產生了化學變化，並做出回應，彷彿就在這個確切的當下，未來事件在你身上發生了。你已經進入了一個新的存在狀態。同樣的，不管你是在內心預演著即將發表的演講，或是提醒自己要如何處理你跟同事之間的衝突，或是大塞車又餓肚子時想著吃什麼，在這些情況下，你若能摒除其他一切，只想著那一件事，那麼光用想的，你的身體就會開始進入一種存在狀態。

話說回來，你又能做到什麼程度呢？僅僅靠想法及感覺，你最後能夠成為你想要成為的那種人嗎？你能夠創造並活在你所挑選的現實中，就像我女兒一樣，創造一個她所夢想的暑期工讀機會嗎？

這就是我們為什麼要靜坐冥想的原因了。誠如你所知，人們使用靜坐技術的原因不勝枚舉。

在這本書中，你將會學到一種專用於特定目的的特殊靜坐法，來幫助你克服舊自我的一些習慣，轉變成你所希望的那個理想自我。接下來，我們要把我們前面討論過的相關知識，跟你很快就要學到的靜坐法銜接在一起。（我在本書提到的靜坐或靜坐過程，指的都是在第三部中我們將要學到的技巧。）

靜坐可以改變我們的頭腦、身體和存在狀態。最重要的是，我們無需採取任何實際動作，或與外在環境有任何互動，就能達成這些改變。透過靜坐，我們有能力安裝必要的神經硬體，就像不用親自去彈鋼琴，經由內心預演也能造成相同效果一樣。

想想看，你的那個理想自我將會擁有哪些特質？你也可以想一想，如果你成為一個像德蕾莎修女或南非前總統曼德拉那樣的偉人，會是什麼感覺？僅僅靠著認真思考一種新的存在方式，你就可能以新的方式啟動大腦，並打造一個新的心靈。這就是內心預演的運作方式。現在，我要你再想一想，對你來說，幸福、充實、滿足與平靜是什麼感覺。假如要創造一個全新的、理想的你，你會想像自己是什麼樣子？

本質上，靜坐過程會帶給你這些答案：以突觸連結方式儲存於你腦中的，所有關於幸福、充實、滿意與平靜的資訊會一一浮現。靜坐中，你汲取了這些知識，然後將自己擺進方程式裡。此時，你不再只是需索幸福，而是練習幸福，從而生活在幸福的狀態中。畢竟你知道幸福的模樣和感受，你擁有過幸福的經驗，也看過其他人不同版本的幸福經驗。現在，你可以從那些知識和經驗中挑出你想要的，創造出一個新的理想自我。

談到如何用新方式來創造新心靈時，我已經說過如何透過額葉來活化新迴路。一旦你體驗到這個新的心靈，大腦會創造出多維度的全息圖，為你提供一個在創造未來現實時可以依循的模型。由於你已經在真正體驗發生之前，就安裝了新的神經迴路，所以你不用真的像甘地那樣進行非暴力革命；也不必真的像貞德一樣奔赴沙場或被綁在火刑柱上燒死。你只需要運用具有這些勇氣和信念的知識及經驗，在你內心裡產生類似的情感效應就可。而結果會產生一種心理狀態，只要反覆產生這種心理狀態，熟悉後就能重組出新的神經迴路。這種心理狀態越是經常出現，你的想法就越有可能成為真的經驗。

一旦想法──經驗轉換成功，其最終產物是一種感覺或情緒。當這種情況發生時，你的身體（已成為潛意識心）就無法分辨這是物理現實中的真實事件，或是你光靠思想所創造出來的情緒。

當你調控身體去適應新的心理狀態，你將會發現，你的思維腦和情緒腦正在攜手合作。請你記得：思維是屬於大腦的，而情緒則是身體的。當你在靜坐過程中，用同樣的方式去思考和感受，你就跟開始前不一樣了。新安裝的迴路，也就是這些思想和情緒所產生的神經和化學變化，已經改變了你，使得頭腦和身體出現顯示這些變化的物理證據。

到了這個階段，你已經進入一種存在狀態。你不再只是練習幸福、感激或是其他情緒，你就是感激和幸福。你每天都可以產生這樣的心理和身體狀態；你可以不斷重複經歷某個事件，並由此產生符合新理想自我所會感受到的情緒反應。

倘若你從靜坐中醒過來後，仍能處於新的存在狀態之中（意即神經、生物、化學和基因等層面都已發生改變），並在真正體驗任何經驗之前就啟動這些變化，你會更容易用「做真正自己」的方式去思考和行動。換句話說，你已經打破了做舊自我的習慣！

提醒你，當你處在一種新的存在狀態或一種新個性之中，你同時也創造出一個新的個人實相。讓我再說一遍：**一種新的存在狀態會創造出一種新個性；一種新個性則產生了新的個人實相。**

要怎樣知道，這種靜坐練習是否已經啟動你的三個腦來產生預期效果了呢？很簡單：你感覺得到不一樣了。倘若靜坐後，你還是覺得跟以前沒兩樣，假如同樣的觸媒對你產生同樣的反應，那麼在量子場中就不會有任何事發生。同樣的想法和感受只會在量子場製造出相同的電磁信號，無論是化學、神經、基因或其他方面，都沒有發生任何變化。但是，如果你靜坐過後，你感覺自己跟以往不一樣了，並且持續保持這種身心的修正狀態，就意味著你已經改變了。

你內在所發生的改變，或者說你所創造的新存在狀態，到了此時應該會產生出外在的效果。你已經超越了宇宙的因果模式，也超越了以往控制你思想、行為和情感的牛頓物理概念。

你也將會知道，你的靜坐練習將有所收穫——努力後，你的生活中將會有意料之外的新鮮事發生。請記住：量子模型告訴我們，如果你創造了新的心理狀態及新的存在狀態，你就會改變自己的電磁特徵。當你的想法和感受不同以往以後，你正在慢慢地改變現實。但要注意的是，只有想法和感受一致時才能做到這一點；兩者分歧只是白費工夫。再次重申：你不能想的是一種，感覺又是另一種，然後期望你的生活有任何改變。只有當你的想法和感受能結合時，才算是你的存在狀態；而只有存在狀態改變後，才能改變你的現實。

以下是同調信號發揮作用的地方。如果你能將一個想法與感覺同調的信號（存在狀態）發送到量子場中，不受外在世界的影響，那麼你的生活就會出現不一樣的事物。當這種情況發生，毫無疑問的，你將能體驗到強大的情緒反應，激發你再次去創造一個新的現實，並且再用這種情緒來產生更美好的體驗。

讓我們再回到牛頓模型。我們都是被主張因果論的牛頓概念所制約，有好事發生時（因），我們表達感激和喜悅（果）。因此，終其一生，我們都在等待外在的某人或某事來操控我們的感覺。

現在，與牛頓概念相反的，我希望你能奪回主控權，並逆轉這個因果過程。與其等待某個情境來讓你產生某種感覺，不如在真實的經驗尚未發生前，就創造出那種感覺；在情緒上說服你的身體，一個能夠「產生感激」的

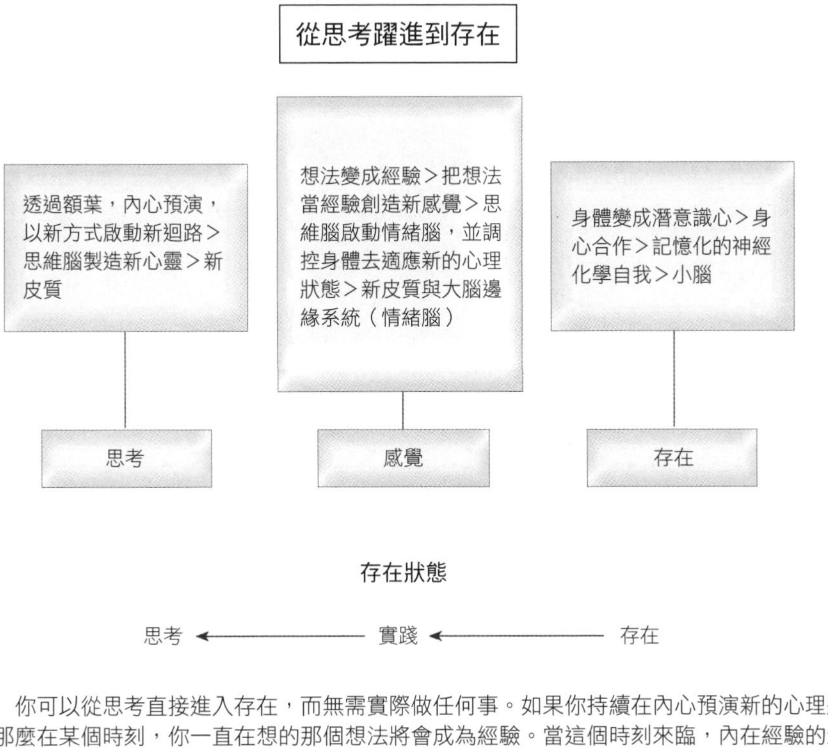
從思考躍進到存在
透過額葉，內心預演，以新方式啟動新迴路＞思維腦製造新心靈＞新皮質
想法變成經驗＞把想法當經驗創造新感覺＞思維腦啟動情緒腦，並調控身體去適應新的心理狀態＞新皮質與大腦邊緣系統（情緒腦）
身體變成潛意識心＞身心合作＞記憶化的神經化學自我＞小腦
思考
感覺
存在
存在狀態
思考
實踐
存在

圖6D　你可以從思考直接進入存在，而無需實際做任何事。如果你持續在內心預演新的心理狀態，那麼在某個時刻，你一直在想的那個想法將會成為經驗。當這個時刻來臨，內在經驗的最終產物就是一種情緒或感覺。一旦你能感覺到成為理想自我是什麼感受，你的身體（你的潛意識心）就會開始相信它正處於該現實中。於是，你的身心開始一起合作，而你無需做任何事情，就能「成為」你理想的那個人。當你光靠思想就進入一種新的生存狀態，你會更容易用「做真正的自己」的方式去思考和行動。

經驗已經發生了。

要做到這一點，你可以在量子場中挑選其中一個潛能，並感覺你正在實際經歷它。我希望你能以那個「未來的自我」去思考和感覺，那個未來的、可能的你是如此真實和生動，讓你開始在情緒上調控你的身體去相信你現在就已經是那個人了。想想看，在靜坐課程結束後，當你睜開眼睛時你想成為怎樣的人？這個理想的自我，會帶給你什麼感覺？

為了澈底打破舊自我的習慣，你必須跟因果論說再見，並擁抱量子的現實模型。選擇一個你想要的潛在實相，想像及感受你就生活在其中，並懷抱著感恩的心情。一旦你改變了內在狀態，就不再需要外在世界提供理由來讓你感到喜悅、感激、欣賞，或任何一種高頻情緒。

一旦你的身體可以因為你所專注及所感受的，真實體驗到事件發生的那個當下，並讓你覺得一切是真的時，現在的你就活在未來之中。在你處於那個存在狀態、那個當下，就是你跟量子場中所有潛能接軌的時刻。要提醒你的是，假如你還是帶著過去熟悉的情緒，或是對某些結果有所預期，你就無法接觸到量子場中的所有可能性。進入量子場的唯一方式，就是專注在當下。

此外請記得，這不只是一個智識過程，思維和感情必須同調一致。換句話說，這種靜坐要求你從頭部向下移動十英寸進入到你的心中。敞開你的心，想想如果你體現所有你所欣賞的、可以組成你理想自我的特質，會是什麼感覺。

你可能會說，你不知道那會是什麼感覺，因為你從來沒有擁有過這些特質，也從未成為過理想的自我。我的回答是，在你擁有任何實際證據之前，你的身體會比感官更早獲得這些體驗：如果有一個你從未經歷過的未來願望，在你的人生中體現了，你勢必會承認，你會經驗到喜悅、興奮或感激等高頻情緒。這些情緒就是你可以專注的部分。你不再被過去殘留的情緒所奴役，取而代之的，是使用高頻情緒創造未來。

感激、愛等正面情緒，具有較高的振動頻率，能幫你進入存在狀態，讓你感覺置身在所期望的事件之中。而當你處在這種狀態之中，你送進量子場的信號就會促使該事件發生。感恩的心態，能在情緒上調控身體去相信，讓你產生這種感激之情的事件已經發生了。藉由啟動和協調你的三個腦，靜坐可以讓你從思考跨越到存在狀態，不用真正去實踐。

或許你會質疑，要進入感恩狀態或是在實際經驗尚未發生之前就感恩，並不容易做到。建議你想一想，有沒有可能是因為你已經用記憶的情緒生活太久，使得它在潛意識中成為你身份認同不可或缺的一部分，導致現在的你除了習慣的方式以外，無法用其他方式去感受呢？如果是這個原因，也許你的身份認同已經成了用來回應外界看法的一種方式，讓你心煩意亂，同時也改變了你內在的感受方式。

在下一章，我們要探討的是如何改善身份認同的差距，實現真正的自由。當你可以很容易就心懷感激或喜悅，或者愛上未來，並且不需要任何人事物或經驗，就能擁有這樣的感覺，這些高頻情緒將會成為你創造所需要的燃料。

第7章 我是誰？假面與真我

我們表現在外的樣子，是我們投射到世界的假面。這個我，是為了塑造出自己的特定形象，並呈現給別人看、想要別人如何看待我們的一個偽裝。而那個被隱藏起來的自我，知道我們真正的感受，會在我們不那麼忙著「生活」時跑出來。

有一天我坐在沙發上，想著幸福是什麼。當我發現自己快樂不起來時，就開始想著我生命中有很多重要的人是怎樣幫我加油打氣的。我心中想著：**你是如此幸運，你有一個美好的家庭，還有可愛美好的孩子們。你是一個成功的脊骨神經醫師，你向成千上萬的人授課，你周遊世界，造訪了很多奇妙的地方，你是影片《當心靈遇上科學》的要角，很多人都喜愛你傳達的訊息。你甚至還寫了一本書，而且賣得很不錯。**即便如此，我就是覺得不對勁。

我正處於人生中的這樣一個階段：每個週末，我要往來各大城市演講；有時候，我得在三天裡跑兩個城市。我發現我太忙，忙到沒有時間去真正實踐我所教授的方法。

這實在令人不安，因為我開始了解到，我所有的幸福都是外來的；而在我旅行和演講時所感受到的喜悅，跟真正的快樂並無關聯。在我看來，我需要外在世界的每個人、每件事和每個地方，讓自己感覺良好。我所投射到世界的形象，是依賴外在因素而存在的。而當我待在家裡，不用外出演講、沒有訪談或需要應診時，我都會覺得好空虛。

別誤會我的意思，我並不是說外在的那些東西是不好的。如果你去問看過我上課的人，或者看過我在飛機上全神貫注寫講稿的人，或是看過我在機場或酒店休息室回覆電子郵件的人，他們一定都會說，我看起來很快樂。

可悲的事實是，在那些時候，如果你問我，我可能會用大致相同的方式回應你：「**沒錯，一切都很好，我也很好。我是個幸運的傢伙。**」

但是，如果你在一個安靜時刻遇見我，當其他刺激都不在身邊時，我會用完全不同的方式回答你：「**有什麼不對勁。我感到不安。一切都是老樣子。好像缺少了什麼。**」

在我看出自己不快樂的主要原因那一天，我也意識到，我需要外在世界來記得自己是誰。我的身份認同必須倚賴我所交談過的人、造訪過的城市、旅行時做過的事，以及我所需要的經驗來幫我重申我就是這個叫做喬．迪斯本札的人。而當身邊沒有這樣的人，可以幫我記起外界所認識的自己，我就不再確定我究竟是誰了。事實上，我看出我所感知的幸福，全都不過是外界刺激的反應，讓我以特定的方式去感覺。於是我明白，我已經完全沉迷於環境之中，依賴外在提示來強化我的情緒成癮。對我來說，這是個多麼重要的時刻。我曾經聽過「快樂發自內心」無數次，但在此之前，這句話從來沒有如此打動過我。

那一天，我坐在家裡的沙發上看著窗外，腦海中突然產生了一個畫面：我的兩隻手上下相對，一隻放在另一隻上面，中間隔著一段間隙。

上面的那隻手代表的是「我表現在外的樣子」，而下面那隻手則是我所知道的內在自我。如此反思中，我恍然大悟，事實上每個人都以兩種面貌活著，具有兩種獨立的存在：「**我們表現出**

來的樣子」和「**我們真正是誰**」。

我們表現在外的樣子，是我們投射到世界的假面。這個自我，是我們為了塑造自己的特定形象，並將具有一致性的外在現實呈現給別人看所做的一切。這個自我的第一個面向，是我們想要其他人如何看待我們的一個虛飾偽裝。

底下的那隻手，代表了我們真正的自我，亦即我們如何感受，特別是在我們不被外界環境干擾的時候。這是當我們不再忙著「生活」時的熟悉情緒，也是我們所隱藏的自己。

當我們記住成癮的情緒狀態，比如內疚、羞愧、憤怒、恐懼、焦慮、批判、抑鬱、自大或仇恨時，我們就會在我們表現出來的樣子和

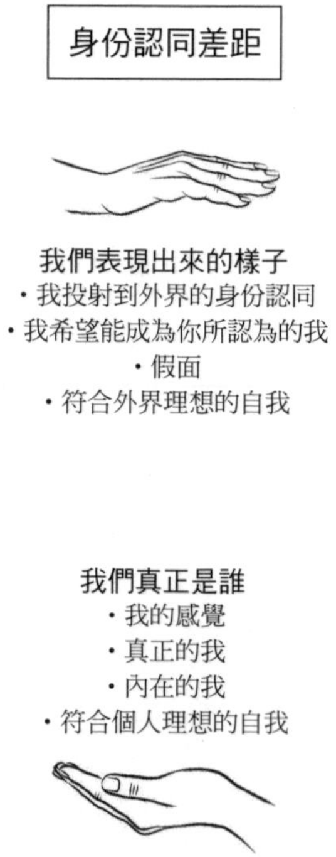
身份認同差距
我們表現出來的樣子
・我投射到外界的身份認同
・我希望能成為你所認為的我
・假面
・符合外界理想的自我
我們真正是誰
・我的感覺
・真正的我
・內在的我
・符合個人理想的自我

圖7A　「我們真正是誰」和「我們表現出來的樣子」之間有落差

我們真正是誰之間發展出一段差距。前者是我們想要讓其他人看到的樣子，而後者則是我們的存在狀態（當我們不再與生活中所有不同的經歷、不同的人事物，在不同的時間和地點互動時的狀態）。如果你坐得夠久，什麼都不做，就會開始有所感覺，你感覺的那種「東西」，就是真正的你。

一層又一層的，我們穿上了各種情緒外衣，形成了我們的身份認同。為了記住我們所認定的自己，我們必須重新創造同樣的情境，來重中我們的個性和相對應的情緒。為了提醒我們如何去取得來自外界的身份認同，我們認同每個人、

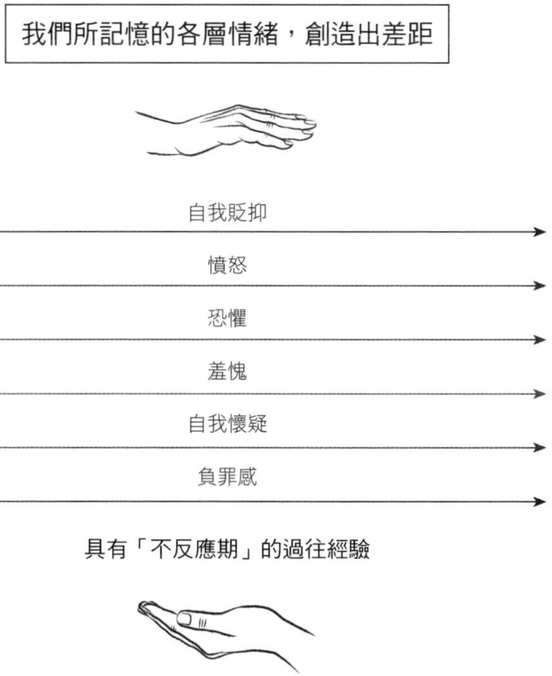

圖7B　差距的大小因人而異。「我們真正是誰」和「我們表現出來的樣子」這兩者之間，被我們生命中不同階段的經驗所記憶的許多感覺所分隔。差距越大，我們就越沉迷於所記憶的這些情緒之中。

每件事以依附外在的世界，

我們表現出來的樣子成為人格的假面，依賴外在世界來記住這是一個怎樣的「某人」。這樣的身份認同與環境形成完全的依附關係。我們的人格不計一切努力，要隱藏住真正的感受或驅除空虛感：**我擁有這些車子，我認識這些人，我去過這些地方，我會做這些事，我有這些經歷，我在這家公司工作，我是成功人士……**這就是我們所認為的自己，跟我們周圍的一切息息相關。

但是，這和我們真正是誰不一樣。在沒有外在現實的刺激之下如何去感覺，那才是真正的我們：因為婚姻失敗而感到羞恥和憤怒；因為失去所愛或寵物，而恐懼死亡，或對死後世界感到懷疑；因為父母要求完美主義，而自覺不足；因為在近乎貧困的環境中成長，而覺得世界虧欠我，可以予取予求；因為覺得自己沒有穠纖合度的身材，無法展現出好樣貌。這些真實的感受，正是我們想要隱瞞的。

然而，這才是真正的我們，那個躲在我們外在形象後面的真實自我。我們無法對外暴露這樣的自我，所以我們習慣假裝成別人。我們創造了一套記憶的自動程式，用以掩蓋我們脆弱的部分。實質上，我們在自己真正是誰這事上撒謊，因為我們知道，當你什麼都不是時，傳統的社會不會給那樣的我們一個生存空間；而我們也認為別人不會喜歡也不會接受像這樣的人。

特別是當我們還年輕，正在形成身份認同的時候，我們更有可能進行這種偽裝。我們經常會看到年輕人試著變換身份，就像在試穿衣服一樣。但是老實說，青少年所扮演的常常是他們想要成為的人，而不是他們真正是誰。如果你去問任何一個青少年心理保健專業人士，他都會告訴你，青春期的少男少女可用一個詞彙來定義：不安全感。因此，他們以從眾及集體行動來尋求慰藉。

為了不讓全世界知道你真正的樣子，於是你學會仿效和自我調整（因為每個人都知道，被視為異類的下場）。世界是複雜而可怕的，但當大家成群結隊時就能壯膽，你看，這有多簡單。所以才會有「近朱者赤，近墨者黑」，才會有「人以群分，物以類聚」。

最後，這個身份認同就會跟你很合拍，你順勢長成了那個樣子，或者你告訴自己，我就是這個樣子。伴隨著不安全感，大量的自我意識接踵而至，各種問題也蜂擁而來：這是真正的我嗎？這是我真正想成為的樣子嗎？但忽視這些問題，比回答它們更容易做到。

生活經驗定義了我們的身份

我們遍體鱗傷地從年輕時的創傷或難關中走過來，年輕時的我們，經歷了自我定義的許多事件，產生的情緒一層又一層地把我們包裝成現在的模樣。面對它吧！我們都已被情緒化的事件烙下印記了。當我們在心裡反覆回顧這些經驗，光用想的，身體就能開始重溫這些事件，一遍又一遍。我們讓這些情緒的不反應期持續這麼久，以至於原本單純的情緒反應變成了心情、又變成了氣質，最後變成一種人格特質。

年輕時的我們做這做那，讓自己閒不下來，好暫時逃避那些深沉的舊情緒，並把它們掃在地毯下面。結交新朋友、去陌生的地方旅行、努力工作並獲得升遷、學習新技能，或學習一項新運動，都是會令人興奮的事。我們鮮少會懷疑，我們做這些行為的動力是來自於人生中某些早期事件所遺留下來的感受。

而後，我們真的忙碌起來：去學校讀書，可能還進了大學；買了車，搬到一個新城市；進入職場；認識新朋友；結婚，然後買房子；有了孩子，再養隻寵物；接著，我們可能會離婚；我們鍛鍊身體；開始了新的一段關係；學習新技能或新嗜好……我們用自己所知道的所有外界事物，來定義自己的身份認同，並分散自己對內心真正感受的注意力。而且，由於這些獨特經驗產生了各種情緒，我們注意到了，這些情緒似乎帶走了我們所有隱藏起來的感受。老實說，這看起來真的暫時有用。

在成長過程中，為了求得最好的成果，我們在不同時期全心投入。為了在我們的有生之年完成很多事情，我們必須將自己推離舒適圈，出去闖一闖，並超越一度自我界定的熟悉感。我當然知道這種生活變動，但假如我們從未突破自我設限，繼續背負過去的包袱，它總有一天會纏上我們，時間通常在我們三十五歲左右（出現時間可能有極大的個體差異）。

中年危機，都是身份認同惹的禍

我們在三十至四十歲時，個性已經定型，人生該體驗的我們幾乎都體驗過了。因此，我們幾乎可以預見大部分事情的結果；我們在經歷這些事件之前，就已經知道這些經歷會帶來什麼感受。因為我們已經有過一些好的或壞的人際關係，已經在商場上嶄露頭角或事業有成；曾經蒙受過損失，也有過成功經驗；我們知道自己喜歡或不喜歡什麼，也懂得生活的細微末節。既然我們可以提前預測哪些經驗可能帶來的情緒，我們就能在事件真正發生之前，決定是否想要去體驗。當然，這一切都發生在我們意識覺察的背後。

這就是麻煩之處。因為我們可以預測大多數事件將會帶來的感受，也知道什麼能趕走我們產生「我是誰」的感覺。然而，人一到中年，再也沒有什麼能澈底帶走空虛感了。

每天一早醒來，你覺得自己還是老樣子。你一直靠著外在環境來移除痛苦與負罪感，但如今環境已不再能帶走這些感受了。怎會這樣呢？你已經知道，當外界催生的情緒逐漸耗損後，你就會重新變回同樣的自己，就如同一隻花豹永遠無法改變身上的斑紋。

這就是廣為人知的中年危機。有些人非常努力，嘗試把更多注意力放在外面的世界，好把深埋的感情繼續埋藏。有些人買了新跑車，有些人租了小船；有些人選擇度長假，有些人選擇整容；有些人會加入新社團或俱樂部，來開拓新門路或結交新朋友；還有不少人則會重新裝潢或整修房子。

這些新事物，使他們覺得更好或覺得不同，但等到新鮮感一過，他們在情緒上還是無法擺脫相同的身份認同。他們終究得回歸到真正的自己（也就是下面的那隻手）。他們被拉回到生活多年的同一個現實，只是為了要維持他們自以為的身份認同。事實是，越是這樣做——買更多東西、消費更多東西，「我真正是誰」的感覺就會變得越明顯。

我們會試著擺脫這種空虛感，或者從痛苦的情緒中逃離，因為要正視這些感覺實在太難受了。所以當空虛感開始有點失控時，多數人會選擇看電視、上網、打電話或者傳簡訊。我們可以在頃刻間變化情緒無數次……先看一部情境喜劇或YouTube影片，歇斯底里地大笑；再看一場緊張的足球比賽；然後看新聞，心情或憤怒或害怕。所有這些外在刺激，很容易就分散了我們的注意力，讓我們忽略那些不想要面對的內在感覺。

科技讓人分心，也讓人上癮。想想看：只要改變外在的事物，就能讓你立即改變內在的化學反應，擺脫掉某種感覺，多麼簡單又容易。只要能讓你內在感覺良好，什麼都可以。於是你日漸依賴它，一遍又一遍地轉移自己的注意力。其實，不一定是科技，任何能瞬間提供刺激感的事物都能奏效。

當我們一直維持這種情緒變幻的情況，猜猜看，最後會發生什麼事？我們會更加依賴外在的事物，來改變我們的內在。有些人會不自覺越陷越深，掉進這個無底洞，用各種外界事物讓自己保持忙碌，努力地重現第一次幫他們成功逃避「我是誰」的那種感覺。為了淹沒「我是誰」的感覺，他們需要的刺激越來越強烈。但遲早每個人都會意識到，他們需要更多更多相同的東西來讓他們感覺更好。結果是，他們會不惜一切代價去追求那些能獲得樂趣又能避免痛苦的方法，亦即在不知不覺中他們被操縱去過一種享樂至上的生活。

過一個不一樣的中年人生，在你放下幻象的時刻

在人生的這個階段，不再繼續埋藏自己真實感受的這些人，提出了一些重要的問題：**我是誰？我的人生目標是什麼？我要往哪裡走？我做的這一切是為了誰？神是什麼？我死後，會去哪裡？人生是否有比「成功」更重要的事？幸福是什麼？這所有一切的意義是什麼？愛是什麼？我**

愛我自己嗎？我愛其他人嗎？於是，靈魂開始甦醒……

這一類的問題逐漸占滿了我們的心，因為我們已經看透了幻象，開始懷疑外在的一切都無法真正令我們快樂。有些人最後會發現，在我們的環境中，沒有任何事物能「操縱」我們如何去感覺。我們也意識到，要將自我形象投射到世界，需要耗費巨大的能量，同時也意識到要讓身心保持忙碌有多麼累人。逐漸的，我們會看出，試圖在人前維持理想的形象其實只是一個策略，只為了確保我們一直逃避、卻步步進逼的感受不會逮到我們。庸庸碌碌的我們，就像是雜耍團的小丑，同時將許多球拋向空中，哪時會失手呢？

於是，有所覺知的人沒有再去買一個更大臺的電視或添購最新型的手機，而是選擇面對它、觀察它，不再逃避一直以來他們企圖驅逐的感覺。當這種情況發生，他們就踏上覺醒之路了。經過一番自我反省後，他們發現了真正的自己，也發現他們一直想隱藏的是什麼。於是，他拿掉假面、遊戲和幻象，不惜一切代價誠實面對真正的自己，不再害怕可能失去一切。一直以來，他們把寶貴的能量用在保全幻象上；現在，他們停止了這樣的能量消耗。

他們找回了真正的感受，然後轉頭對其他人說：「**你知道嗎？如果我不再能逗你開心也無所謂。我已經不再執著於我看起來的樣子，也不在意別人對我的看法。我已經受夠為其他人而活。我想擺脫這些枷鎖。**」

這是個人生命中意義深遠的一刻。靈魂已被喚醒，並輕輕觸碰他們的主人，誠實告訴他們：他們真正是誰！謊言終結了。

改變與人際關係：解開心結

大部分的人際關係，是建立在你與其他人所擁有的共同點上。想想看：你遇到一個人，兩個人立刻比較了你們的經驗，就像是檢查你們的神經網絡和情緒記憶是否一致。你說了類似這樣的話：「我認識這些『人』。我從這個『地方』來，並在哪些『時期』住過這些地方。我從這所學校畢業，主修的是……。我做過這些『事』。最重要的是，我擁有這些『經驗』。」

於是，另一個人回應你：「我認識那些『人』。我在那些『時期』住過那些『地方』。我也做過這些『事』。我也擁有這些相同的『經驗』。」

因此，你們開始來往。基於神經化學的存在狀態，一種人際關係於是展開，因為如果你們擁有相同的經歷，你們也分享著相同的情感。

試著把情緒看成是一種「動能」。假如你們分享著同樣的情緒，也就分享了相同的能量。就像兩個氧原子共享一個超越時空的無形能量場一樣，彼此鍵結形成空氣，你在無形的能量場中，與每個外在的人事物地形成鍵結。但人與人之間的鍵結是最強的，因為情緒擁有最強大的能量。只要任何一方不改變，關係就能維持不變。

因此，當有人開始坦誠說出真正的感受時，一切就會變得非常不自在。假如他的友誼是建立在對生活的抱怨上，那麼他就是以受害的情緒在能量上跟他人鍵結。但就在領悟的那一刻，他決定打破舊自我的習慣，不再以那個大家都熟悉的樣子出現。但他周圍的人卻需要那個熟悉的他在情感上提醒他們自己是誰。所以他的朋友和家人的回應會是：「你今天哪根筋不對了？你傷了我的感情！」言下之意是：「**我認為我們之前那樣就很好了！我需要你來重新穩固我的情緒癮，來記住我所認定的自己，好成為『某人』。我比較喜歡以前的你。**」

即便改變發生，我們的能量還是跟外界我們所經歷過的一切連結著。要打破舊情緒的成癮狀態，或者要誠實面對自己是誰的真相，都需要真正的能量。就像要把鍵結在一起的兩個氧原子分開，需要能量一樣，要斷開我們與他人的情感鍵結也需要能量。

回到上面的例子，那些跟他共享相同情緒鍵結的人可能會聚在一起，紛紛說道：「最

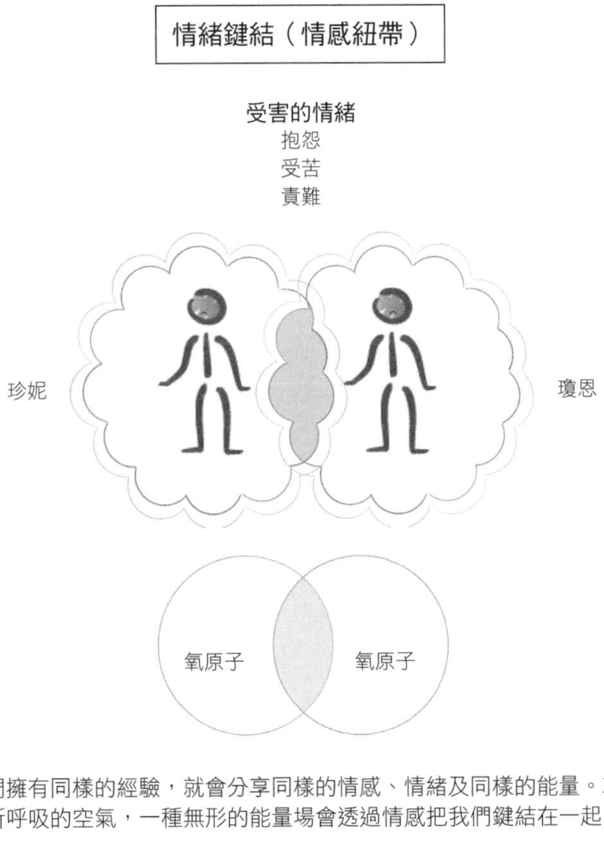

圖7C 假如我們擁有同樣的經驗，就會分享同樣的情感、情緒及同樣的能量。就像兩個氧原子鍵結形成我們所呼吸的空氣，一種無形的能量場會透過情感把我們鍵結在一起。

近他都不像他了；也許他精神有問題，我們應該帶他去看醫生！」

請記得，這些人曾經都跟他有過相同的經驗，也因此，他們分享著相同的情感或情緒。但現在他決定斷開這個用以聯繫熟悉的每個人、每件事，甚至每個地方的能量鏈結。對於多年來跟他一起玩著相同遊戲的人來說，這是一個受到威脅的時刻：天啊！他要下車，不玩了。

因此，他們帶他去看醫生，醫生開給他百憂解或其他藥物，在很短的時間裡，這個人又回復到以前的個性了。他又向世界投射出舊的形象，回到了與其他人協議的情緒合作狀態。再一次，他麻木地微笑，驅離真實的感覺。一切努力都付諸東流了。

沒錯，這個人是不像他自己——不像「上面那隻手」所代表的自己，那個每個人都已經習慣的他。相反的，他曾經一度當回了真正的自己——「下面那隻手」所代表的自己，帶著過去和痛苦。但是誰又能責怪他的親朋好友，堅持要他回歸以前的麻木自我，並且「隨遇而安」呢？因為那個新的自我顯得如此不可預測，甚至是極端的。誰願意身邊有那樣的人？誰願意被真相包圍？

最後，真正重要的是……

如果你需要環境來幫你記憶自己是怎樣的人，那麼當你死去，而環境毀滅並消失之後，會發生什麼事呢？你知道有什麼隨你的死亡而消失嗎？答案是：已經被生活中所有已知與可預測的因素所識別的某人、身份認同、形象和個性（上面那隻手）。你原本是最成功、最受歡迎或最美麗的人，並擁有你所渴求的一切財富……但是，一旦你的生命結束，外在現實消失殆盡，在你之外的一切不再能定義你。一切都隨之消逝。

你所能留下的，是你真正是誰（底下那隻手），而不是你表現出來的樣子。當你的生命結束，你不再能依賴外在世界來定義你，你留下的是那些你從未處理的感覺。在這一世生命中，你的靈魂沒有任何進步。

舉例來說，如果你在五十年前有過某個經驗，使你被貼上沒有安全感或軟弱的標籤，從那時起，你就這樣認定自己。換句話說，從五十年前起，你就停止了情緒上的成長。如果靈魂的目的是從經驗中學習並獲得智慧，但你卻一直卡在那個特定的情緒裡，永遠無法將經驗變成心得，無法超越那種情緒，並將之轉化成任何的領悟。這種感覺會把你的身心留在那些往事之中，你將永遠無法自由地走向未來。而當類似經歷出現在你目前的生活中，將會觸發相同的情緒，你的反應也會如同五十年前的你一樣。

因此，你的靈魂會說：「**注意！我想讓你知道，沒有什麼能為你帶來快樂。我要警告說：如果你繼續玩這個遊戲，我就不再試著引起你的注意，而你將會沉睡下去。一直到當你的生命結束，我們才會再見。**」

給我更多，我還要更多

大多數不知如何改變的人會想：「我要怎麼做，才能讓這種感覺消失？」而倘若外界的新事物失去新鮮感而不再奏效，他們該怎麼辦？於是，他們期待著更大的刺激來滿足他們的癮：**如果**

我使用藥物或喝夠多的酒，就能讓這種感覺消失。這些外在的東西會產生內部的化學變化，讓我感覺好極了。我會要更多——即使我沒有錢，因為購物能消除空虛感。我看A片、我玩電動、我賭博、我暴飲暴食……

不論你對什麼上了癮，你還是會認為，外在事物能夠消除你想逃避的內在感覺。請記住：我們的天性會把能夠驅除真正感受的那些外在事物，與內在的化學變化勾連在一起。假如這些外在事物能使我們感覺良好，我們就會喜歡它們。所以我們會逃避讓我們感覺不好或痛苦的事物，並接近讓我們感覺良好、舒適，或能為我們帶來愉悅的東西。

成癮帶來的興奮感，會不斷刺激腦中的快感中樞（pleasure center），分泌出氾濫的化學物質。問題是，在每一次賭博、狂歡或熬夜玩線上遊戲後，下一次，你會要求得更多。人們之所以會需要使用更多藥物、買更多東西或不斷外遇，都是因為可以從這些活動中創造出化學快感，活化他們的細胞受體部位。但是，一旦受體部位不斷接收刺激，它們將會變得麻木並關閉。於是下一次，就需要更強的信號、更多的刺激來啟動它們，也可以這麼說：要產生相同的效果，需要一個更大的化學高潮。

所以現在的你，必須賭上兩萬五千美元而不是一萬美元，否則就沒有快感。而當五千美元的購物狂歡對你起不了作用時，你就得刷爆兩張信用卡，才能再次感受到同樣的滿足感。所做的這一切，都是為了驅逐「你真正是誰」的感覺。要獲得相同快感，你必須不斷去做，而且要做得更多、更強烈：用更多藥、喝更多酒、看更多色情影片、賭更多錢、買更多東西、看更多電視……諸如此類。

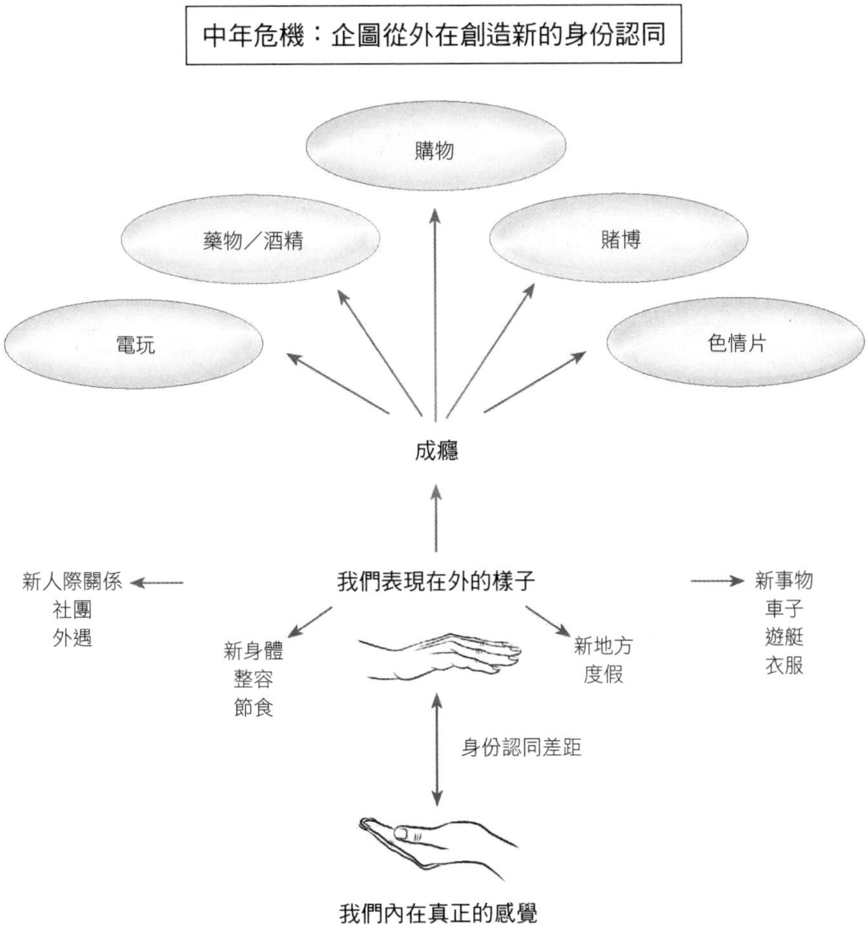

圖7D　一旦會產生出同樣情緒的相同人事物，不再能改變我們試圖要擺脫的感覺，我們就會開始尋找新的人事物，或者嘗試去新的地方，來改變我們的感覺。如果這樣還是不行，我們就會進入下一個階段——成癮。

時日一久，為了有效減輕痛苦、焦慮或抑鬱，於是你就成癮了。你錯了嗎？不是的。大多數人做這些事情，是因為他們根本不知道如何從內在去改變。他們只是受到本能驅使從感覺裡獲到緩解，並下意識地認為救贖來自於外在世界。沒有人向他們解釋，用外在世界改變內在世界，只會使事情變得更糟……只會讓差距擴大。

假設我們的人生志向是成功，以及累積更多東西。當我們這樣做，我們只會強化自己是誰，卻從未處理我們的真實感受。我把這稱為「被我們的所有物占有」。反客為主的結果是強化了那個假的自我，那個需要靠環境來提醒他是誰的自我。

如果我們坐等外在事物來讓自己快樂，那麼我們就跟量子定律背道而馳。我們是靠著外在來改變內在。如果我們一心想著，如果有錢能買更多東西，我們就會很開心，那就本末倒置了。**我們必須先變得快樂，才能顯得富足**。

那麼，倘若成癮者不能得到更多，會發生什麼事？他們會感到更憤怒、更沮喪、更痛苦，也更空虛。於是他們可能會嘗試其他方法，比如喝酒加上賭博，看電視或電影外加購物，來逃避現實。最後，什麼都滿足不了。快感中樞已經重新校準到更高水準了，以至於一旦得不到外在世界帶來的化學變化，成癮者就無法從最單純的事物中找到快樂了。

關鍵是，真正的幸福與快感無關，因為依賴這些緊張刺激的事物來感覺良好，只會使我們遠離真正的快樂。

情緒成癮，加大身份認同的差距

特別強調情緒成癮，並不是要淡化物質成癮（藥物、酒精、色情、賭博、消費等）的嚴重性。不論是對於遭遇這些問題的人，或對這些「癮君子」的親朋好友來說，成癮問題都造成了很大的傷害。當然，有成癮問題的人也可以運用本書步驟來克服——因為它們也是「三巨頭」的一部分，但處理這類型的成癮問題，不是本書要探討的範疇。我們必須認清的是，每個成癮症的背後，都有一些記憶的舊情緒在推動這些行為。

本書的主要目的，就是幫助人們打破舊自我的習慣，不論他們認為自己是酒鬼、性成癮者、賭徒、購物狂，或者是長期處於孤獨、沮喪、憤怒、痛苦，或身體病痛的人。

在思考身份認同的差距時，你可能會對自己說：「**那當然，我們會對他人掩飾自己的恐懼、不安全感、弱點和陰暗面。如果我們讓那些感覺自由且充分地表達，我們很可能會踩線越界，超出別人或自己能付出的範圍。**」某種意義上，這些話不假。但是，如果我們想要重獲自由，就意味著我們必須面對真實的自我，並將個性的陰暗面攤在陽光下。

我採用的系統有個好處，你無需在日常生活中把自己的黑暗面拿出來，就能夠面對它們。你不用在公司或家庭聚會裡宣布：「嘿，大家聽好了！我是個壞人，因為很長一段時間，我恨爸媽把時間都花在弟弟妹妹身上，讓我覺得自己的需要被忽視了。所以，為了停止不被愛和不滿足的感覺，我現在成了一個自私的人，既渴望關注，又需要獲得立即的滿足感。」

相反的，你可以私底下在家裡或在自己的心裡，消除自我的這些負面部分，並用更正面、更有成效的個性來替換這些人格特質（或者，至少把它們出演的戲份刪減一下，只允許它們偶爾露個面）。

形成記憶的情緒會成為你個性的一部分，我希望你能把引起這些情緒的往事忘掉。如果你仍深陷在過去的情緒之中，你的問題就不可能透過分析來解決。回顧舊經驗或重溫第一次製造這些問題的事件，只會帶來舊的情緒，以及提供一個理由讓你用同樣的方式去感覺。企圖用創造出目前生活的相同意識來釐清生活，只會讓你的人生分崩離析，並找到藉口不去改變。

相反的，你要忘記這些自我設限的情緒。沒有了情緒糾葛的記憶，就是所謂的智慧。然後，我們可以客觀地回顧一下該事件，看看它和當時的我們是什麼樣子，完全不帶著一絲情緒。如果我們能夠忘記那些情緒狀態（或盡我們所能的去消除它），我們就能擺脫舊情緒的制約，自在地生活、思考和行動。

因此，如果一個人能放開不快樂，並讓生活繼續——開始一段新的關係，換一份新工作，搬到一個新地方，結識新朋友——然後再回首往事，此時他就會看出：往事提供了他所需要的逆境，以戰勝過去的自己，成為一個全新的人。他的觀點改變了，因為他發現自己確實有能力解決問題。

縮小甚至消除「真正的自己」和「我們展現給外界看的樣子」之間的差距，很可能是我們人生中所面對的最大挑戰。無論我們把它稱之為活出真我、征服自己，或者讓別人「理解」或接納真實的我們，這都是大多數人的願望。改變，或者說縮小差距，必須從內在開始。

然而，大多數人往往要到面臨危機、創傷，或被診斷出某種疾病後，才會想要改變。這些危機通常用挑戰包裝，可能是身體的（出意外或生病）、情緒的（例如失去所愛）、精神的（例如積累的挫折感讓我們質疑自我價值和天道），或是經濟的（比如失業）。請注意看，上述所有情形所說的都跟「失去」有關。

但為什麼要等到創傷或失去發生後，才會想要改變呢？顯然的，這是因為災難降臨，你不得不採取行動；就像俚語所說的，當膝蓋被狠狠敲了一記，你就不再能照常生活。

在這些關鍵時刻，當我們已經非常、非常厭倦了被環境擊倒，我們會說：「**不能再這樣下去了。我不在乎要付出多少代價，或者我會有什麼感覺**【身體】。**我不在乎要花多少時間**【時間】。**無論在生活中發生什麼事**【環境】，**我都要改變。我必須這麼做。**」

我們可以在受苦狀態中學習和改變，我們也可以在愉悅和啟發的狀態下改變。我們不必非要等到難受到受不了時才改變，以至於感覺像是被迫離開我們的休眠狀態。

縮小身份認同差距的額外好處

誠如你所知，你需要培養的關鍵技巧之一就是自我覺察／自我觀察。這也是我對下一章的主題——靜坐的簡化定義。在靜坐中，你將會檢視這些對你人生有重大影響的負面情緒狀態，你將會認識驅動想法和行為的主要人格狀態，讓你對自己個性的每個細微之處都變得非常熟悉。久而久之，你將會運用這種觀察的力量，幫你解除這些負面情緒的記憶。藉此，你會放棄那些負面情緒，投向更偉大的意識，並縮小「真正的你」跟「表現在外的你」之間的差距。

想像你站在一間正在變窄的房間裡，你伸開雙臂去推開兩面正在彼此靠近的牆。你知道要消耗多少能量，才能讓你不被牆壓扁嗎？相反的，如果你放開這兩面牆，向前走幾步就能走出那個房間，進入一個全新的所在。你離開的那個房間怎樣了？嗯……兩面牆已經合在一起，因此你永遠不能再回到那裡面去了。間距已經消失，而你分離的部分已經合而為一。那麼先前你花在上面的那些能量去哪裡了？物理學指出，能量不能無中生有，也不能被消滅，它只能被轉移或轉換。這正是當你到達沒有思想、沒有情緒、沒有被忽視的潛意識行為的那個境界時，將會發生的事。

你也可以這樣想：你將會進入潛意識的操作系統，把所有的數據和指令帶進你的意識覺知中，然後真正檢視這些衝動和傾向控制了你人生的哪些部分。此時，你將意識到和覺知到那個無意識的自我。

當我們打破那些鍵結的桎梏，我們就解放了身體。它不再是潛意識心，不用再日復一日活在一成不變的過去之中。一旦我們能在情緒上解放身體，我們就縮小了身份認同的差距。差距一縮小，曾經用來製造差距的能量就此釋出。有了這些能量，我們就擁有可以用來創造新生活的燃料。

打破你情緒成癮鍵結的另一個額外好處是，這種能量釋放就如同是一劑神奇的靈丹妙藥。你不僅會充滿能量，而且還有一種你已經很久沒有過的感覺——喜樂。當你從情緒依賴的層層枷鎖裡把身體釋放出來，你將感到振奮與鼓舞。你曾經開車長途旅行過嗎？當你終於能下車舒展筋骨，呼吸新鮮空氣，並且耳根終於清靜，不再聽到輪胎行駛路上的聲音、加熱器的風扇聲以及空調的呼呼聲時，那種感覺真的很好，不是嗎？再想像一下，當你被鎖在後車箱裡，經過了兩千英里之後，這些新感受對你來說會有多棒！對於很多人而言，長久以來所感受到的，正是這種被禁錮的感覺。

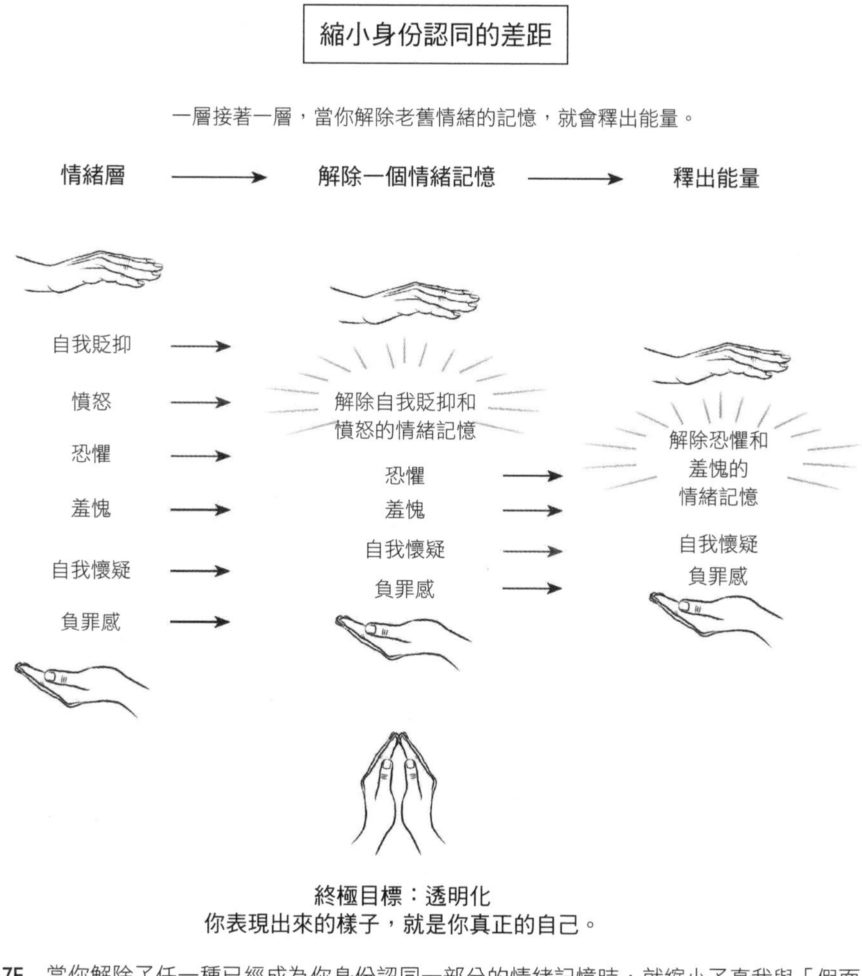

圖7E 當你解除了任一種已經成為你身份認同一部分的情緒記憶時，就縮小了真我與「假面」之間的差距。這種現象的額外好處，是釋出以情緒形式儲存在身體裡的能量。一旦這種記憶情緒從身體中解放出來，能量就會被釋出到量子場，提供身為創造者的你來使用。

還記得嗎？光是留心你怎麼思考、感覺和行動是不夠的。靜坐要求你做得更多，你還必須面對真實的自己。你必須毫無保留全盤托出，揭露那些你一直藏在差距裡的陰暗面。你必須將這些東西拽出來，全部攤在陽光下。而當你真正看清一直以來你對自己所做的事，你必須看著那一團混亂，說：「這已經不再對我有益。這已經不再為我所用。這我從來都不曾喜歡。」然後你就可以做出決定，奔向自由。

從受害到富足：她如何消除身份認同的差距

潘蜜拉是我研討會的參與者之一，她以量子觀察者的勇氣面對人生，而獲得了回報。潘蜜拉經濟拮据，兩年以來，她失業的前夫沒有支付過裁定的子女撫養費。她感覺沮喪、憤怒、被欺負，甚至在不相干的情況下做出負面反應。

那一天的研討會，我們要做的靜坐主題是關於任何一種經驗的最終產物——情緒。因為我們擁有那麼多牽涉到家人朋友的經驗，於是我們也跟他們一起分享了所產生的情感與情緒。這通常是好事：會讓我們跟去過的地方、做過的事，甚至共同目標產生相關的連結，可以加強我們的人際關係。但另一方面，我們也共同承擔與負面經驗相關的情緒。

能量能夠穿越時空，讓我們彼此連結。由於我們與其他人纏結在一起（量子學的用語），而且也經常透過求生導向的情緒彼此牽動，當我們仍與負面的經驗和情緒有所連結時，改變幾乎不可能發生。因此，現實會保持不變。

以潘蜜拉為例，她的前夫對於無法扶養子女的焦慮、歉疚、自卑感，跟她自己怨恨、匱乏、被欺負的受害情緒鍵結在一起，交織成她的存在狀態。每每當機會來敲門時，她的受害感就浮了出來，於是產生了不好的結果。她破壞性的情緒，以及與之相關的能量，實際上已經凍結了她的思考、行為和存在，讓她停滯不前。不論她嘗試做什麼來改變現況，她和前夫都被彼此共同的負面經驗、情緒和能量綁在一起；也因此，不論她怎麼努力，都改變不了跟她前夫有關的處境。

我在自己的工作坊，幫助潘蜜拉了解到她必須打破這種鍵結。她必須放開在目前現實中用來定義她自己的情緒。此外，她還知道長期以同樣的方式思考、感覺和行動，這種周而復始的循環可能會產生連帶效應，引發基因病變而生病，而她最不希望這種情況發生。

有捨才有得，我很喜歡這句話。潘蜜拉事後告訴我，她在靜坐中，辨識出她的受害感已經啟動了哪些有害情緒：對孩子不耐煩、經常抱怨和指責，以及絕望和匱乏感。她放開那些與往事有關的情緒，不再緊抓不放，同時也釋出她無法自拔的存在狀態，將它們交付給更偉大的意識。

藉由這樣做，潘蜜拉把先前凍結的所有能量釋出到量子場中，消除真我及假面（她呈現給世界看的樣子）之間的差距。她做得相當好，開始感受到狂喜和感激，讓她不只是想到自己，而是希望大家都能富足，原本自私的情緒轉換成了無私的情緒。靜坐結束後，她就像變成了另一個人。

潘蜜拉的能量攜帶著信號傳送到量子場中，用以重組及改寫新的結局，以符合她正在形成的新自我。幾乎是立即性的，她收到了量子場發生作用的兩個證據。

第一個證據跟她的網拍事業有關。她以前試過一次促銷活動，由於很擔心反應，她會不斷地上網檢視，結果網友反應平平。在靜坐過後的早上，她開始了第二次的促銷活動，由於白天太忙她沒有上網站關心結果。到了那天傍晚，她感應到拋開過去似乎為她帶來了一些正面效應。接著她就發現，那天的促銷活動幫她賺了將近一萬美元，當然她的感覺更好了！

三天後，潘蜜拉接收到了第二個證據。社工打電話過來，說她的前夫寄來了一張支票，不只支付了那個月的撫養費，還付清了他先前積欠的一萬兩千美元。她喜出望外，沒想到靜坐後她竟然「賺」了將近兩萬兩千美元。在現實中，她什麼都沒做，就帶來了這些好結果，當然這都是她事前始料未及的。她對所發生的一切，實在太感激了。

潘蜜拉的親身經驗，說明了拋開負面情緒的力量。當我們陷入陳舊的思維模式，以及習以為常的行為和觀念時，就無法解決深植於過去的問題。而這些問題（實際上是經驗）產生強大且充滿能量的情緒。一旦我們能夠放開這些，將會經歷巨大的能量波釋放，而現實將會奇蹟般地重新開展。

走出過去，才能放眼未來

想想看，你有多少的創造性能量，是被過去經驗所帶來的內疚、批判、恐懼或焦慮情緒綁架了。想像一下，如果把任何破壞性的能量轉換為生產性的能量，你能夠做多少事；而如果你沒有那麼聚焦於求生（一種自私的情緒），而是努力創造正面意念（一種無私的情緒），你將會有多少成就。

問問自己：**從過去的經驗中，你以受困的情緒形式保留了什麼樣的能量？這是否強化了你過**

去的身份認同，以及讓你對現況產生倚賴？你能夠把這些能量轉換成較高頻的狀態，用來創造一個不同的新結果嗎？

靜坐會幫你剝開一些情緒層，移除一些你的偽裝。這兩樣東西阻擋了你內在宏大的智慧流。在褪去這些情緒層之後，你會變得通透或透明，真正的你就是你表現出來的樣子。而當你以這樣的方式活著，你將會體驗到感激與喜悅滿懷的狀態，我相信這就是我們本該有的存在狀態。當你這樣做時，你就開始走出過去，讓自己放眼未來。

在除掉阻擋你內在智慧流的障礙物後，你就會變得更有智慧：更有愛心、更樂意付出、更有意識、更有決心，因為這就是你的真我。差距消失了。

在這個階段，你會感受到幸福和完整。你不再依賴外界來定義自己。你所感受到的高頻情緒是無條件的。沒有其他人、其他事可以讓你有這樣的感覺。你是幸福的，並受到啟發，只因為你就是你。

你不再活在一種匱乏或需索的狀態中。而且最有趣的是，當你不再有所需索或不再感覺到匱乏之時，創造奇蹟才會開始展現。很多人都是在匱乏、自我貶抑、疏離等受困的情緒狀態中祈求或創造事物，而不是在感激、熱情或完整的狀態下。但後者才會讓能量場給你最好的回應。

這所有一切，都要從意識到我們存在著「自我認同」的差距開始，然後深入思考那些產生差距、並主宰你個性的負面情緒狀態。除非你願意自我審視，並溫和、坦誠地評估你的習性（千萬不要因為這些缺點而自責），否則你將永遠深陷在某些往事及負面情緒中走不出來。你要做的是：看見它、了解它、釋放它。把身體從潛意識心解放出來，將能量釋放進量子場，這些能量就

廣告一點訣：買吧，它能填補你的空虛

廣告公司和企業主都很了解「匱乏」，也了解匱乏在我們的行為中所扮演的是一個指揮的角色。他們千方百計要取得我們對產品的認同，要我們相信，他們擁有排遣空虛的答案。

廣告商甚至會把知名的臉孔放進廣告裡，下意識地播種，讓消費者能夠百分百從這個名人聯想到「一個全新的自我」。**自我感覺不好？買點東西吧！社會適應不良？買吧！失去、分離或渴望？買吧！微波爐／寬頻電視／車子／手機……不論買的是什麼，都是一券在手，希望無窮。這會對你自己感覺更好，被社會接納，還能減少四成的蛀牙！**情緒上，我們都被這種匱乏感控制了。

是你創造所需要的燃料。

我的轉變就是這樣發生的……

本章開頭，我提到了當我坐在沙發上時，意識到「真正的我」和「我呈現給世界看」的身份認同，兩者之間存在著相當的差距。下面我要把這個故事講完來結束這一章。

這件事發生時，我經常四處旅行授課，就像在影片《當心靈遇上科學》所見一樣。面對他們演講時，我感覺自己是真正活著，而且我敢肯定，這也讓我覺得快樂。但呆坐在沙發時，我卻提不起勁，這讓我猛然清醒了過來。長期以來，我不得不以大家期望的樣子出現，就像影片中那

樣。我開始認為自己是「某人」，並且需要外界來提醒我，我就是自己認定的那個樣子。實際上，我過著兩種不同的生活；而我再也不想被這樣困住。

那天早上，我一個人坐著，感覺自己的心跳，並開始思考是誰讓我的心跳動。那個瞬間我意識到，我自己跟本有的先天智能已經疏離許久。我閉上眼睛，把所有注意力都放在上面。我開始坦承，我一直在扮演誰，一直在隱瞞什麼，以及我有多麼不開心。我開始將某部分的自己交付給更偉大的意識。

然後，我提醒自己，我不再想成為某人了，我要擺脫以往的個性。接下來，我觀察自己的無意識行為、思想和感情，並審視它們，直到它們變得熟悉。

接著，我開始想我要哪種新人格……直到我成為它。突然間，我開始覺得不一樣——喜樂出現了。這種新情緒跟外界事物全然無關，這是自我身份認同的一部分，不牽涉到任何的外在事物。我知道，其意義重大。

在沙發上的首次靜坐過後，我有了一個立即的反應，引起了我的注意，因為我跟坐下時已經不是同一個人了。我站起來，變得充滿生氣及覺知，就好像我第一次看到這麼多東西。有些偽裝已經從我身上卸除，而我想要卸除更多。

於是，我從慣常活動隱退了約六個月，除了臨床診療外，取消了所有講座。我的朋友都認為我失心瘋（我的確把舊的心丟了），因為當時《當心靈遇上科學》這部片子正火紅。他們一再提醒我，有多少白花花的銀子被我往外推。但我告訴他們，我不會再走上講臺，除非是為了自己的理想。我不想再授課，除非我能見證自己所闡述的道理。我需要花時間靜坐，並改變我的生活；

我想要從內在得到喜悅，而不是從外界索取。我希望授課時，能夠被聽眾理解，產生共鳴。

當然，轉變並非一蹴可幾。我每天都會靜坐，審視我的不良情緒，並且開始一個接著一個將它們解除記憶。我開始了忘掉和重新學習的靜坐過程，花了好幾個月來改變自己。在這個過程中，我有意識地摧毀舊的身份認同，打破舊自我的習慣。

這個故事，是我不需要任何原因就能覺得愉快的一個起頭。我變得越來越快樂，而這跟我本身以外的任何東西都沒有關係。現在，我每天早上都會騰出時間靜坐，我想多待在那樣的存在狀態之中。

無論是什麼吸引你翻看這本書，當你下定決心要改變，就必須轉進一個新意識之中。你必須非常清楚自己在做什麼、想什麼、怎麼生活、如何感覺，以及你如何存在……直到這變成你的本能反應。

你即將學到的，就是我所做過，且造就我個人轉變的那些步驟。請放心，你很有可能已經做過類似的事了。現在你只需要多一點點有關靜坐的知識，讓你將這個改變的方法變成技能就行了。因此，讓我們開始吧。

第8章　靜坐，幫那個老舊的自己解套

想要更健康，就必須停止不健康的生活方式。要擺脫貧窮、病痛、厄運，就要停止做那些會讓你變成這樣的事情。只有當你決定停止做那個熟悉的自己，你才能騰出空間幫自己填進新個性。要做到這些，有個簡便的方法：靜坐。

在前一章中，我們知道縮小真我與假面這兩者差距的重要性。一旦我們能夠做到，就可以釋出必要的能量，來成就一個理想的自我，就像甘地和聖女貞德等歷史偉人所做的一樣。

正如我說過的，打破舊自我習慣的關鍵之一，就是努力變得更有觀察力——這需要更多的後設認知（追蹤你的想法），需要你學會享受安靜、知止，或者更注意你的行為，以及環境因素可能會引發怎樣的情緒反應等等。因此，這裡最大的問題就是：你要怎樣做到上面這所有一切？換句話說，你要如何變得更有觀察力，斷開你跟身體、環境和時間的情緒鏈結，並消除身份認同的差距？

答案很簡單：**靜坐**。你可能已經發現，我在前面多次提到靜坐可以打破舊自我的習慣，開始創造你成為理想自我的新人生。我也告訴過你，本書第一部和第二部提供的資訊會幫你準備好，讓你在進入第三部的靜坐練習時能更快進入情況。

當我提到**靜坐**一詞時，或許你會馬上聯想到一些畫面：一個人盤腿坐在神案前，或是一個蓄著鬍子、穿著長衫的瑜伽修行者安靜坐在喜馬拉雅山上一個偏僻的山洞裡，或者其他諸如此類的畫面。那樣的人物代表的是你對「入靜」的看法：將心靈淨空，把所有的注意力集中在一個念頭上，或者是其他任何版本的靜坐法。

靜坐的技巧有很多種，但在本書中，我希望透過靜坐，能讓你得到一個最大的好處：接觸及進入潛意識心的操作系統，拋開那些跟舊自我相關的想法、信念、行為和情緒，然後靜靜觀察……一旦你做到這些，就能下意識地重新編寫你頭腦和身體的程式，成為新的心。當你不再**無意識地**產生想法、信念、行為和情緒，並透過有意識地運用你的意志來控制它們，你就可以解開舊自我的枷鎖，成為一個新的自我。要怎樣才能夠進入這個操作系統，並把無意識帶進你的意識層面，是本書其餘部分我們將要探討的主題。

靜坐的第一種定義：更熟悉你自己

在藏語裡，靜坐的意思是「變得熟悉」。因此，我用靜坐一詞來作為自我觀察與自我發展的代名詞。畢竟，不論是為了熟悉什麼，我們都不得不花些時間來進行觀察。同樣的，做出任何改變的關鍵，就是從「成為它」到「觀察它」。

另一種思考這種轉變的方式是：從一個實踐家，變成一個同時具備實踐家與觀察者的身份。我可以用一個簡單的比喻來說明：當運動員或表演者（高爾夫球選手、滑雪選手、游泳選手、舞者、歌手或演員）想在技術上做些改變時，很多教練都會讓他們去看看自己的錄影帶。除非你能看見舊的和新的各是什麼樣子，否則你要怎麼從舊的操作模式改變成新的呢？

對於你的新舊自我也一樣。你想要停止用某種方法做事，但如果你不知道那種方法是什麼樣子，你如何能做到？我經常用**忘記所學**（unlearning）一詞來描述這個改變階段。

要對自我更熟悉，這個過程是雙向運作的；你需要「看見」舊的自我，也要「看到」新的自我。你必須非常精確和警覺地觀察自己，正如我說過的，你不能允許任何潛意識的想法、情感或行為被忽略。由於人類的額葉較發達，讓你具備做這件事的能力：你可以審視自己，來決定想要改變什麼，讓人生過得更好。

決定不再做舊的自己

一旦你能意識到，那些根深柢固在潛意識操作系統裡、習慣性自我的無意識層面，你就開始了改變自己的過程。

當你認真想做些不同的事時，通常要採取哪些步驟呢？首先，你要把自己跟外界分離一段夠長的時間，去思考要做什麼，以及不做什麼。接著，你開始會對舊自我的許多方面變得覺察，也開始計畫與新自我相關的一些行動。

舉例來說，如果你想變得快樂，第一步就是停止不快樂，也就是停止去想那些會讓你不快樂的想法；其次，停止去**感受**痛苦、悲傷和憂愁的情緒。如果你渴望變得有錢，你很可能會決定停止**做**那些讓你變窮的事情。如果你想變得健康，你必須停止不健康的生活方式。這些例子都在告訴你，無論你要改變什麼，首先都必須下決心停止做舊的自己，直到你能騰出空間給新的人格

（包括想法、行動和實踐）。

因此，假如你藉著閉上眼睛並變得安靜（減少感官輸入），讓你的身體處於靜止的狀態下，不去專注線性時間，以消除外界的刺激，你就能夠專注地覺察到你正在想什麼，以及有什麼感覺。而如果你開始注意身心的無意識狀態，並對你無意識的自動程式變得「熟悉」，直到它們變成有意識的，你算是在靜坐嗎？

答案是肯定的。**「認識自己」就是靜坐**。

假如你不再具有那樣的舊個性，而是注意到它不同的層面，代表你正在有意識地觀察過去身份認同的程式。換句話說，如果你能帶著意識去觀察舊自我，你就不再是「它」了。當你從不覺察到進入覺察，就是開始在將你的主觀心靈客觀化。也就是說，藉由注意自己的舊習慣，你有意識的參與就會開始將你抽離無意識的程式，並賦予你更多的控制權。

順帶一提，如果你成功地以意識去抑制身心的慣常狀態，那麼「不再同步發射的神經元就不會再連結在一起」了。一旦你修剪了舊自我的神經硬體，就不會再以相同方式號令相同的基因。恭喜你，你已經打破了舊自我的習慣。

期待新自我的非凡表現

現在，讓我們再前進一步。一旦你對舊自我變得熟悉，熟悉到沒有任何想法、行為或感覺，會使你再無意識地落入舊模式中，你也許會同意：「開始熟悉一個新自我，是個不錯的主意。」因此，你可能會問自己：「什麼是我想要的、比以前更好的自我表現？」

假如你啟動額葉去思考自我的這些層面，你使用大腦的方式就不同於過去了。當我們的執行長「額葉」接收到這個新問題，它會俯瞰著腦中的其他部分，然後完美融合了所有你儲存在腦中的知識和經驗，成為一種新的思考模式。額葉幫你建立了一個內在表徵，讓你可以開始聚焦於此。

這個沉思的過程會建立新的神經網絡。在你思考上面所提到的問題時，你的神經元會開始發射，並以新的序列、模式和組合方式連接，因為你正在以不同的方式思考。而每當你讓腦以不同方式運作的同時，也改變了你的心。當你計畫行動、推測新奇的可能性，喚起新的存在方式，以及夢想著新的身心狀態時，在某個時刻，額葉將啟動，並調降「三巨頭」的干擾。一旦發生這種情況，你正在想的那個想法將會成為一個內在體驗；你將會在神經系統中安裝新的軟硬體程式，而那個成為新自我的體驗，就像已經在你的腦中實現了。如果你每天都重複這個過程，你的理想就會成為一種熟悉的心理狀態。

還有一個重點。假如你很投入自己所專注的想法，直到它變成一種體驗，那麼最終的產物會是一種情緒感受。一旦這種情緒被創造出來，你的感受就像是你的新理想已實現了，而那種新感覺也會開始變得熟悉。當你的身體開始把這種體驗當成目前的現實來回應時，將會以新的方式號令基因……於是，你的身體在事件尚未實際發生之前，當下就開始改變了。現在，你走在時間之前，而且最重要的是，你進入了一種存在狀態——身心齊步走的狀態。如果你持續重複這個過程，這種存在狀態也會變得熟悉。

假使你能保持那種修正過的身心狀態，不受制於外在環境和身體的感受需求，不受時間制約，你的世界裡應該就會出現一些不一樣的事物。這就是量子定律。

讓我們在這裡做個簡單的總結。根據我們靜坐的運作模式，你所需要做的，就是提醒自己，你不想再「成為」什麼樣子的人，直到你對於舊自我（包括舊的想法、行為和情緒）變得非常熟悉，熟悉到你能「關閉」和「拆除」你的舊心靈，不再用同樣的方式號令同樣的基因。然後，你反覆地細細思量你想要「成為」的樣子。這樣一來，你就會觸發及連結新的心靈層次，在其中，你就可以在情緒層面來調節身體，直到這些心靈層次變得熟悉，成為你的第二天性。於是，改變發生了。

靜坐的第二種定義：耕耘自我

除了藏語的意義，靜坐在梵語中的意思是「耕耘自我」。我特別喜歡這個定義，因為它以園藝或農業的隱喻提供了改變的可能性。當你用鏟子或其他工具翻整荒蕪一段時間而變得堅硬的土壤時，翻出了「新」的泥土和養分，讓種子更容易發芽，嫩苗更容易扎根。此外，耕耘也可能需要拔掉上一季栽種的植物，處理過去忽略的雜草，並移除浮出地表的任何石頭。

上一季的植物或許代表的是你過去的那些創造，它們衍生自你定義舊自我的思想、行為和情緒。而雜草可能意味著長期的態度、信念，或對自己的看法，正在潛意識裡破壞你的努力，而你卻沒有注意到，因為你被其他事情分了心。至於石頭則可以代表層層包覆你的個人阻礙和限制（隨著時間逐漸自然浮現到表面，阻止你的成長）。這一切都需要重新管理，這樣你才能騰出空間，在你心靈裡種植出一座新花園。否則，即便你闢建了一座新花園或栽種了新作物，事前卻沒有做好適當的準備工作，就不能期待會有好結果。

我希望，你現在能夠明白，當你還泥足深陷於過去時，是不可能創造出任何新未來的。你必須清除（心靈）花園的舊痕跡，然後才能經由播種新思想、行為和情緒的種子，來開創一個新的人生，耕耘出一個新的自我。

另一個關鍵是，使用「耕耘」一詞在於這不是隨機的行為：我們談的不是種子隨意散布在土地上的野生植物（其中只有很少比例會開花結果）。相反的，耕耘需要做出有意識的決定，何時翻土、何時播種、要種什麼、要怎麼讓所種植的作物能夠和平相處、要加多少水和肥料……諸如此類。計畫和準備是成功的必要措施，這就需要我們平時的「正念專注」。

同樣的，當我們說某人耕耘自己感興趣的某個主題時，我們的意思是指他用心研究自己有興趣的領域。此外，我們也用自我耕耘來形容一個有修養的人，他會用心挑選自己所接觸的事物，並積累了大量的知識和經驗。這絕對不是一時興起，也絕非出於僥倖。

當你耕耘某事時，你正在尋求的是一種控制權，這也是當你改變任何部分的自我時所需要的。與其讓事情「自然」發展，你主動介入並有意識地採取行動，會減少失敗的可能性。這一切努力背後的目的，是為了收穫成果。當你在靜坐中耕耘一個新的人格，你所要創造的豐碩成果就是一個新的現實。

創造一個新心靈，就像是耕耘一座花園。你從心靈花園所展現的成果，就像是從土壤中長出來的作物一樣。請好好照料。

改變的靜坐過程：從無意識變得有意識

總結靜坐的過程，你必須打破舊自我的習慣，並重新塑造一個全新的自我；放掉你的舊心靈，創造一個新心靈；修剪突觸連結，再培育新連結；解除過去情緒的記憶，並把身體重建為一個新的潛意識心和新情緒；拋開過去，創造一個新的未來。

讓我們更進一步，來看看在這個過程中的幾個要素。

顯而易見的，要避免讓任何你不想經驗到的想法或感覺未經檢驗就闖關，你必須發展出觀察和專注的強大技巧。我們人類對於專注和吸收輸入資訊的能力有限，但我們能夠做到的，絕對比平時處於無意識狀態下所做的好得多。

為了打破舊自我的習慣，明智的做法是選擇你想要改變的一個舊特質、傾向或特徵，並集中注意力在這個單一點上。比如說，你可能會從問自己這個問題起頭：**當我憤怒時，我的思考模式是什麼？我對別人和自己說了什麼？我是怎麼反應的？我生氣時，還有什麼其他的情緒湧現出來？我的身體對憤怒的感覺是怎樣的？我要怎樣才能意識到憤怒的觸發點，並改變我的反應方式？**

改變的過程需要先忘掉所學，然後再學習。前者意味著修剪腦中的舊迴路；而後者則是在腦中觸發和連接迴路的功能。當你停止用同樣的方式思考，當你抑制你的慣性並中斷這些情緒癮，舊自我就會開始在神經上被修剪掉。

而如果神經元之間的每個連結都構成一個記憶，那麼當這些迴路被拆除，舊自我的記憶將隨之一起被除去。當你想到你以前的生活，以及你過去的樣子，一切都恍如隔世。那些記憶如今存

生物模型的改變

熟悉的過去	嶄新的未來
忘記所學	重新學習
打破舊自我的習慣	重塑一個新自我
修剪突觸連結	萌發新連結
不發射和不連線	發射與連線
解除身體情緒的記憶	將身體重建為一個新潛意識心／情緒
放掉你的心	創造一個新的心靈
變得熟悉舊自我	變得熟悉新自我
解除程式	重新編程
活在過去	創造一個新的未來
舊的能量	新能量

圖8A　生物模型的改變，是將熟悉的過去轉換成一個嶄新的未來。

在哪裡呢?它們將交付給靈魂,成為智慧。

當這些曾經號令身體的想法和感受,透過你意識的努力而停止,受困在情緒之中的能量就能重獲自由,並被釋放到量子場。於是,你將擁有能量,用來設計和創造一個全新的命運。

當我們把靜坐當作一種改變自我與人生的方法,當我們變得有意識和覺察,熟悉且願意去採取必要的行動來消除不想要的個性,並耕耘一個我們想要的人格特質,我們所做的正是神祕主義者已經做了幾百年的事。

我採用的是一種明確的生物學方法來進行改變,而神祕主義者也是。他們只是用不同的術語來描述這個過程。最終結果是相同的:戒除我們對身體、環境和時間的癮。只有進行這樣的分離,我們才能改變。只有超越「三巨頭」的思考,我們活著才能真正不受它們的影響,並重新建立我們每天如何思考和感覺的主宰權。

長久以來,我們一直在運作的無意識程式已經控制了我們。靜坐可以讓我們重新拿回控制權。首先,你會變得更有覺察力,去辨別那些編寫好的程式反應在何時與如何接管,這是必要的。一旦你能從無意識變得有意識,就開始消除了你的外在表現(假面)和真實的你之間的差距。

你的未來波

正如我們所見,知識是經驗的先行者,如果你能對靜坐時在腦中所發生的事先有基本了解,當你開始學習和體驗第三部的靜坐過程,就會比較得心應手。

你可能知道，我們的大腦天生就具有電化學性質。當神經元被觸發，它們會交換電荷，然後產生電磁場。因為不同的腦電活動是可以測量的，這些測量結果可以提供我們思考、感覺、學習、夢想和創造的重要資訊，以及我們處理這些資訊的方式。科學家用來記錄腦電活動變化，最常用的技術就是腦電圖（EEG）。

研究發現，人類腦波頻率的範圍很廣，包括深度睡眠時頻率非常低的腦波活動（δ波）；介於深度睡眠和清醒之間的睡意朦朧狀態（θ波）；創造、幻想的狀態（α波）；有意識思考時的較高頻率（β波）；以及腦波記錄上的最高頻率（γ波），這在意識的高昂狀態中可見。[1]

為了讓你能對這趟靜坐之旅有更多了解，我將會簡單敘述一下其中每個跟你有關的狀態。一旦你明白這些領域是什麼，你就會更清楚什麼時候你的腦波狀態會讓你改變自我的努力徒勞無功（天可明鑑，我也曾經歷過），也更了解什麼時候你的腦波狀態能孕育真實的變化。

隨著孩童慢慢長大，大腦中的主要頻率會從δ波、θ波、α波，推進到β波。我們在靜坐中的任務，就是要返老還童，從β波、α波、θ波，逆轉成（熟悉或神祕的）δ波。因此，了解人類發展過程中腦波變化的進程，可以幫助我們解密靜坐的體驗過程。

兒童的腦波發展：從潛意識到意識心

δ波。從出生到兩歲之間，人腦的功能主要是在腦波最低頻的層次，每秒為〇・五到四個週期。在這個範圍內的電磁活動，被稱為δ波。成年人在深度睡眠時就處於δ波；這也解釋了為什麼新生兒通常只能保持清醒幾分鐘（以及為什麼即使是睜開眼睛，小嬰兒還可能處在睡覺狀態）。當一歲的幼兒醒著時，他們主要仍然處於δ波中，這是因為他們基本上是以潛意識在運作的。來自外界的訊息直接進入他們的腦中，幾乎沒有經過任何編輯、批判性思考或判斷。思維腦（新皮質或意識心）在此時以非常低的頻率運行。

θ波。大約從二歲到五、六歲左右，孩子開始表現出稍高頻的腦電圖波形。這些θ波頻率為每秒四到八個週期，在θ波的運作下，孩子往往處於恍神狀態，基本上，他們活在自己的內心世界裡。他們生活在抽象和想像的國度裡，而且鮮少表現出批判性或理性思考。因此，幼兒們比較容易接受你告訴他們的一切（順便一提，真的有聖誕老人唷）。在這個階段，這類句子對此階段的幼兒影響深遠：**男兒有淚不輕彈；女孩應該乖乖聽話，不要插嘴；你姊姊比你聰明；如果你受涼了，就會感冒**。這類說法會直接進入孩子的潛意識心，因為這些低頻的腦波狀態是潛意識的領域。

α波。五歲到八歲的孩子，腦波再次改變到α波的頻率：每秒八至十三個週期。在孩童發展的這段時期，分析性心智開始形成；孩子開始能夠理解外界生活的法則，並做出結論。同時，他們內心的想像世界往往會和外在的現實世界一樣真實。這個年齡的孩子通常腳踏兩個世界，這就是他們這麼會假裝的原因。例如，你可以要小孩假裝他自己是大海中的海豚、在風中飛旋的雪花，或是一個拯救世界的超級英雄，幾個小時後，他仍然在扮演著這個角色。如果你請一個大人做同樣的事，嗯……你知道結果會怎樣。

β波。從八歲到十二歲，以及十二歲以後，腦部活動的頻率會變高。兒童腦中任何超過每秒

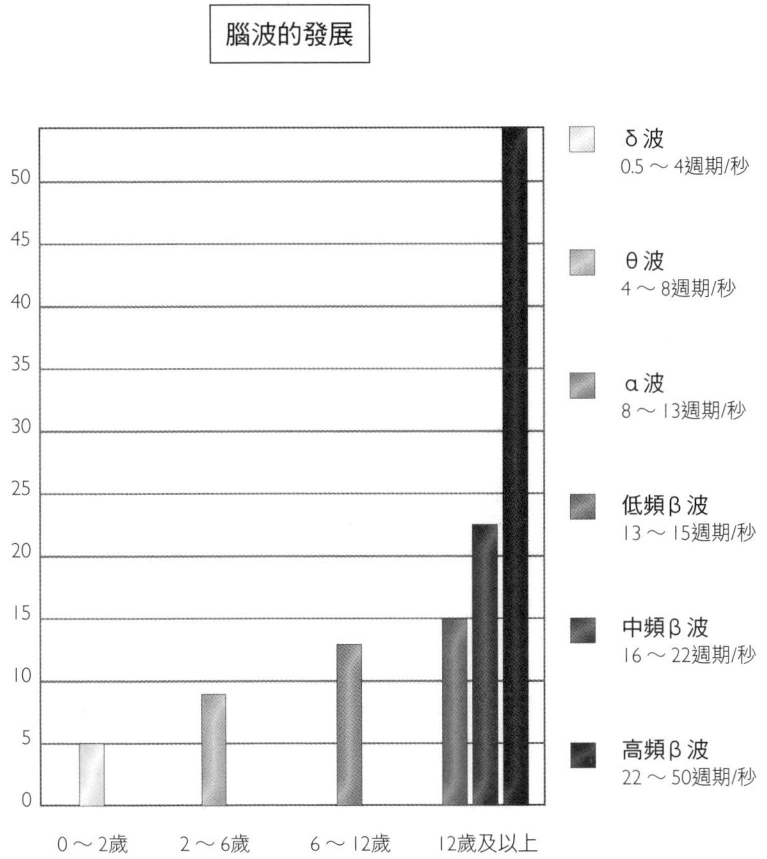

圖8B　腦波會從嬰兒期的δ波發展到成年期的β波。請注意三個不同頻率β波的差異：高頻β波可以比中頻β波的頻率高出一倍。

十三個週期的腦波，都是β波的領地。β波從那時開始，持續在整個成年期中發展到不同程度，並代表了意識與分析式思維。

從十二歲以後，意識和潛意識心之間的門多半處於關閉狀態。β波實際上分成低頻、中頻、高頻三種範圍，隨著孩子進入青春期，通常會從低頻β波進入中高頻的β波，如同大部分的成年人一樣。

成年人的腦波狀態

β波。當你在讀這一章時，很可能就是處於日常β波活動的清醒狀態。你的大腦正在處理感官訊息，並試圖創造你外在和內在世界之間相關的意義。當你專心閱讀這本書的內容時，可能會感覺到你壓在座位上的身體重量，可能會聽見背景音樂，可能會抬頭看看窗外。所有這些訊息都經過你的思維腦——新皮質來處理。

α波。現在，閉上眼睛（我們八〇％的感官資訊來自視覺），並有自覺地向內探索。由於你大幅降低來自環境的感官訊息，進入神經系統中的訊息就會減少很多，你的腦波自然會減慢到α波的狀態。你全身放鬆，不再那麼專注於外在世界的事物，內在世界開始獲得你的注意力；逐漸地你不再思考和分析。在α波狀態中，大腦處於輕度的靜坐狀態（當你練習第三部的靜坐後，將會進入更深度的α狀態）。

每一天，你都可以不需要花很多力氣，就能讓大腦進入α波狀態。例如，當你在一場演講中學習新東西時，你的大腦通常在中低頻的 β 波狀態下運行。你正聽著這些資訊，並分析其中所介紹的概念。然後，當你聽得夠多時，或特別喜歡其中一個對你適用的有趣觀點，你自然而然會暫停下來，讓你的大腦順勢進入 α 波狀態。你之所以這樣做，是因為這些訊息正被併合到你的灰質之中。而當你出了神，代表你正在進入你的想法之中，使得想法比外在世界更加真實。當這種情況發生時，你的額葉正在將

腦波

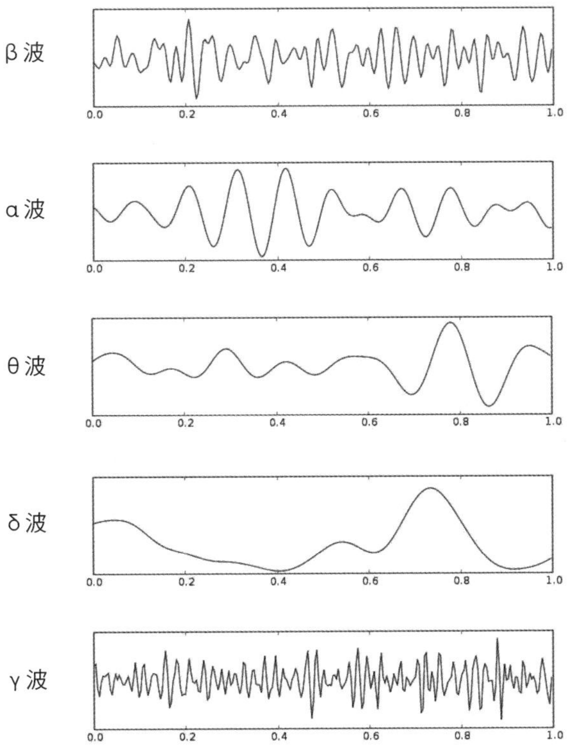

圖8C 成年人的不同腦波模式

那些資訊連結到你的腦架構（cerebral architecture）中……然後就像變魔術一樣，你記住了剛才所學到的東西。

θ **波**。在成年人身上，θ 波出現在微明狀態（twilight state）或清明夢的狀態，在此期間，有些人會發現自己半睡半醒（意識心是清醒的，而身體則昏昏欲睡）；當催眠治療師進入患者潛意識時，也是這種狀態。在 θ 波的狀態下，我們更容易被改寫程式，因為這時在意識和潛意識心之間沒有隔閡。

δ **波**。對大多數人來說，δ 波代表深度睡眠。在這種狀態下，意識覺知幾乎不存在，而身體正在自我重建。

正如以上所簡單說明的，一旦我們進入較低頻的腦波狀態時，將會深入到潛意識心的內在世界。反之亦然：當我們進入更高頻的腦波狀態時，我們就越有意識，而且越專注於外在世界。

經過反覆練習之後，你對於心靈中的這些領域將會變得日益熟悉。就像其他任何你所堅持的事一樣，你將會注意到每個腦波模式是什麼感覺。你會知道，何時處在 β 波狀態下，讓你分析或想得太多；你也會觀察到，何時你不是處於當下，因為你在過去的情感和試圖預測未來之間擺盪。同樣的，你也能感覺到，何時你處於 α 波或 θ 波狀態，因為你會感受到它們的同調性。久而久之，你就會知道，何時你進入狀態，而何時沒有。

γ波：最高頻率的腦波

目前紀錄上最高頻率的腦波是γ波，從四十到一百赫茲（相較於其他四種上文提過的腦波，γ波更緊密且振幅更小，雖然其頻率與高頻β波相似，但兩者之間並沒有明確的相關性）。腦中存在大量的γ波活動，通常與心靈的高昂狀態有關，比如幸福感、同情、慈悲心，甚至是覺察力提升（更有利於記憶）。這就是意識的提升層次，人們往往將之形容為「擁有一個超越或高峰體驗」。對於我們而言，可以把γ波當作轉變意識的附加作用。

三種β波主宰了我們醒著的時間

既然我們把意識清醒的大部分時間都花在外界環境，並在β波狀態下運行，所以就讓我們更深入來談談這三種不同頻率的β波吧。[2]這樣的理解，能幫我們從β波狀態進入α波，最終達成θ波的靜坐狀態。

1. **低頻β波**是一種放鬆及有興趣的專注，範圍從十三到十五赫茲（每秒的週期數）。如果你看書看得樂在其中，對書中的內容相當熟悉，你的大腦很有可能就會觸發低頻β波，因為你花了一定程度的注意力，而且不帶有任何的警覺或緊繃性。

2. **中頻β波**由專注於持續的外來刺激所產生。學習就是一個很好的例子：假如在你放鬆讀這本書的低頻β波狀態下，我告訴你等一下會測試你了解多少，於是你會稍微打起精神，導致更多新皮質的活動（比如分析性思維），於是中頻β波就出現了，其頻率範圍為十六至二十二赫茲。

中頻β波，甚至是低頻β波，在一定程度上反映了我們的意識或理性思考，以及我們的警覺性。這些腦波是新皮質透過所有感官，接收及打包來自環境中的刺激訊息，創造出一種心靈層次。你可以想像，伴隨著我們所看到、聽到、聞到、嘗到及感覺到的所有一切而來的，是腦內大量的複雜活動，於是就在心靈層次製造出同樣的刺激。

3. **高頻β波**涵蓋了從二十二至五十赫茲的任何腦波。在壓力狀況下，會觀察到高頻β波的波形，也就是體內產生那些求生化學物質的時候。在這樣高度亢奮的狀態下所維持的專注力，不是可以用來學習、創造、夢想、解決問題，甚至是療癒身體的類型。事實上，我們可以說，在高頻β波狀態的腦太過於專注了。心靈太過亢奮，而身體受到過度刺激，以至於無法理出任何頭緒。（當你處於高頻β波的狀態下，你當下只知道你很可能太過專注於某個事物，卻很難喊停。）

高頻β波：短期的求生機制，以及長期的壓力和失衡來源

緊急情況總會創造出迫切的需求，使腦電活動增加。我們天生就有戰或逃反應，幫助我們迅速集中精神對付潛在的危險。心、肺和交感神經系統的強烈生理刺激，導致心理狀態的戲劇性變化。我們的感知、行為、態度和情緒都會隨之改變。這類的注意力，與我們平常所使用的注意力大不相同。它會使我們的行為舉止像一頭配備大型記憶體、處於備戰狀態的動物。我們的注意範圍更側重於外在環境，導致心靈處於過度聚焦的狀態。焦慮、擔心、憤怒、痛苦、沮喪、恐懼，

甚至是競爭的心理狀態，都會誘發高頻β波成為危機中的腦內優勢波。

就短期來說，高頻β波對所有物種都有利。這種狹隘且過度聚焦的注意力不是壞事，它讓我們能夠「完成任務」，賦予我們達成許多事情的能力。

然而，假如長期都處於這種「緊急模式」下，高頻β波將會造成身心嚴重失衡，因為維持這個波頻需要相當大的能量，而且這種腦波是所有腦波中最活躍、最不穩定也最善變的。當高頻β波成為習慣且失控時，我們的大腦會變得太過活躍，超出正常的健康範圍。

遺憾的是，許多人都濫用了高頻β波。於是，我們執著或強迫、失眠或長期疲勞、焦慮或抑鬱，強逼自己成為無所不能的人，或無助地緊抱傷痛不放，或是力爭上游超越對手，或是成為環境的受害者。

持續的高頻β波讓大腦失序

我們可以把正常運作的大腦，看成是中樞神經系統的一部分。中樞神經系統控制並協調了身體其他所有系統：它讓心臟跳動、消化食物、調節免疫系統、維持呼吸頻率、平衡各種激素、控制新陳代謝，以及排除身體廢物等等。只要身心同調且有序運作，從大腦通過脊髓到達身體的訊息，將會產生與健康、平衡的身體同步的信號。

然而，許多人在醒著的時間都持續處在高頻β波的狀態下，隨時都是緊急的戰或逃狀態。大腦被非常快速的週期波所主導，這會拖垮整個中樞神經系統。在這樣的腦波下生活，就像是用一檔開車，同時還踩著油門。這些人刷刷地「駛過」自己的生活，從來沒停下來考慮過換檔到其他的腦波狀態。

求生存的想法，讓他們一再地創造出憤怒、恐懼、悲傷、焦慮、抑鬱、好鬥、侵略性、不安全感與挫折感，諸如此類的感覺。如此深陷在這些有毒的情緒中，使他們試圖從這些熟悉的感覺分析問題出在哪裡，但這只是持續讓更多思緒過度聚焦在求生存上。此外，你應該還記得，一個想法就能啟動壓力反應——我們正在思考的方式強化了頭腦和身體的當下狀態，致使我們用同樣的方式思考……周而復始。就像蛇咬尾*一樣永無止境。

長期處於高頻β波狀態，會產生不健康的壓力化學混合物質，導致腦部失衡，就像是一個荒腔走板的交響樂團。大腦可能會停止與其他身體部位的有效協調；而各個大腦區塊也會各自為政，彼此對立。這種情形就像一個兄弟鬩牆的大家庭，頭腦不再以有組織且整體的方式進行溝通。由於壓力化學物質會迫使思維腦／新皮質變得更加隔閡，我們可能會像具有多重人格障礙的人一樣，只不過我們同時經歷這一切，而不是一次只出現一種人格。

想當然耳，當失序且非同調的信號由大腦透過中樞神經系統，將反常及混亂的電化學訊息傳遞到其他的生理系統時，將會擾亂身體的穩態與平衡，造成身體失衡，由此帶來疾病。

如果我們長期在這種腦部功能混亂的高壓模式下生活，心臟將會受到影響（導致心律不整或高血壓），消化系統也會開始失能（消化不良、胃食道逆流，以及其他消化相關病症），免疫功能同樣也會受到影響而減弱（導致感冒、過敏、癌症、類風濕性關節炎等）。

所有這些後果都來自於以非同調運作的失衡神經系統，因為壓力化學物質的反應以及高頻β波的腦波，而一再以為外在世界是唯一的實相。

持續的高頻β波讓我們很難專注於內在的自我

我一再提到的壓力，是「三巨頭」成癮的產物。問題不在於我們是否意識或覺察到什麼，而是我們在高頻β波下所專注的，幾乎都是我們的外在環境（包括人、事、物、地）、我們的身體部位和功能（我餓了……我太虛弱了……我想要一個更好看的鼻子……我比她胖……）以及時間（快點！快沒時間了！）。

在高頻β波的狀態下，外在世界比起內在世界似乎更加真實。我們的注意力和意識覺知，主要聚焦在構成外在環境的所有一切。因此，我們更會毫不遲疑地把自己與這些物質元素連結在一起，於是我們批評每個認識的人，批判我們的外貌，過度聚焦在自己的問題，害怕失去所以執著於所擁有的東西，為了趕行程而疲於奔命，並被時間所主宰……這所有行為耗盡了我們的精力，讓我們無法留意真正想要的改變，無法自省反思，也無法去觀察和追蹤我們的思想、行為和情緒。

過度執著於外在世界，就很難注意內在的實相。通常，我們除了「三巨頭」以外，很難專注於其他事物，也常常被問題困住而不思如何解決。由外在轉內在，為何需要花這麼大的氣力？因為在高頻β波的狀態下，我們的大腦不容易轉換到α波的想像國度。我們的腦波模式，已將我們跟外界元素鎖死在一起，猶如它們才是真實的。

一旦你被困在高頻β波的狀態下，就很難學習：鮮少新資訊能夠進入你的神經系統，因為這些新資訊與你所體驗的情緒不同。事實是，你忙著要分析問題，你這時候的情緒狀態是無法解決

＊這種銜尾蛇形成一個環，代表循環或無限大。

的。為什麼？因為你的分析會創造出越來越高頻的β波，在這種模式下思考，會導致你的腦反應過度。於是，你論證拙劣，思路渾沌不清。

你被那些情緒掌握了，你用過去的方式思考，並以過去為基礎試著去預測下一刻，所以你的大腦無法處理當下的時刻。你的世界已經沒有多少空間，容得下未知出現。你的感覺與量子場隔絕，甚至無法接受所在環境的新可能性。你的大腦不處於創造模式之中，而是沉陷在求生模式之中，被可能會發生的最壞狀況所占據。如同先前所說的，不會有太多的新資訊會被編寫進來，因為這些資訊與緊急狀態不相容。當一切感覺起來都像危機，你的大腦會將求生存列為優先選擇，而非學習。

而答案就在於你與之搏鬥的情緒，以及你過度分析的想法之外，因為這些情緒和想法只會讓你連接到過去那些熟悉和已知的一切。要解決問題，首先你必須超越那些熟悉的感覺，並採用更有序的思考模式來取代你分散在三巨頭上的注意力。

高頻β波的非同調信號會產生散亂的思緒

你可以想像一下，當頭腦處於高頻β波的狀態下，而你正忙著處理從環境、身體和時間送過來的感官資訊，這將會製造出什麼混亂。除了理解腦中的電脈衝是以定量出現（每秒週期數）之外，去覺察信號的品質也非常重要。正如量子創造的探討所指出的，發送同調信號到量子場去預示你所期望的未來結果，這一點至關緊要。同調性，對你的想法和腦波也是不可或缺的。

在任何時間，當你處於β波的頻率範圍內，三巨頭的其中之一就會得到你更多的注意力。如果你想著要遲到了，你的重點就會放在時間上，這樣的想法會通過新皮質發送出更高頻的腦波。當然，你對身體和環境的覺知也會發送相關的電磁脈衝。只是後兩者的情況不那麼緊急，所以會透過新皮質發送出較低頻的不同波形。

正如你所見，在壓力中，這三種不同波形會一起產生高頻 β 波模式的非同調訊號。假如你跟我一樣也曾經歷過這樣的狀態，最後那張圖就是表現了你當時思緒的散亂程度。

當我們與三個維度——環境、身體和時間全部接軌時，大腦就會試圖整合它們不同的頻率和

與「三巨頭」有關的腦波
以時間為主的腦波，看起來可能是這樣的：
以環境為主的腦波，看起來可能是這樣的：
以身體為主的腦波，看起來可能是這樣的：
當你試著同時關注這所有三巨頭，
注意力會變得支離破碎，
此時會產生一個看起來像這樣的腦波圖形：

波形。這個工作會占用相當大的處理器時間和空間。如果我們可以把其中任何一項的注意力解除掉，顯現出來的波形同調性會更高，我們也將能夠把「三巨頭」的問題處理得更好。

覺察而非分析，允許你自己進入潛意識

這裡有個辦法能讓你知道，你是不是處於β波狀態：如果你不斷分析（我稱之為「處於分析性心智之中」），你就是在β波狀態下，而無法進入潛意識心。

「分析造成的癱瘓」＊一說用在這裡很恰當。沒錯，這就是大部分時候我們活在β波範圍時，會發生在我們身上的狀況。我們唯一不處在β波範圍的時間，就是睡覺（這時，我們的腦波活動是由δ波

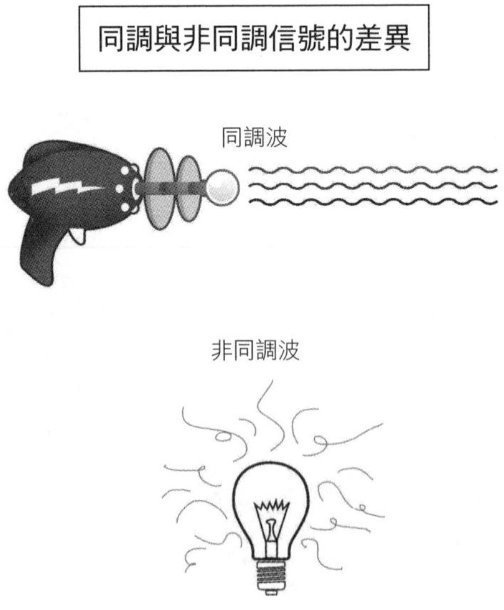

圖8D 第一張圖的能量是有序、有組織且規律的。當能量高度同步和規律，它會更加強大。雷射光就是其一，這是所有能量都一致移動的同調波。第二張圖的能量模式是混亂、分散且不同相位的，比如白熾燈泡的光就是其一，為非同調性且信號強度較弱。

主導）。

於是，你可能會問：**你不是要我們覺察，去熟悉我們的思想、感情、反應模式，以及其他嗎？難道這些都不需要分析能力嗎？**

事實上，覺察可以存在於分析之外。當你覺察時，你可能會想：**我在生氣**。而當你加入分析時，就不再是單純的觀察了，你會往下繼續補充：**為什麼這個網頁要花那麼久的時間來下載？是誰設計了這個愚蠢的網站？為什麼每次在我趕時間時，就像現在，我只是想看一下有什麼院線片，網路就變得這麼慢！**覺察，我指的是實際的應用，也就是只去注意（看）到一種想法或感覺，然後繼續前進。

靜坐的操作模型

現在，我們已經簡單理解了孩童和成人腦波的一些基本知識，這個基礎將提供我們一個操作模型（參考以下五個圖示），來幫你了解靜坐的過程。[3]

讓我們先從圖 8E 開始。多虧了兒童腦波圖的研究，讓我們知道一出生時，我們是完全處於潛意識的國度裡。

＊這是指個人或企業在面臨大量選擇時，做出過度分析及計畫，最終因為機會錯失或過了時限而無法做出任何抉擇或行動的現象。

接下來，請看圖8F。這些加號和減號，代表發展中的孩童心靈是如何從產生習慣和行為的正負面認同與聯想中學習的。

以下是一個正面認同的例子：當嬰兒餓了或不舒服時，會用哭聲來溝通，努力得到母親的注意。當照顧者以餵食或換尿布來回應他時，嬰兒的內在和外在世界之間會建立一個重要的聯繫。只需要重複幾次，他就學會了將哭泣與餵食和變舒服聯繫在一起。於是這成為一種行為。

至於負面聯想也有一個好例子：一個兩歲大的幼兒把手指放在燒熱的爐子上。他學得很快，馬上就能把這個他所看見的外在物體——爐子，跟他內在疼痛的感覺畫上等號；試了幾次之後，他就學到了寶貴的一課。

以上這兩個例子，我們可以這麼說，無論是快樂的或痛苦的，當孩子注意到體內的化學變化，頭腦就會更活躍，並會開始注意導致這些變化的外在環境。這些類型的認同和聯想，會開始慢慢發展出

圖8E　我們以這個圓圈來代表心靈。當我們剛出生時，有一顆完整的潛意識心。

許多習慣、技能和行為。

如同你已經學到的，到了六、七歲左右，腦波會變成α波，孩子開始發展出**分析性**或**批判性心智**。對於大多數孩子來說，分析性心智通常在七到十二歲之間發展完成。

突破分析性思維，進入潛意識

圖8G的區隔線代表的是分析性思維，它就像一道屏障，把一個圓區分為意識心與潛意識心。以成人來說，這種批判性心智喜歡論辯推理、評估、預測，將它所知道的與它所學習的相互比較，或者將已知的與未知拿來對照。在大多數的情況下，成人的心理活動一直沒停過，他們的分析性思維一直在工作，因此他們的大腦都處在β波的頻率中。

現在來看看圖8H，在區隔線上方的是意識心（五%），這是邏輯和推理的據點，用以

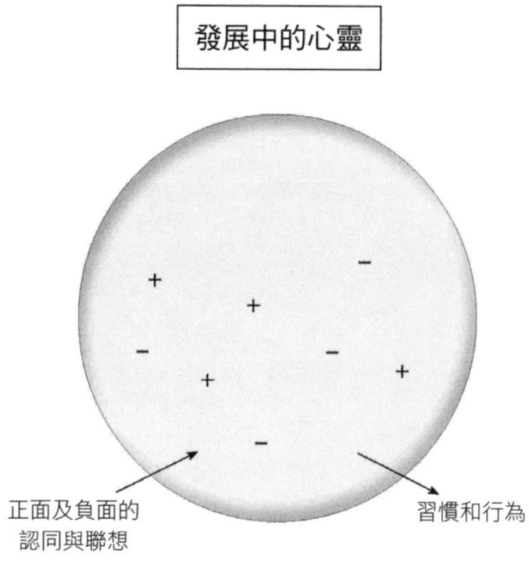

圖8F　隨著時間推移，我們開始透過感官的不同互動來學習，把內心世界和外在世界連結起來。

產生我們的意志、信心、意念以及創造力。而占九五％的潛意識心，則包括所有因為習慣和行為所產生的正負面認同與聯想。

圖8Ｉ說明了靜坐的最根本目的（以箭頭表示），就是突破分析性思維。當我們處於分析性思維時，就無法真正改變——雖然我們能夠分析舊自我，卻不能夠移除舊的程式，重新安裝一個新的。

但靜坐可以打開意識心和潛意識心之間的大門。藉由靜坐，我們進入潛意識的操作系統（所有不良習慣和行為的據點），於是我們可以把這些舊習慣和行為改變成更具生產力的模式，用以支持我們的生命。

靜坐帶領我們從β波狀態進入α波與θ波狀態

讓我們來看看，怎樣做才能做出改變，並進

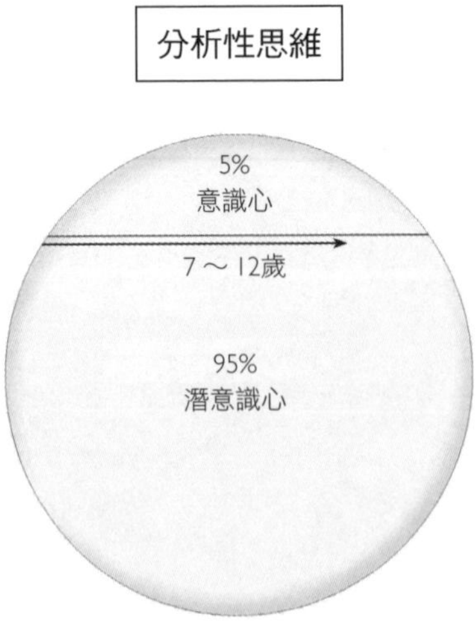

圖8G 在六、七歲間，分析性思維開始形成。它就像一道屏障，把意識心與潛意識心區分開來，通常在七至十二歲之間分析性思維會發展定型。

意識心與潛意識心

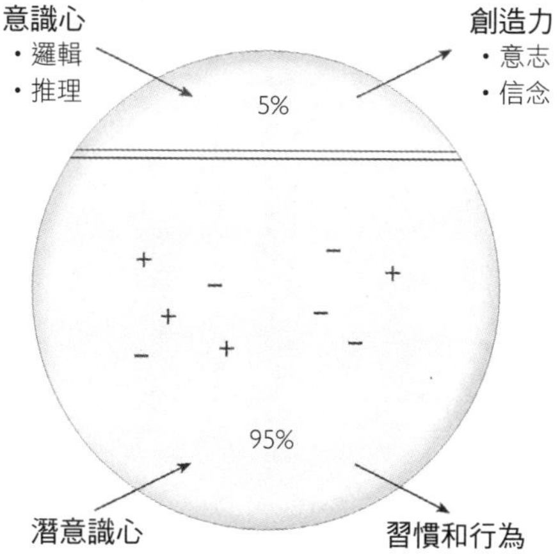

圖8H　整個心靈是由5%的意識心與95%的潛意識心所組成。意識心主要以邏輯和推理運作，用以產生我們的意志、信念、意念和創造力。而潛意識心則包括了我們無數正面和負面的認同，用以產生習慣、行為、技能、信仰和觀念。

靜坐——突破分析性思維

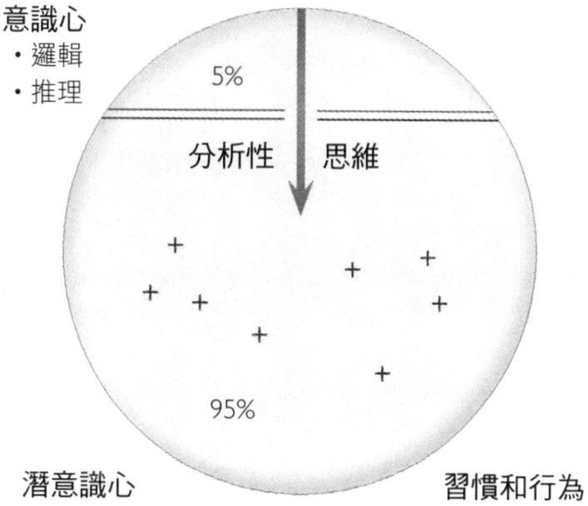

圖8I　靜坐的其中一個主要目的，就是突破意識心進入潛意識心，以改變那些自毀的習慣、行為、信仰、情緒反應、態度，以及無意識的存在狀態。

入其他的腦波狀態，讓你可以突破與身體、環境和時間的關聯性。你可以自然而然地減緩頭腦和身體的警惕狀態，進入一種更放鬆、更有序、也更系統化的腦波模式。

因此，有意識地把你的腦波從高頻β波的狀態換檔進入α波和θ波是可行的，也就是說，你可以訓練自己上下移動腦波範圍。當你這樣做時，將會打開真正改變自己的大門。你會突破被求生模式反應所驅動的一般性思維，進入潛意識心的國度裡。

在靜坐的過程中，你會超越身體的感受，不再受環境擺布，並忘記時間。你會忘了你的身份認同。當你閉上雙眼，來自外界的資訊輸入就減少了，你的新皮質所需要思考和分析的東西也減少了。因此，分析性思維開始變得緩和，而新皮質的腦電活動也將會沉穩下來。

接著，當你安靜平和地集中精神，並在放鬆狀態中專注，你的額葉會自動活化，而新皮質其他部位所觸發的突觸數量會變少。由此，大腦裡負責處理時空的迴路就會縮小「屬地」。這會讓你的腦波自然而然減慢到α波。於是，你就會從求生狀態進入更具創造性的狀態，你的大腦也隨之重新校準，改換到一種更有序、同調性更高的腦波模式。

假如你能夠持續練習，靜坐的其中一個後續步驟就是進入θ波頻率，那是身體沉睡但心靈清醒的時刻，在這個神奇領域，你會處於更深的潛意識系統裡，可以將那些負面聯想立即改變成較為正面的想法。

還有一點要記住的是，如果你先前的身體已被制約成為潛意識心，在這個心靈清醒而身體在某種程度上沉睡的當下，身心之間的阻礙已經消失了。在θ波中，身體不再掌控一切，你可以天馬行空地自由發想，改變潛意識的程式，而且最後能夠在一個完全無礙的境地中創造。

睡著與清醒時的腦波變化

當你睡著時，腦波狀態的頻譜會從β波、α波、θ波進入δ波。同樣的，在你早晨醒來時，你也會自然地從δ波、θ波、α波再回到β波，重新進入意識覺知中。當你從幽冥中再度回到「感官接掌的狀態」，記起自己是誰、你人生中的問題、睡在你身旁的人、你擁有的房子、你住的地方……然後就像變戲法一樣，透過聯想，你又回到了β波狀態，做回原本的你。

有些人會非常快速地通過這些不同階段，快得就像鋼球從樓頂落下一般。他們的身體是如此疲勞，以至於向下進入潛意識狀態的過程發生得如此之快。

還有一些人無法自然入睡，因為他們的生活重心都放在會強化心理和情緒成癮狀態的那些刺激上。他們徹夜失眠，可能需要服用藥物，藉助化學藥品來改變大腦及鎮靜身體。

不論是哪一種人，睡眠問題都表明了頭腦與心靈沒有同步。

一旦身體不再掌控心靈，僕人不再是主人，你將能行走在真實力量的國度中。你重新變得像個孩子一樣，得以進入天國。*

*典故出自《馬太福音》第十八章第三節：「耶穌說：我實在告訴你們，如果你們不回轉，變成像小孩子一樣，一定不能進入天國。」

靜坐的最佳時刻：早晨與晚上

腦化學會每日正常變化，交替產生血清素（serotonin）及褪黑激素（melatonin）這兩種神經介質。血清素主要讓你在白天能夠警醒，而褪黑激素則是讓你在夜間能放鬆好入睡。我們的潛意識的大門一天會打開兩次：一次是晚上入睡前，一次是在早晨清醒時。因此，靜坐最好的時段是早晨或晚上，你會更容易進入 α 波或 θ 波的狀態。

以我來說，我比較喜歡早起靜坐，因為那時還有點半夢半醒，大腦的優勢腦波還是 α 波；而且剛睡醒，心理狀態就像一張白紙，正是揮灑創造力的好時候。

有些人喜歡在夜深人靜時冥想靜坐。他們了解，在白天掌控一切的身體現在已經累到沒力氣「扮演」心靈了，此時在他們還醒著的時候，就能夠輕而易舉地引出 α 波，甚至是進入 θ 波的高層次精神狀態。

白天靜坐可能會比較困難，特別是如果你的工作繁忙，或者還要管教需要你費心照料的孩子們，或者是要參加一場需要你高度注意的活動。在這些時候，你的腦波通常會在高頻 β 波的狀態，因此要進入靜坐狀態，可能需要花更多精力，才能打開潛意識的大門。

進入靜坐的過程

向內自省的練習可以重新訓練心靈、身體和頭腦處於當下，而不是處在你對未來事件的期待壓力之下。靜坐也可以讓已經成為潛意識心的身體擺脫過去，並將你從熟悉的情緒中釋放出來。

靜坐，要像一根羽毛從樓頂緩緩墜落的姿態一樣，緩慢又穩定。你得先訓練自己，讓身體開始放鬆，但精神要保持專注。一旦你掌握到了技巧，最終的目標是讓身體入睡，但心靈要保持清醒或活躍。

以下是靜坐的推進過程。如果清醒意識是*β*波（有低頻、中頻及高頻，取決於你的壓力程度），一旦你坐直，保持脊椎挺立，閉上眼睛，採取一系列有意識的呼吸，並且進入內心，你自然而然會從交感神經系統切換到副交感神經系統而改變你的生理機能，從緊急自衛系統（攻擊／恐懼／逃避）轉變成長

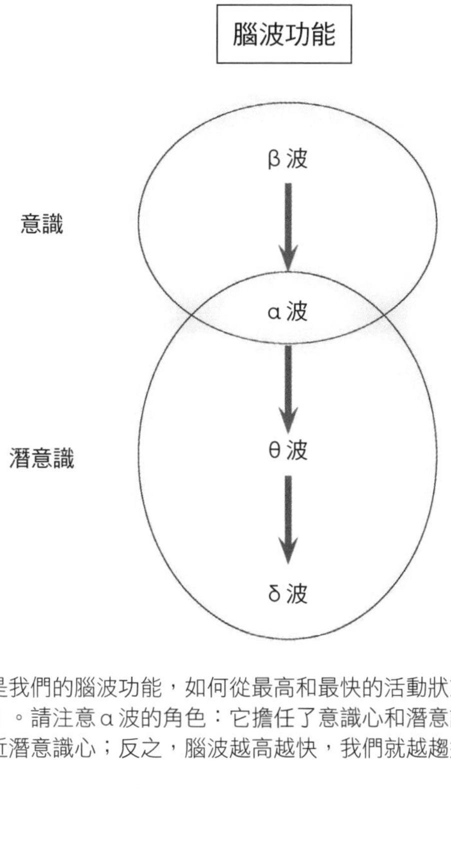

圖8J　上圖所示是我們的腦波功能，如何從最高和最快的活動狀態（β 波）進入最低和最慢的活動狀態（δ 波）。請注意 α 波的角色：它擔任了意識心和潛意識心之間的橋梁。腦波越低越慢，我們就越趨近潛意識心；反之，腦波越高越快，我們就越趨近意識心。

期性、有建設性計畫（生長和修復）的內部防護系統。由於身體已經放鬆，你的腦波模式自然會開始轉移到α波狀態。

如果做法正確，靜坐將會把你的大腦轉移到一個有序且同調性更高的波形。你會從專注於外在的三巨頭，變成**沒有身體**、**沒有外物**以及**沒有時間**的狀態。於是，你開始產生歸屬感、完整感和平衡感；並體驗到更健康的信任、喜悅與啟發等高昂情緒。

同調性：腦波的協奏曲

假使我們對心靈的定義是運行中的大腦，或者是處理不同意識流的腦部活動，那麼靜坐自然能產生更多同步及同調的心理狀態。[4]

相反的，當大腦受到壓力，腦電活動就會像一支荒腔走板的交響樂團，而心靈也會失去節律、失去平衡，變得混亂。

你的任務是完美演奏。即便這個樂團的每個成員都自視甚高，以自我為中心，認為他們的個人演奏必須凌駕於其他團員的表現，但如果你能堅持他們必須遵從你的領導一起工作，那麼總有一天，他們都會臣服於你，尊你為他們的領導者，並成為一個合作無間的團隊。

此時，腦波就會變得更同步，從β波移到α波和θ波。更多個別的迴路開始有序地進行溝通，協調出一個同調性更高的心靈。而你的覺察會從狹隘、過度聚焦、強迫、各自為政與求生存的思維，轉變成更自由、放鬆、整體、當下、有序、具創造性且簡單的想法。這正是我們賴以為生的自然生存狀態。

讓我們來看看同調性，或者所謂的**同步性**（*synchrony*），亦即各個腦區和諧工作的狀態（參見圖8K）。

同調性是療癒的基礎

這種從大腦傳送到身體的有序、同步的新信號，把所有不同的系統組織起來，讓體內進入平衡狀態：心血管系統、消化系統、免疫系統等所有系統都進入同調狀態。當神經系統重新自我校正時，先前用於求生存所需要的巨大能量，現在就可以用來創造。於是，身體開啟了自我療癒的過程。

舉個例子來說明。在我某次的

同調性與非同調性的腦波

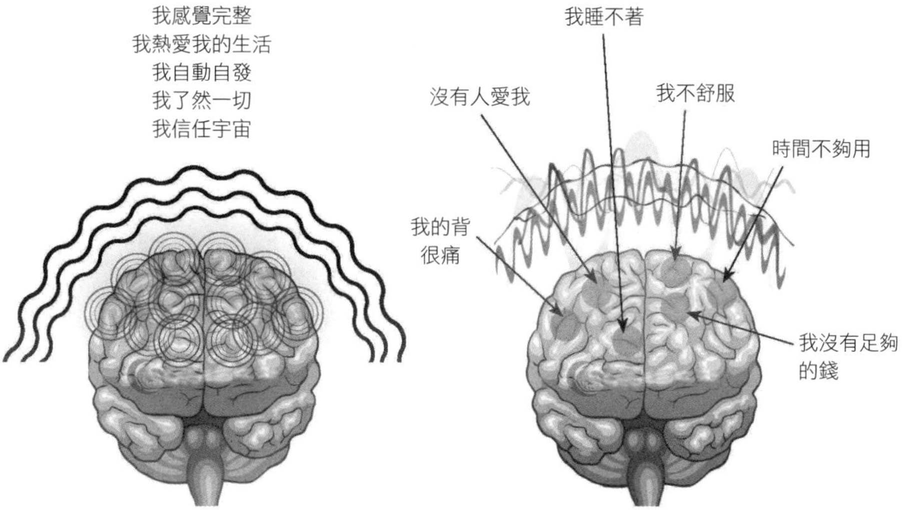
我感覺完整
我熱愛我的生活
我自動自發
我了然一切
我信任宇宙
我睡不著
沒有人愛我
我不舒服
時間不夠用
我的背
很痛
我沒有足夠
的錢

圖8K　左圖的腦是平衡且高度整合的。幾個不同的腦區都處於同步狀態，形成了一個更有序且具整體性的神經網絡共同體，彼此齊力合作。右圖的腦是失序、失衡的。不同的腦區不再彼此溝通合作，造成整個大腦分崩離析，而且「不太平」。

演講中，有位名叫荷西的男子告訴我，他在二十多歲剛開始靜坐時的一次經歷。那時候，他的左手有十顆橄欖大小的肉疣。他覺得這些肉疣讓他很難堪，於是會把左手藏在口袋裡。

有一天，有人給了荷西一本談靜坐的書。書中教導的靜坐方法，只需要專注於自己的呼吸，同時讓心靈擴大到突破身體的障礙。某天晚上入睡前，他決定嘗試一下這個靜坐方法。開始靜坐沒多久，他就從過度聚焦及狹隘受限的狀態，轉變成更廣闊、更開放、注意力更集中的狀態。隨著他逐一清除了熟悉的個性，與先前別人眼中的他判若兩人，於是他就從習慣的隨機思維模式，進入到更廣闊的自我意識中。當出現這種情況後，有些事情改變了。

第二天早上，當荷西醒來時，發現左手上的十個肉疣都消失了。他不敢置信地在床單下尋找那些疣存在的證據，結果是一無所獲。他說，他自己也不知道那些疣到哪裡去了。我告訴他，那些疣已經回到它們的來處——量子場。我向他提出這樣的看法：維持他身體秩序的宇宙智能，自然而然地做出了它一貫所做的事——創造更多秩序來回應同調性更高的心靈。由於他同調的新心靈，與客觀的更高心靈相吻合，於是來自內在的更強大力量治癒了他。

奇蹟就這樣發生了，因為他離開了熟悉的方式，沒有了身體，沒有了外物，沒有時間，也沒有了自己。他的注意力從持續的失序轉移到持續的有序，從求生存到創造，從狹隘到寬闊，從非同調到同調。然後，不再受到限制的意識回復了他身體的秩序，於是他就被治癒了。

靜坐加上行動：一個女人走出匱乏的心路歷程

在研討會上，我經常會邀請與會者分享他們改變人生的驚喜經驗。最近，就有一位來自魁北克省蒙特婁市的治療師莫妮可，描述了她自己的非凡體驗。

在她大半的成年生活裡，曾經無意識地生活在一個持續的匱乏狀態下：沒有足夠的錢，沒有足夠的精力，也沒有足夠的時間來做自己想做的事。而現在情形更是雪上加霜：她的工作坊租金漲得太高，她和丈夫兩個人負擔不起兒子上大學，家裡的洗衣機也該換了，加上大環境不景氣，好幾個客戶都不再光顧了。

有一天，莫妮可在靜坐時（你會在本書中學到這種方法），仔細思量自己的人生選擇，意識到她不能再繼續平時的作為——阿Q地用「啊，我是不幸，但事情有可能會更糟」的心態來承受各種風雨。她意識到，自己總是以匱乏的角度來做決定或尋求解決問題的方法：時間不夠、錢不夠、精力不夠。她已經牢記了這樣的存在狀態，匱乏成了她的個性。簡言之，她的心態一直都是「由它去吧！船到橋頭自然直」。諷刺的是，莫妮可曾經幫過她的客戶克服這類人格特質，而且都頗有成效，他們都變得更積極更主動了。

抱著極大的決心，她決定改變自己的個性。她再也不要被生活踐踏，被動地等事情發生在她身上。

接下來，莫妮可製作了一張表格，列出她想要成為怎樣的人、她想要怎麼思考，以及她想要感受到什麼。她想像自己是一個有充足精力、時間和金錢的女人，能勇敢做出所有決定。最重要的是，她想成為這樣的一個人，目標既明確又堅定。她知道自己不想做回以前的自己，渴望擁有新自我的思考方法、感覺及行為。

一旦我們做出如此強烈的決定，並對新實相有明確的概念，這些想法的清晰度和同調性就會產生出相對應的情緒。如此一來，我們身體的化學湯將會發生改變，神經組成也會隨之改變（我們修剪舊突觸的連結，並萌發新連結），甚至我們的基因表現也會變得不一樣。

莫妮可開始以新感受來生活：覺得自己擁有足夠的錢、足夠的精力，而且每一個需求都已被滿足。她感覺好極了。當然，她憂慮的問題沒有在一夜之間都消失了，但她卻因為不同的心態，生活過得越來越好。

幾個星期後，莫妮可正在會見那天的最後一個客戶。對方是一個從小在法國長大的女人，她回憶起過去她的雙親每個月都會買一張彩券，而這個傳統她依然維持至今。

那天晚上莫妮可開車回家時，其實已忘了彩券這事。她從來沒有買過彩券，她覺得以她有限的財力，這種無謂的支出還是能省則省。那晚在停車加油後，她走進店裡付錢時，看到櫃檯上擺著各種彩券。以新心態生活的她（她覺得自己的生活豐足），覺得自己還有餘錢可以用來買個運氣，於是她當下就選購了一張。

途中，莫妮可還買了披薩外帶回家當晚餐。到家停車拿披薩時，她才發現那張被她忘在一旁的彩券正黏在披薩盒外的油漬上，還沾到了副駕駛座的椅套。她把披薩盒放上餐桌，彩券還黏在盒子邊，她告訴家人先開動後，就又回到車庫清理椅套的油垢。當她正在擦洗時，她的丈夫跑了過來。

「妳鐵定不會相信！妳的彩券中獎了！」

現在，你可以回想一下前面提到的：量子場會以你無法預測的方式來回應你的所求。再回到莫妮可，你一定會想：「她中了上百萬美元，從此應該過著幸福快樂的生活了。」

並不盡然。其實莫妮可贏得的金額是五萬三千美元。她開心嗎？說吃驚比較貼切。這對夫妻的信用卡債和汽車貸款，剛好是五萬三千美元。

莫妮可興奮地告訴我們這個故事，她也偷偷承認，下一次她可能會多要求一點——除了解決她的燃眉之急外，還能多剩下一點錢。

莫妮可的故事所顯示的，是創造新存在狀態的神奇力量。她無法只透過想像新自我就達到目標，她還必須轉化成行動。自認為過得苦哈哈的舊莫妮可不會去買彩券，但有了新個性的她，做出了符合新個性的行動，於是量子場以完全出乎她意料的方式完成了她設定的目標。

莫妮可發展出一種能夠把握機會，並及時採取行動的新個性，於是體驗到一個全新且更好的結果。新的個性，就是新的個人實相。

你當然不需要靠中樂透來改變人生。但是，你的確必須做出不再做舊自我的決定，允許自己走進無意識程式所在的操作系統中，去制定一個新自我的明確計畫。

紅塵菩提，喧囂中的寧靜

在結束這一章之前，我想提出一個我在《進化你的腦：改變心智的科學》一書中所引用的主題：有一群就讀於威斯康辛大學麥迪遜分校的佛教僧侶，這些「超級靜坐家」進入同調腦波狀態的能力，遠超出了我們大多數人。當他們進行慈悲靜坐時，發送出的信號，其同調性幾乎都高到破表。

研究期間，每天早上研究人員都會監測他們靜坐時的腦波活動。監測後，他們會前往校園或鎮上去做他們想做的事，比如參觀博物館或去商店買東西等等。等他們回到研究中心後，在還沒有開始靜坐之前，又再一次接受腦部掃描。令人驚訝的是，儘管他們沒有整天靜坐，還在外面接收那麼多非同調與混亂的信號，但他們仍保持著先前靜坐時所出現的同調性大腦模式。[5]

大多數人在面對外界紛亂的刺激後，都會退回到求生存的模式，並製造出壓力化學物質。這些壓力反應，就像是擾亂大腦信號的破壞者；而我們的目標是以那些僧侶為表率。如果我們能夠每天都產生高同調性的信號模式（同步腦波），我們將會發現這些信號會帶來具體的成果。

如果你能像那些僧侶一樣，重複創造內在的同調性，久而久之，即便你接觸外在的環境，那些破壞性的刺激也不會再對你產生影響。於是，你不會再經歷那些下意識的自動反應，強迫你回到那個你渴望改變的舊自我。

堅持靜坐以及創造內在的同調性，不僅能消除折磨身體的很多病痛，還可以朝著你設定的理想自我邁進。你內在的同調性能夠抵抗負面的反動情緒，讓你忘掉造成這些負面情緒的行為、思想和感情。

一旦你到達了中庸／空無的狀態，就很容易進入同情、慈悲的情緒狀態，也更容易帶來純粹的喜樂、愛與感恩，或任何其他的高昂情緒。這是真實不虛的，因為這些情緒都是高同調性的。

在靜坐過程中，腦波會反映這種純粹的心理狀態，於是你將能開始克服身體、環境與時間。這「三巨頭」就是綑綁你情緒的元凶，現在它們不再能控制你，而是你控制了它們。

有了這些知識，你已經做好了體驗的準備

請記住，知識是經驗的先行者。你讀過的所有資訊，都是在為親身的體驗做準備。一旦你學會靜坐，並將之應用在生活中，就會開始收到回饋的果實。在本書第三部，你會學到如何把這一切知識付諸實踐，並在生活的任一個領域裡做出可以測量的改變。

我想起了許多登山客在爬華盛頓州的瑞尼爾山（Mount Rainier）時會採取兩階段行程。瑞尼爾山是美國本土最高的火山（海拔四千九百公尺），這些登山客會把車子停在天堂傑克遜遊客中心（Paradise Jackson Visitor Center，海拔一千六百公尺），然後先跋涉到繆爾營地（Camp Muir，海拔三千公尺）。在這個大本營停留時，讓他們有機會回顧所有走過的路程，評估他們從爬山的準備與經驗中所學到的知識，休息一晚後，再繼續攀登瑞尼爾山的雄偉高峰。這樣做可以把知識與經驗結合，順利地成功攻頂。現在的你，也已經準備好要應用你所學到的一切知識，你新開發的智慧會激勵你前進到第三部，並在其中進一步精通這些技巧來改變你的心靈，以及你的人生。

因此，我請你在這裡稍做停頓，抱著感恩的心情回頭看看你在第一部和第二部所獲得的資訊；有需要時可以再複習一下你覺得很重要的任何內容……接著，請再一次跟我一起，為你攀登自己個人峰頂的靜坐之旅做最後的準備。

第3部

邁向你的新命運

※**編按**：每當你看到耳機圖示，就表示此處為引導或靜坐的指導。本書已將這些內容與四週靜坐的完整過程譯成中文，不聽英文語音導引也不會造成影響。若有需要，你可以從作者的官網www.drjoedispenza.com下載背景音樂或購買英文錄音檔，然後以MP3格式播放，或者燒錄成光碟。

第9章 進入靜坐前的準備工夫

一個不受干擾的環境、一段安靜自主的時間，還要一顆能夠跨越常態思考、沉澱安靜的心，以及一個能夠受你掌控馴服的身體。以上這些，都是幫你快速進入靜坐狀態的前置作業。

正如我先前所說的，靜坐的主要目的，是將你的注意力從環境、身體與時間轉移開來，讓你的意念和想法取代那些外在事物，成為你所專注的重點。然後，你就可以不受外界影響，走完內在狀態的改變之旅。靜坐也是你突破分析性思維的方法之一，讓你能夠進入潛意識心。這點非常重要，因為潛意識正是所有你想改變的壞習慣和行為的據點。

靜坐導論

到目前為止，你接收到的所有資訊，都是為了幫助你明白在這第三部的實作練習。你所做的一切，都是為了能利用靜坐來創造新的實相。而一旦你理解並重複執行這些步驟時，你就能在生活中改變你想要改變的**任何事物**。請經常提醒自己，在改變過程中，你要修剪的是舊自我的習慣，以便為你的新未來創造一個全新的心靈。當你進行這些你將要學習到的過程時，你必須在有意識的狀態下忘掉自己，抽離已知的現實，並完全擺脫那些用來定義舊自我的想法和感受。

一開始，你只是個初入門的新手，因此可能會有些惶然不安或不舒服的感覺。不要緊張，這只是你已經成為潛意識心的身體正在抗拒新的訓練。在開始練習之前，你必須明白這一點，並且儘量放輕鬆，書裡的每個步驟都會設計成你能理解及掌握的方式。就我個人而言，我對靜坐練習的期待，不亞於我所做過的其他事。它會讓我重新找到秩序、平和、明確性與啟發性，因此我很少錯過每天的靜坐時間。但我也花了一段時間才達到這種關係，所以，請對你自己有點耐心。

將這些小步驟變成一種自然習慣

你學習任何新事物，都需要充分的專注力與投入，並依循指導的具體步驟來執行。這樣一來，不管是多複雜的技能或任務都能被簡化，心靈才不會因為不堪負荷而分心。當然，我們所付出的努力，最終目的就是要把所學到的，自然而然、毫不費力地自動（即下意識）實踐出來。本質上，就是要讓這個新技能成為習慣。

要嫻熟一項新技能，每次都只需要掌握一個小任務或一個步驟，等熟悉後再推進下一步。時日一久，你就能將每個步驟串聯起來，一氣呵成地完成所有過程。那麼要如何知道你已經上手了？答案是，當所有步驟開始看起來像是一個流暢的完整行動，並且已產生你所預期的結果。這是在逐步學習靜坐的過程中，你所要達到的目標。

以學打高爾夫球為例，你的心靈需要處理很多指令，讓你的行動符合你的意念。想像一下，你第一次準備開球時，你最好的朋友喊著：「低下頭！蹲低一點！挺胸，背打直！保持前臂伸直，放鬆握桿的手！揮桿時要移動重心！從球的後方擊球，然後送桿！」以及我最愛的那句：「放輕鬆！」

一次要接收全部的指令，很可能會讓你陷入癱瘓狀態。但假如我們不是這樣做，而是依照順序，一次只做一件事，會怎樣呢？漸漸的，你的揮桿動作看起來會像是一個合乎邏輯的動作。

同樣的，在你學做法國菜時，你也是一個步驟一個步驟學習。當你做了夠多次，到了某個時刻，你就不再需要食譜，把所有步驟連結成一個連續的過程。這些指令會整合到你的身心之中，把許多的小步驟合併成幾個大步驟，最後事半功倍地煮好了道地的一道菜。因為你已從思考層面進入實踐，而你的身體會記住你所做的事，就跟心靈記得一樣牢。這就是所謂的程序記憶（procedural memory）。任何事情只要做得夠久夠多次，就會出現這個現象——你開始知道，你要怎麼做。

為靜坐量身打造一個神經網絡

請記得，你所具備的知識越多，面對新體驗的準備就越充足。你所練習的每個靜坐步驟，都是根據先前在本書裡所學到的知識，這些都會對你產生意義；而每個意義都是建立在科學或哲學的理解之上，不存在任何推測或臆想。這些步驟都以特定的順序編排過，好幫你記住這整個改變自我的過程。

雖然我下面有一個建議的四週計畫，但你可以按照自己的步調來練習，直到每個步驟都熟稔於心為止。對你最好的練習步調，會讓你感覺到舒服，永遠不會感到不堪負荷。

每次的靜坐練習，都要將先前學會的步驟再練習過一遍，接著再開始當週的新教材。有些步驟同時練習的效果更好，因此某幾週裡會要求你練習兩個以上的新步驟。此外，我建議在你進入下個步驟之前，至少要把當週的步驟持續練習一個星期。經過幾個星期後，你將能打造出一個符合靜坐所需的神經網絡！

建議的四週計畫

- 第一週（第十章）：每天練習**步驟1：引導**。
- 第二週（第十一章）：每天的靜坐日課，先練習步驟1，再加上**步驟2（認知）**、**步驟3（承認與宣告）**，以及**步驟4（順服）**。
- 第三週（第十二章）：每天的靜坐日課，先練習步驟1至4，然後加上**步驟5（觀察與提醒）**，以及**步驟6（重新導向）**。
- 第四週（第十三章）：每天的靜坐日課，先練習步驟1至6，然後加上**步驟7（創造與預演）**

不要貪功躁進，要按部就班地打造一個堅實的基礎。如果你已經是個經驗豐富的靜坐者，想要一次進行更多步驟，也沒關係，但務必遵循所有指示，並將你要做的步驟牢記於心。

一旦你能專注於正在做的事情，思緒不會受到任何外來刺激所影響，你將會到達身心一致的同步狀態。於是，你的新技能將會變得越來越得心應手，這一切都要歸功於海伯定律對神經觸發及連接的詮釋——同步發射的神經元會連結在一起。學習、專注、指導和練習這些要素，將會發展出一個相關的神經網絡，來反映你的意圖。

靜坐的準備工作

準備好你的工具

書寫工具。除了靜坐課程，你還會讀到一些對每個步驟的文字敘述，經常會要求你「寫下」問題與提示。因此我建議你手邊可以放一本筆記本，方便你寫下答案。然後，在你每天進入靜坐前，先複習你的反應。這樣一來，你所寫下的想法就可以為你的靜坐過程做好準備，成為靜坐時進入潛意識操作系統的導航路線圖。

用心讀。初次學習靜坐步驟時，你可能會需要仔細閱讀靜坐指導。例如，你每天靜坐都要用到引導技巧，來幫你達到高度同調的 α 波狀態，以便準備好進入這些成為第十一章到十三章重點的方法。此外，你每週所學習的步驟都有文字敘述，提供你作為一系列靜坐指導的依循。

準備好靜坐環境

場所。你已經知道，克服環境是打破舊自我習慣的關鍵。找一個適合靜坐的環境，把干擾降到最低，這會助你一臂之力打敗三巨頭的第一個（我們很快會提到另外兩個：身體和時間）。選擇一個舒適的地方，你可以在此獨處，不會被外界的刺激誘惑及干擾。讓這個地點成為你個人的

靜坐的兩種進行方式

選擇一：每當你讀完一章後，請把你的反應記錄在筆記本上，接著就可以閱讀書中相對應的靜坐指導。每個星期，在你把下一個或下一組步驟，加入上一週練習的步驟時，就可以閱讀下一個相關的靜坐指導。它們將被列為「第一週的靜坐」、「第二週的靜坐」、「第三週的靜坐」與「第四週的靜坐」，其中，第四週的內容將包括整個靜坐過程。

舉例來說，在你進行第二週的靜坐指導時，將會先帶領你完成第一週的步驟（即引導技巧），然後再新增第二週要練習的三個步驟。當你進行第三週的靜坐時，你會重複第一、二週所學的步驟，然後再加入第三週的新步驟。

選擇二：這些引導課程的文字敘述也一起收錄在附錄中，讓你能夠更快熟讀及記住整個程序，你也可以口述錄音。

書末的附錄一和附錄二，提供靜坐引導的兩種技巧。附錄三是整個靜坐過程的文字敘述，包括你將會在第三部學習到的所有步驟。如果你決定使用附錄三的文字敘述來引導你的靜坐，在你每週的靜坐日課中，都要從前幾週學到的步驟開始，然後以此為基礎，再接著進行當週的靜坐課程。

私密空間，而且要能夠方便到達，因為每天你都要到這裡來。你將會與這個地點緊密連結，它會變成一個你經常馴服分心的自我、戰勝舊自我、創造新自我，以及建立新命運的地方。久而久之，你將會發自真心、迫不及待地前往這個地點。

在我所帶領的某個活動，其中一位參與者告訴我，靜坐時她總是會睡著。以下是我們的對話內容：

「妳在哪裡進行正念練習？」

「床上。」

「根據聯想法則（law of association），對於床和睡覺的說明是？」

「我把我的床和睡覺聯想在一起。」

「那麼重複律（law of repetition）＊對妳每天晚上睡在床上的論證是？」

「如果我每天晚上都睡在同一個地方，我就會把床與睡眠固定聯想在一起。」

「由於神經網絡是由這兩個法則結合所形成的，從這個事實來看，妳是不是已經形成了一個神經網絡，反映床就代表睡眠？而由於神經網絡是我們在不知不覺中每天都會使用的自動程式，因此當妳在床上時，妳已經成為潛意識心的身體就會讓妳無意識地自動失去知覺，這不是很合理嗎？」

「對耶。我想我需要找一個更好的地方來靜坐！」

我建議她在靜坐時要遠離她的床，還進一步建議她找一個與臥室隔開的靜坐場所。假如你想建立一個新的神經網絡，就應該在一個能夠表現出成長、再生和新未來的環境中進行靜坐或正念練習。

還有，千萬不要將這個場所視為**強迫**你靜坐的受刑室。這種心態會破壞你所有的努力。

避開環境干擾。確保不會受到其他人或寵物的打斷或干擾（掛個請勿打擾的牌子會有幫助）。儘量摒除所有會迫使你的心靈回到舊個性的環境要素，或是會讓你覺察到外界的感官刺激，尤其是你所熟悉的那些環境要素。關掉手機和電腦，我知道這很難做到，但那些電話、簡訊、推文、即時訊息和電子郵件都可以稍後再處理。你也不想有咖啡或食物的香氣飄過來，分散你的注意力。請確保房間的溫度適中，也沒有穿堂風。通常，我都會使用一些遮蔽物。

音樂。音樂可能會對你有幫助，但要避開那些會讓你分心的選擇。如果我靜坐時想聽音樂，通常會選擇曲風輕柔、舒緩、能夠引導入靜的純音樂或是吟唱。如果不聽音樂時，我還會使用耳塞來圖個清靜。

做好靜坐的身體準備

姿勢。我會坐得很直：背部打直，脖子挺立，雙手與雙腳靜止不動，身體完全放鬆。那麼，

＊又譯為重複律或稱為頻次律（law of frequency），在其他條件不變下，當一個連結越常被執行，該連結就越強大，越不易被移除。

可以使用躺椅嗎？這就跟在床上靜坐一樣，很多人都會不知不覺睡著。你可以找一把普通的椅子，身體坐直，四肢不要交叉，這就是最好的姿勢。如果你喜歡盤腿坐在地上，也沒有問題。

避免來自身體的干擾。事實上，你會希望能夠丟掉這副臭皮囊，這樣你才能集中精神，不用花力氣去注意身體是否想上廁所這一類的瑣事。穿寬鬆舒服的衣服，把手錶拿掉，先喝一點點水，把所有身體該做的事都做好。開始靜坐之前，先餵飽自己。

點頭與打瞌睡。這個段落談的是身體，所以我來提點可能會在靜坐過程中出現的問題。雖然你還是坐得很直，但會發現到自己正在頻頻點頭，就像快要睡著一樣。這是一個好現象，表示你正要進入 α 波和 θ 波的腦波狀態（腦波減慢時，我們的身體會習慣躺下來），因此當你突然開始「點頭」時，表示你的身體想要打瞌睡。隨著持續不斷的練習，你會更習慣在坐直的姿勢下減緩腦部活動。點頭的動作最後會停止，而你的身體也不會睡著。

騰出時間靜坐

何時靜坐？如你所知，由於腦部化學物質的變化，早晨剛起床及晚間上床睡覺前，會比較容易進入潛意識心。這是靜坐最好的時間點，因為你可以更輕易地進入 α 波或 θ 波的狀態。以我自己來說，我喜歡在每天早上大約同一個時間靜坐。如果你真的很積極，想每天早晚各靜坐一次，但做無妨。但是，我還是建議剛開始時，每天一次就夠了。

該靜坐多久？每天靜坐前，先花幾分鐘來回顧一下你所寫的與將要練習的步驟有關的內容；正如我所說的，這些筆記可以作為你靜坐之旅的路線圖。你可能會發現，在靜坐前重讀部分文字，有助於提點你即將要做的事。

在你學習靜坐的過程中，每次靜坐都要從十到二十分鐘的引導開始。每多加一個步驟，靜坐時間應該延長約十到十五分鐘。持之以恆，你會更熟悉這些步驟，執行起來也會更迅速流暢。當你學會所有靜坐步驟後，每天的靜坐（包括引導）通常要花上四十至五十分鐘。

假如你需要在特定的時間之前完成靜坐，可以設定好鬧鐘或計時器，讓它在你必須結束靜坐的十分鐘前響起，有了這樣的「預先提醒」，你才不會因為時間來不及而突然中斷，無法好好結束正在進行的步驟。請設定足夠的時間來靜坐，如此一來，時鐘就不會成為罣礙。如果你靜坐時，還掛心手上的錶，你就無法克服時間。基本上，你可能得早點起床或晚點睡覺，才能每天騰出一點時間靜坐。

準備好你的心理狀態

掌握自我。說實話，我確實有過一段拚盡全力與自我奮戰的日子，因為自我會鬧著要主導權。有些早上，當我開始靜坐時，我的分析性思維會開始想著等一下要趕飛機、要跟員工開會、需要寫的報告和文章、我的孩子和他們那些錯綜複雜的事、需要打的電話，以及無端浮現在腦海中雜七雜八的隨機想法。這代表我還陷在外在生活可以預見的一切，而無法擺脫。通常情況下，我的心靈在靜坐時，就像大多數人一樣，不是預期未來就是在回憶過去。當這種情況發生時，我必須讓自己安靜下來，並意識到這些都是已知的聯想，與當下創造新事物無關。如果你遇到這種情況，必須要跨越常態思考，進入充滿創造力的當下。

掌握身體。靜坐時，你的身體可能會像脫韁野馬一樣強烈抵抗，因為它想成為可以自主的心靈——起身去做某件事，或想著未來要去某個地方，或者記住過去與某人相關的情緒經驗。你必須要安撫它，讓它放鬆，並引領它進入當下。每一次你這樣做，就是重新調整你的身體成為一個新心靈，假以時日，它終將被馴服。過去，身體是由潛意識心來制約；現在，它必須由你重新訓練，因此請愛它、跟它合作，並且善待它。身體最終將會臣服於你。請記得，你要有決心、有毅力，保持興奮、喜樂、彈性和啟發。如果你能這樣做，你就已經觸及了神的手。

現在，就讓我們開始吧……

第10章 打開通往創造狀態的大門（第一週）

進入靜坐的幾個引導技巧，幫你進入一個感官／感覺模式，從分析性的β波狀態，轉移到α波的感官狀態。

在職業生涯初期，我就學會並開始傳授催眠和自我催眠。其中，催眠專家用來讓人們進入恍惚狀態的一項技巧被稱為**引導**（induction）。簡單來說，就是教人如何改變腦波。為了被催眠或自我催眠，我們所需要做的，就是從高頻或中頻的β波，向下移動到一個頻率更低也更為放鬆的α波或θ波狀態。因此，靜坐與自我催眠很類似。

我原本打算把引導技巧放在第九章的靜坐準備，因為引導能帶你進入一種有助於靜坐的同調腦波狀態，一旦掌握了引導的技巧，你就能為接下來的靜坐練習建立起堅實的基礎。然而，相較於那些你能夠在每天靜坐開始前做好的安排，例如關手機，或者把你的貓狗等寵物關進另一個房間等等，**引導是必須在開始靜坐時進行的一個步驟。事實上，它是你練習靜坐必須掌握的第一步，也是每個靜坐練習的開端。**

為了避免產生任何混淆，在以引導展開的每個靜坐練習後，你不會進入坊間娛樂業所誤導描繪的催眠狀態。你會完全準備好，並有能力完成接下來三章的所有後續步驟。

步驟Ⅰ：引導

引導：開啟創造狀態的大門

我希望你至少花一個星期的時間，或者有需要可能會花更多時間，每天找個時間練習引導技巧。請記得，這個過程大約需要二十分鐘，然後再開始進入正式的靜坐。你有必要讓「引導」成為你所熟悉且適應的習慣，因此不要急就章。你的目標是「專注當下」。

引導的準備工作。除了先前我所提到的準備面向，還有一些更深入的提示：首先坐直、閉上眼睛。你這樣做時，就馬上阻絕了某些感官與環境的資訊輸入，所以你的腦波頻率會開始降低，漸漸趨向理想的 α 波狀態。然後順服不抗拒，專注於當下，全程都要夠愛你自己。你可能會發現，舒緩的音樂有助於推動腦波從高頻 β 波進入 α 波，不過音樂並非必要，可視個人情況使用。

引導技巧。引導技巧有許多相似的變化版本。無論你使用的是身體部位或水升引導法，或者輪流使用這些方法，或是沿用你過去曾經用過的其他方法，這些都不重要。最重要的是，你能從分析性的 β 波狀態，轉移到 α 波的感官狀態，並專注於身體（即你的潛意識心）和其中的操作系統，於此，你就可以做出想要的改變。

概述：身體部位引導法

這種引導技巧，乍看之下可能很矛盾：你要把注意力聚焦在你的身體和環境。這是你必須克服的三巨頭中的兩個，但在這種情況下，你對兩者的想法都在你的掌控之中。

為什麼會想要把注意力放在身體上呢？請記住，身體和潛意識心是相結合的。因此，當我們敏銳地意識到身體以及相關的感覺，我們就進入到潛意識心，進入我經常提到的操作系統裡。引導是一個可用來進入該系統的工具。

小腦在本體感覺（可以定位人體四肢軀體在空間中的位置）中發揮了它的作用。因此，在這種引導法中，當你將覺察放在空間中身體的不同部位，以及圍繞在身體周圍的空間時，你正在用小腦執行此一功能。而且，由於小腦是潛意識心的所在地，當你把意識放在空間中的身體狀態時，你就繞過思維腦，直接進入潛意識心。

此外，引導會強迫你進入一個感官／感覺模式，以便關閉分析性思維。感覺是身體或者說潛意識心的語言，因此，引導可以讓你利用身體的自然語言來解釋並改變操作系統的語言。換句話說，如果你把覺知放在身體的不同部位，你的腦中就不會多想，比較不會將你的分析性思維從過去轉移到未來，你的注意力還會擴展到跟先前截然不同的廣度，不再是狹隘固執的，而是創造性和開放的。你將從β波狀態移動到α波狀態。

所有這一切，都發生在你把狹隘的注意力擴展到身體和它周圍的空間。佛教徒稱此為**開放式聚焦**（open focus），發生在腦波自然成為有序和同步的時候。[1]開放式聚焦會產生出嶄新且強大的同調信號，讓腦中那些沒有和其他部位溝通的部分，現在開始進行溝通，而這使得你能夠產生高同調性的信號。雖然可以用腦部掃描來測量這種腦波，但更重要的是，你也能感受得到，你的想法、意念和感覺的清晰度及焦點都已經跟以前大不相同了。

身體部位引導法：怎麼做

具體來說，你將會專注於身體在空間中的位置或方向。比如說，你要冥想你頭部的位置，從頭頂開始再慢慢向下移動。在引導從一個身體部位到另一個部位時，請感知並留意每個部位所占據的空間。此外，還要感覺一下該部位的密度、重量（或沉重感），或者在空間中它所占據的體積。把注意力集中在你的頭皮，下來是鼻子，然後到耳朵，順著身體向下移動輪流關注其他部位，直到你的腳底，你會注意到一些改變。這個往身體部位移動的舉動，以及強調在空間的定位感，就是這個靜坐法的重要關鍵。

接著，請留意環繞著身體周圍呈水滴狀的區域，以及它所占據的空間。當你能感知到你身形周圍的水滴狀空間時，你的注意力就已經不再放在身體上了。現在，你不再只是你的身體，而是把範圍擴大了。這就是你要如何讓自己變得更少身體（物質）、更多心靈（精神）的方法。

最後，要留意的是所在房間所占據的空間，感知它所填滿的體積。當你做到這一點，代表你的大腦已開始把雜亂無章的腦波模式，改變成更平衡有序的腦波狀態了。

為什麼要這樣做

思考模式的變化是可測量的。我們可以用腦電圖來檢視你的思考模式，看看你是怎樣從 β 波轉移到 α 波的。但是我們有興趣的不只是讓你進入任何一種 α 波狀態，而是讓你進入一種**高同調性**且有組織的特定 α 波。這就是為什麼你必須先專注於你的身體，以及它在空間中的定位，然後再從這些個別的身體部位轉移到圍繞在身體周圍的空間，最終再將你的觀注點移到整個房間。如果你能感知、注意以及留心空間的密度，你自然會從思考狀態轉移到感覺狀態。一旦發生這種情況，你就不可能保持在以求生存模式和過度聚焦為特徵的高頻 β 波狀態。

水升引導方法

另一種你可以使用的類似引導技巧，是想像水漫進你所處的房間，然後水位逐漸上升。觀察（感知）房間所處的空間，以及水所占據的空間。一開始，水位會淹過你的腳；接著，從小腿上升到膝蓋；然後，淹過膝蓋，再來是大腿、腹部和胸部，淹過手臂、脖子、下巴、嘴唇和頭……直到水充滿了整個房間。有些人可能會不喜歡或害怕被水完全淹沒的這個主意，但有些人會覺得這種想像非常溫暖且吸引人，能夠撫慰人心。

第一週靜坐指導

提醒你，第一週的靜坐課程，你的任務就是練習引導技巧。如果你自己錄下這段引導，請確定你有一一重複我在本書附錄的引導說明中所提出的相同問題，同時也照本宣科地強調特定的用語和句子，例如**感知**、**注意**、**感覺**、**覺察**、**變得有意識**，以及**專心**。此外，還有一些字彙，包括**體積**、**密度**、**空間的邊界**、**空間的重量**等等，這些語句會讓你更專注在觀察上。

與其很快地從一個部位移到另一個部位，不如多預留一些過場時間（二十到三十秒是不錯的間隔，或者更多），讓那些感官輸入和身體部位的空間感能夠真正落實下來。我概略抓一下時間，進行從頭到腳的身體部位引導法或水升引導法，大約需要二十分鐘。如果你有過靜坐經驗，你應當能了解，最後你將會喪失時間感，因為你的腦波頻率降低了，你已經進入平靜放鬆的 α 波狀態；此時，你的內在世界比外在世界更加真實。

第11章 修剪舊習慣，面對它、觀察它、處理它（第二週）

你想改變的是你自己的哪個部分，好讓你能在現實中逃開不必要的傷痛和苦難？比如放下你熟悉的個性，或改變你制式化的思考模式，或修整你常規性的生活方式……只要找到源頭坦誠面對，就能改寫既定的命運。

第二週，要加入的是修剪舊自我的那些習慣，也就是你之所以是你的那些習慣，一共包括三個步驟：**認知**、**承認及宣告**，然後是**順服**。首先，閱讀這些步驟的所有相關內容，並回答相關問題。然後，至少投入一週的時間，在每天靜坐中，先從引導開始，再進行這三個步驟。當然，如果你覺得自己需要花上比一週還要久的時間才能掌握這一切，也不要緊。

步驟2：認知

認知：認清問題

要修正任何事情的第一個必要動作，就是了解哪裡出錯了。你必須要先知道問題所在，然後才能逐項使上力。

許多有過瀕死經驗的人都說，他們經歷了「人生回顧」。在其中，就像看電影一樣，他們看到了自己所有隱蔽的和公開的行動、表達的和壓抑的情緒、公開的和私人的想法，以及有意識的和無意識的態度。他們看到自己過去的樣子，以及他們的想法、言語和行為是如何影響了在他們人生中的每個人、每件事。在瀕死經驗之後，他們通常會說，對自己有了更好的理解，也從此更希望讓自己生活得更好。因此，他們看到新的可能性，以及在任何機會中讓自己有更好的做法。在用真正客觀的角度審視自己之後，他們清楚地知道自己想要改變什麼。

認知，就像是每天進行一次人生回顧。既然你腦中已具備所有設備，可以注意你正在做怎樣的人，那麼為何不在你死之前就開始反思，讓自己就在這一世裡得到重生？透過練習，這類覺察可以幫你推翻本來可能成為你頭腦和身體的預定命運，也就是潛意識裡那些被奴役的、自動性的固化程式，以及從化學上制約身體的記憶情緒。

只有當你真正有意識地去覺察，才會開始從渾渾噩噩的夢中醒來。你的主觀意識要從過度使用及極端的情緒狀態中抽離出來，才能在沉穩、安靜、耐心與放鬆的狀態下，辨識出舊自我的習慣。你的心境已經不一樣了，現在的你已經從那個以自我為中心的迷失中釋放出來了。而當你以觀察者的視角，看見你一直以來的樣子，就會對人生產生真正的渴望，因為你真心想要創造一個更好的明天。

當你發展出反省與自我觀察的技巧時，代表你正在培養一種能力，把意識從定義舊自我的潛意識程式中分離出來。當意識從舊的自我轉變成一個單純的觀察者，就能解開你跟舊自我的牽絆；而當你透過後設認知的技巧（即透過額葉觀察你是誰的能力），認識到你一直以來的樣子，你的意識首度不再受困於無意識的程式裡；你以前的無意識舉動將會變得有意識，而這是邁向個人改變的第一步。

開始自己的人生回顧

為了發現及探索舊自我的各個層面（找出哪些是你想要改變的），我們必須提出一些與額葉有關的問題。

寫下來

花點時間，問問自己以下這些問題，或者其他任何你能想到的相關問題，並寫下答案：

- 一直以來，我是個怎樣的人？
- 我表現給外在世界看的自己是什麼樣子？（假面的我是什麼樣子？）
- 什麼是我內心真正的樣子？（真實的我是什麼樣子？）

・有沒有一種感覺，是我每天都會一再經歷，甚至掙扎對抗的？

・我最親密的朋友和家人會怎麼描述我？

・關於我自己，有沒有什麼是我一直瞞著其他人的？

・我最需要改善的個性是哪個部分？

・我最想改變自己的一件事是什麼？

選擇你想要解除記憶的一種情緒

接下來，選擇其中一種讓你難受的情緒狀態和受困的心理狀態（可以參見下面的例子），這是你很想要除掉的一種舊自我的習慣。由於記憶情緒會制約身體成為潛意識心，這些自我設限的情緒會形成了你的自動化思考過程，而自動化思考過程則會打造出你的心態；接著心態會影響信念（關於自我與人事物的關係），而這些信念則會導致了你的個人觀點。下面列出的每種情緒，都源自於求生存的化學物質，都會強化對自我的控制。

大多數人看著這些例子，都會說：「我可以多選幾個嗎？」但我建議你一開始，一次只處理一種情緒，這非常重要。此外，不管就神經學或化學來講，這些情緒都有連帶關係。比如說，你有沒有注意到，當你生氣時，你也會覺得沮喪；當你沮喪時，也會感到憤恨；當你憤恨時，你會想批判；當你批判時，你會嫉妒；當你嫉妒時，你會缺乏安全感；當你缺乏安全感時，你會爭強好勝；當你爭強好勝時，你會更自私……所有這些情緒，都是由相同的求生存化學物質所組成，而後才激發出互相牽連的心理狀態。

反之，同樣的道理也適用於心靈和情緒的高昂狀態。比如說，當你快樂時，你會充滿愛；當你充滿愛時，你會覺得自由；當你覺得自由時，你會感到受到啟發；當你受到啟發時，你會富有創造力；當你富有創造力時，你會更勇於冒險……諸如此類。所有這些感覺，都是由不同的化學物質所驅動，進而影響你的想法和行為。

讓我們以憤怒為例來說明，這是一種你可能會選擇去處理的常態性情緒。當你從記憶中解除憤怒，你內心裡那些自我設限的情緒也會逐漸減少。如果你變得更少生氣，你也會更不容易沮

寫下來

選擇一種主要定義你這個人且你想要解除記憶的情緒（你所選擇的情緒，有可能不在下面的列表中）。

請記住，這個情緒字眼之所以會對你有意義，是因為它是你所熟悉的感覺。這是你想要改變的一部分自我。我建議你把所想到的情緒寫下來，因為你將會在這個步驟與之後的步驟面對及處理這個情緒。

求生存情緒的幾個例子：

不安全感	羞愧	悲傷
仇恨	焦慮	厭惡
批判	後悔	嫉妒
受害感	痛苦	憤怒
憂慮	挫折感	怨恨
罪惡感	恐懼	自貶
沮喪	貪婪	匱乏

我想要把它從記憶中解除的負面情緒是：

喪，更不輕易去批判或嫉妒。

好消息是，只要你這樣做，就會慢慢馴服身體，讓它不再無意識地扮演潛意識心。因此，當你改變其中一種自我毀滅性的情緒狀態，身體就會比較不容易失控，並將連帶地改變其他許多人格特質。

觀察這種不良情緒會讓你產生什麼感覺

接下來，閉上眼睛，想想看當你心中生起這種特定情緒時，會是什麼感覺。如果你能觀察到自己被這種情緒所征服，再留意一下這種情緒會讓你的身體產生怎樣的感覺。不同的情緒會跟不同的感官知覺彼此相關。我希望你能察覺到所有這些身體的徵兆，比如說你的身體變熱、煩躁、心神不寧、虛弱、滿臉通紅、垂頭喪氣，或者肌肉緊繃嗎？用你的心去掃描你的身體，留意在哪個部位你感覺到這種情緒。（如果你的身體沒有感覺到什麼，也沒有關係，只要記住你想要改變的情緒即可。你的觀察隨時都會改變它。）

現在，要開始熟悉你身體的現狀。你的呼吸改變了嗎？你是否覺得不耐煩？你的身體是否哪裡會疼痛，如果有的話，那麼這種疼痛跟哪種情緒有關？你就只是去注意生理當下所發生的事，不要逃避，要跟它共存。你身體裡那一團團不同的感受組成了一種情緒，你將之命名為憤怒、恐懼、悲傷，或任何一種可能的情緒。所以，我們要反向回推創造出這種負面情緒的那些感受及身體感覺。

你要放任自己去感受這種情緒，不被任何人或任何事打擾。不要採取任何行動，或想要把它趕走。所有你在生活中所做的一切，都是為了要逃避這種感覺。你藉由外在的事物，試圖驅走這種讓你難受的情緒。但現在你要與你的情緒共存，去感受它，如同感受一股身體的能量。

這種情緒，促使你挪用你所知道的一切去鑄造一個身份。因為這種感覺，你創造出一個外界需要的理想自我，但不是你需要的理想自我。

這種感覺告訴你，什麼才是你真正的樣子。承認它。這是你所記憶的個性的諸多面具之一。它從一種情緒反應開始，到發展成為你生活中的一個事件；從一種情緒發展成一種氣質，最後創造出你的個性。這種情緒已經成為你對自己的記憶。它對你的未來毫無建樹。因為你對它的依戀，意味著你在精神上和身體上都被過去所束縛。

如果情緒是經驗的最終產物，那麼每天懷抱著一樣的情緒，會讓身體誤以為你的外在世界一直保持著相同的狀態。而假如你的身體被制約去一直重複體驗相同的遭遇，你將永遠無法進步和改變。倘若你每天都以這種情緒生活，你就只能活在過去，以過去的方式思考。

定義與情緒相關的心理狀態

接下來，問問自己這個簡單的問題：「當我有這種感覺時，我的想法是什麼？」

比方說，憤怒是你想改變的其中一個人格特質。問問你自己：「當我覺得憤怒時，我的心態如何？」答案可能是控制或仇恨，也可能是驕傲自負。同樣的，如果你想克服的是恐懼，你可能要解決的感覺是不堪負荷、焦慮或絕望的心理狀態。至於受苦的情緒，則可能會產生受害、抑鬱、懶散、怨恨或渴求等感覺。

現在，當你有這樣的感覺時，你必須覺察到或記住自己的想法。這種情緒引發了什麼樣的心理狀態？這種感覺會影響你所做的一切。心理狀態代表的是一種態度，由下意識建檔的記憶感覺所驅動；而態度則是連結到某一感覺的一系列想法。這是一種想法和感覺、感覺和想法的往復循環。因此，你必須去界定你的神經性習慣，它們都受到特定的情緒癮所左右。

寫下來

當你發覺到你想要改變的某種情緒浮現時，對你當時心裡是怎麼想的（亦即你的心理狀態）要變得有所覺知。你可以從下面列表中選擇，或者自行填寫答案。這種心理狀態跟你先前所選的要改變的那種負面情緒有關，但極可能你會發現這種情緒跟不止一種心理狀態有關。因此，你可以把跟你有共鳴的多個心理狀態圈選出來或寫下來，你即將在接下來的步驟處理這些狀態。

受困心理狀態的幾個例子：

爭強好勝	匱乏	操控
不堪負荷	過於理智	欺騙
抱怨	自尊自大	自我膨脹
推卸責任	害羞／膽小／內向	情緒化
困惑	需要被肯定	衝動冒失
分心	欠缺自信／過度自信	渴求
自憐	懶散	無法自拔
絕望	不誠實	敏感／遲鈍

我察覺到的心理狀態是：

你大多數的行為、選擇和行動都可以跟這種感覺畫上等號。因此，你才會用可預測的常態方式去思考和行動，無法開創另一種新未來，只能活得越來越像過去。該是你拿下有色鏡片的時候了，不要再經由過去的濾鏡來看待現在的生活。你的任務就是要跟這種情緒化的態度共存，不做任何事，只是觀察它。

現在，你已經確定你不想要的是哪種負面情緒，以及與之相應的、你想要解除記憶的心理狀態。但請記住，在整合這所有一切進入每日的靜坐課程之前，你還有幾個步驟需要細心閱讀⋯⋯

步驟3：承認與宣告

承認：承認你的真我，而不是你展現在其他人面前的樣子

允許你的脆弱，你就能突破感官的界線，重新將自己介紹給賜予你生命的宇宙意識。你發展出與這個更大智能之間的關係，你要告訴它你一直以來的樣貌、你想要改變的是哪個部分，以及承認你一直在隱瞞的一切。

坦然面對我們真正是誰和過去的錯誤，並要求被接納，這對我們人類而言，是最具有挑戰性的事情之一。想想看，小時候當你不得不對你的父母、老師或朋友坦白時，你的感覺如何？現在，你已經長大成人，這些內疚、羞愧和憤怒的感覺改變了嗎？很有可能你仍在經歷這些感覺，但也許沒有那麼強烈了。

為了要達成步驟三，我們必須向更高的力量、而非另一個同樣不完美的人類，承認自己的錯誤和失敗。因此，當我們向自己和宇宙力量坦然承認一切時，情況應該是：

不處罰
不批判
不操縱
沒有情緒性的自暴自棄

不責怪
不計得失
不否決
沒有失去愛
不咒罵
不分異同
不排斥

先前人類所有的行為，都是從神的舊典範中所衍生出來的；這些舊典範已經被濃縮成一個沒有安全感的人的模樣，完全只顧自己的想法，沉浸在好與壞、對與錯、正面與負面、成功與失敗、愛與恨、天堂和地獄、痛苦和快樂，以及恐懼與更多的恐懼的這些概念之中。這樣的傳統模型必須處理，因為我們必須以一種新的意識進入這種更偉大的意識之中。

這個謎一樣的力量，可以被稱為先天智能、氣、神聖的心靈、靈魂、量子、生命力、無限的心靈、觀察者、宇宙智能、量子場、無形的力量、生命的父母*、宇宙能量，或者更高的力量。不管你叫它什麼，你必須將這種能量視為你內在與身邊無窮的力量來源，在你整個人生中都能夠加以利用，並以此創造。

這種能量是帶有意圖的意識，以及無條件的愛。它不可能會批判、懲罰、威脅或排斥任何人或任何東西，因為如果它這樣做了，這些事情就會加諸在它本身之上。

它只會給予愛、同情和理解。它已經知道你的一切，你必須盡力去了解和發展與它之間的關係。從你被創造出來的那一刻起，它就一直在觀察你。你是它的一個延伸。

它只是在等待，以充滿希望、讚賞和耐心的姿態……它只希望你能快樂。假如你在不該快樂時快樂，那也沒關係。因為，它就是這麼愛你。

這種自我組織的無形場域所具有的智慧，超越了我們能理解的範圍，因為它存在於一個相互交織的能量矩陣裡，在過去、現在和未來的所有時空維度中延展。它記錄了來自所有生命的想法、願望、夢想、經驗、智慧、進化與知識。這是一個巨大、無形且多維度的訊息場。它所「知曉」的，遠遠超過你我所做的（即使我們認為自己已知道它所有的一切）。它的能量可以被比喻成多層次的頻率，並且像無線電波一樣，每個頻率都攜帶著訊息。所有在分子層級上的生命，它們振動、呼吸、跳舞、發光，生氣盎然；它對我們所有的意念與企圖，都會全盤接受與包容。

我們都想要快樂活著，所以每天都向宇宙要求快樂。但是，你已經習慣了受苦的記憶狀態：你整天抱怨，覺得每個人都應該對你的這種感覺負責；你為自己找藉口，悶悶不樂，經常自憐自艾。其實，你知道嗎？你大可宣告所有你想要的喜樂，但你卻一直在表明自己是個受害者。你的心靈和身體彼此對立。這一刻，你以某種方式思考，卻在其他時候以別種方式作為。因此，你能否虛心並真誠地承認，你一直在假扮著誰，你一直隱瞞了什麼，你想要改變你自己的哪個部分，

---

* mother-father life 一詞來自《基督再臨：闡述他的真理》(*Christ Returns—Speaks His Truth*) 一書第八封信裡的祈禱文 Mother-Father-Life-Prayer。

讓你在現實中創造出相關的經驗之前，就能夠消除不必要的痛苦和苦難？暫時清空和放下你所熟悉的個性，帶著喜樂與敬畏敲開無限的大門。這樣做，會比因為你的個性而被一再重複的命運弄得支離破碎，更有助於改變。所以，我們要在喜樂中改變，而不是在痛苦中改變。

寫下來

現在，閉上眼睛，沉靜下來。看進這個無盡的心靈（並進入自己的內心），開始告訴它你一直在扮演著誰。透過內在對它誠實的傾訴，跟賦予你生命的那個偉大意識建立起關係；跟它分享那些盤據在你內心已久的故事細節。把你所想到的一切寫下來，在後續步驟中將會很有用。

你可以向偉大意識坦承的事，比如：

- 我害怕戀愛，因為傷不起。
- 我假裝開心，但我其實很痛苦，因為我好孤獨。
- 我不想要任何人知道我很內疚，所以我說了謊。
- 我欺騙大家，讓他們喜歡我，這樣我就不會覺得自己沒人愛和沒價值。
- 我無法停止自艾自憐。我整天想的、做的和感覺到的都是如此，我不知道怎麼用其他方式去感受。
- 我覺得我大半個人生都很失敗，所以我要更努力來獲取成功。

除了以上所列，我還要坦承的是：

現在，花點時間回顧一下你所圈選及寫下的內容，所有你想要向偉大意識承認的一切。

宣告：承認你帶有自我設限的情緒

在靜坐的這個部分，你要大聲說出你一直在扮演誰，以及你一直以來所要隱瞞的事。你要說出自我的真相，讓過去安息，並消除你的外在假面和內在真我之間的差距。你要摒棄你的假面，放棄去假裝成另一個人的所有努力。透過大聲宣告自我的真相，你就打破了對所有外在因子的情緒糾結、協議、依賴、依戀，束縛和沉迷。

在我舉辦過的各地研討會中，這是所有步驟裡最困難的部分，因為沒有人會真的想讓其他人知道他們的真面貌。他們希望繼續維持自己表現出來的樣子。但是，正如你所學到的，要持續這種虛偽形象需要花非常多的能量。現在，你需要把這些能量釋放出來。

請記得：既然情緒是一種運行中的能量，因此外在生活中你所經歷和互動的一切，都會附帶著一種充滿能量的情緒。基本上，我們都由一種超越時空的能量，將我們跟某些特定的人事地物鏈結在一起。因此，你生活中的每個人事物都會連結到某種情緒認同，而你也透過一個個帶有不同個性的「小我」（ego）來記憶你自己。

舉例來說，如果你恨某個人，那種仇恨會讓你的情緒依附在其他人身上。這種情緒鏈結，會把這個人留在你的生活圈子裡，讓你可以感受到仇恨，從而加強你某方面個性的能量。換句話說，你利用了這個人來讓自己沉迷於仇恨之中。順便一提，現在你應該很清楚，仇恨的情緒除了會對你造成傷害之外，沒有任何益處。當化學物質從大腦釋放到你的身體時，你是真實地在恨你自己。

在這個步驟，大聲說出關於自己的真相，會使你有足夠的能力去擺脫仇恨，以及遠離外在實相中一直在提醒你去做假面的人事物。

如果你還記得我們先前討論過的「差距」，你就會明白，大多數人都是依賴環境來記住自己是「那個某人」。因此，如果你已經讓情緒成為一種記憶，成為你個性的一部分，並已對它成癮，那麼當你宣告自己在情緒上一直在扮演誰時，你就會將這些能量從人事地物的情緒鏈結中喚回並釋放它。你這種有意識的聲明，會將你從舊自我中釋放出來。

此外，藉由聲明你的不足，並有意識地揭露你一直隱瞞的一切，你的身體也會掙脫潛意識心的角色扮演，從而消除假面與真我之間的差距。一旦你大聲用言語表達出自己一直在扮演誰，就釋出了受困在身體裡的能量。這股能量將成為你稍後在靜坐中的「自由能量」，可以用來創造新自我和新人生。

還要記住，你的身體當然不會輕易妥協。你的「小我」會自動隱藏這種情緒，因為它不希望任何人知道自己的真相，它想繼續掌權（僕人成了主人）。然而，身為主人的你現在必須讓僕人知道，承認先前的失職、無意識，以及缺席。你的身體會不想放棄控制權是理所當然的，因為它不信任你。但是，如果你開口，不顧身體的控制而大聲說出來，身體就會開始感到輕鬆和釋然，而你將開始拿回主導權。

這就是你定義真實自我的方法，與任何外在環境都無關。你正在切斷與外在世界所有元素之間的能量鏈結。如果承認是一種內在的確認，宣告就是對外的通知。

你想要宣告的是什麼？

現在，你可以將步驟三與前面的兩個步驟合併起來，組成一個流暢的過程。比如說你想要改變的情緒是憤怒，此時你就可以大聲說出：「我這輩子一直都是個憤怒的人。」

請全程記住，你所要宣告的這個目標。在你這週的靜坐課程裡，每當你閉眼靜坐時，你都會張開嘴巴輕聲說出你所宣告的情緒：憤怒。

當你準備要做以及正在以言語表達你的宣言時，你的感覺可能都不會太好。那是你的身體在制止你，但不論如何，你都要去做。

最後，你將會被啟發、被振奮以及被激勵。進行這個步驟時要明快、從容與輕鬆。不要過度去分析你所做的事。只要明白，真理必叫你們得以自由*。

別忘了，現在的你還沒有準備好開始進行第二週的靜坐課程，還有下一個步驟等著你看完。不過現在，你已經認知到有一種你不想要的不良情緒，以及你想要解除記憶的對應心理狀態，還有也在內心承認它，並向外宣告。接著你需要再閱讀一個步驟，然後你就可以把這四個步驟整合在一起，開始你的第二週靜坐課程……

步驟4：順服

順服：服從那個偉大的力量，允許它來解除你的限制

順服是本章的最後一個步驟，在此階段你要修剪掉那些讓你成為你的習慣。

大多數人面對放手讓他人或他物主導的想法，應該都會很掙扎。但你要提醒自己，你所要順服的是萬物的源起、無窮的智慧，如此應該會讓這個過程更容易進行。

愛因斯坦說過：「我們不可能在產生問題的同一意識層次去解決這個問題。」你自我設限的心理狀態，對你的局限性要負很大的責任，而你也一直沒能找到解決方法……所以為什麼不尋找更偉大、更有智慧的意識，來幫助你克服這個方面的自己呢？因為在這個無邊無際的可能性汪洋

中，存在著所有的潛能，你謙卑地請求它，以有別於你一直解決這個問題的方式來消除你的局限性。由於你一直想不出改造自己的最佳方式，而且至今你為了克服問題所做的一切努力都沒能奏效，所以是時候去尋求一個偉大智能的幫助了。

你的自我意識永遠無法看到解決的方法。它一直沉浸在情緒能量的困境中，因此它只能用那種程度的方式去思考、反應和感覺。出來的結果當然是：大同小異。

你的改變將會從另一個客觀心靈的角度，不受限制地去執行。它從來**不會用你**的觀點來檢視你；它會察覺你想都沒想過的潛能，那些你之前一直忙著以可預見的方式來回應生活而無暇顧及的能力。

然而，倘若你聲稱已順服於這個客觀意識的援助，卻仍試圖以自己的方式行事，想要它幫你在人生中改變任何事情都是不可能的。你的自由意志，將會阻礙它的努力。

許多人都犯了這個錯誤，因為我們會重新試圖以同樣無意識、習慣性的方式來生活，或是解決我們的問題。我們成了自己的絆腳石。事實上，很多人通常要等到自己筋疲力盡，無法再繼續「一切如常」後，才會懂得順服及求助。

你不能一面順服，一面又試圖去控制結果。順服要求你從設限的心靈中放棄你自認為知道的一切，特別是那些你用來處理人生問題的信念。真正的順服，是要放下自我的控制；相信你從來沒想過的結果；並允許這個全知與充滿愛的智能接手，提供你最佳的解決方案。你一定要理解，

＊典故出自《約翰福音》第八章二十三節：「你們必曉得真理，真理必叫你們得以自由。」

這種無形的力量是真實的，完全意識到你的存在，並且完全可以觀照到你這個人的各個層面。一旦你真心順服，它將會以最適合你的方式來安排你的人生。

當你把已經承認並宣告的情緒釋出給偉大的意識尋求幫助時，你不需要：

- 討價還價
- 乞求
- 進行交易或做出承諾
- 折衷、妥協
- 操控
- 閃爍其辭
- 請求寬恕
- 感到內疚或羞恥
- 活在後悔中
- 受恐懼折磨
- 找藉口

此外，你也不必跟偉大的意識開條件，比如「你應該如何……」，或「假如這樣……會更好」。你無法對這個無限本質下任何指導棋。如果你這樣做，你又重新回到以你的方式行事的企圖，自然而然它就會停止對你的幫助，以便讓你行使你的自由意志；而你的自由意志是否能如你所預期的「奉行」呢？*

所以放手吧，讓自己順服於……

- 真心
- 謙遜
- 誠實
- 肯定
- 清晰
- 熱情
- 信任

……然後得以解脫。

心悅誠服地拋開你想放手的情緒，託付給那個更偉大的心靈，並且明白它將會為你達成任務。當你的意志符合它的意志，當你的心靈匹配它的心靈，當你對自己的愛等同於它對你的愛……它將會回應你。

*典故出自《馬太福音》第六章第十節：「願祢的國降臨，願祢的旨意奉行在人間，如同在天上。」

順服帶來的附加作用，包括：

- 啟發
- 喜樂
- 愛
- 自由
- 敬畏
- 感激
- 富足

當你感到喜樂，或生活在喜樂的狀態，就代表你已經接受了你想要的那個未來成為現實。當你彷彿活在祝禱已回應的狀態下，這個偉大的心靈可以透過不尋常的方式來組織你的生活，做它最擅長的事。

假設你所面臨的某個問題已經完全解決了，你有何感覺？假設你確定某件很棒的事即將發生在你身上，你又有何感覺？假如你毫無疑問地相信，那麼你就不會再有煩惱、憂愁、恐懼，也不會有壓力。你將得到提升與解放，你的前景可期。

假如我告訴你，我下禮拜要帶你去夏威夷，而且你知道我是認真的，你難道不會因為期待而開始變得雀躍？你的身體就會在實際經驗發生之前，開始在生理上做出回應。量子心靈就像是一

寫下來

在即將展開的這次對話中，把你要在「順服聲明」中想說的話寫下來。

順服聲明範例：

在我之中的宇宙心靈，我原諒了自己的憂慮、焦慮和自私自利的顧慮，並把它們都交給你。我相信你有足夠的智慧，能夠用比我能力所及更好的方式來解決這些問題。請在我的世界裡安排適當的角色，讓機會大門為我敞開。

先天智能，我向你釋放我的痛苦與自艾自憐。長久以來，我對內心的想法和行動都管理不善。現在，我允許你介入，並提供一個更適合我的美好人生。

我的順服聲明：

面大鏡子，它將你接受和相信為真的一切，映射回你的身上。因此，你的外在世界就是你內心現實的映射。落實到心靈層面，你所要建立的最重要突觸連結，就是明白它是真實的。

想一想安慰劑是如何產生作用的。你現在已經知道，我們有三個腦，使我們能夠從思考到實踐再到存在。我們經常看到或聽到，給受試的患者認為是藥物的安慰劑，在他們產生病情好轉的想法後，會開始表現出已經好轉的行為，然後他們會感覺身體好多了，最後身體真的變好了。這就是因為他們的潛意識心與宇宙心靈相接，開始改變他們的體內化學反應，回應了相信會回復健康的新信念。同理可證，只要你相信量子心靈會回應你，就會得到幫助。

如果你有所懷疑，或者變得焦慮、擔心、氣餒，或過度分析這種協助可能會怎樣發生，你就抹殺了原本所達成的一切。你成了自己的絆腳石。你阻止了偉大心靈對你的幫助。你的情緒表明，你不相信量子的可能性，因此神聖心靈為你策畫的未來，就會跟你失去聯繫。

此時，你需要回頭再重新與量子心靈對話，彷彿它非常了解你、愛你和關心你……而它確實如此。

準備順服。現在，閉上眼睛，開始複習想對偉大心靈所說的話。回顧一下你所寫的內容，這樣你才可以把你的局限性交給它。你越是活在當下，就越能專注。當你開始在內心裡朗讀你的禱詞時，請記住，這種無形的偉大意識一直在留意與覺察著你；它會注意到你所想、所做與所感覺到的一切。

請求幫助，並移交你不想要的心理狀態。接下來，請求宇宙意識帶走你不想要的這些心理狀態，並將它們重組成為更好的心理狀態。在你做完請求之後，就把這份聲明交給這個更高層次的心靈。有些人會想像在內心裡打開一扇門來把這份聲明傳出去，也有一些人會想像把它擺在一個漂亮的盒子裡，然後讓它融入更偉大的意識之中。你要如何想像都不要緊，至於我的做法就只是簡單地放下。

真正要緊的是你的意念：你越是真實感覺至連接到一個充滿愛的宇宙意識，並藉著它的幫助來擺脫你的舊自我，你就越有能力管理你的想法，越能夠感受到擺脫這種情況的喜悅，你也就越來越趨近一個更偉大的意志，包括它的心靈以及它的愛。

感恩。一旦你完成了你的禱求，請記得在體現之前就要心懷感恩。當你這樣做時，你正在發送信號到量子場，告訴它你的意念已經成熟。感恩是如實接受的最高境界。

第二週靜坐指導

現在，你已經準備好進行第二週的靜坐課程了。在這裡，我建議你按照下面方式來進行你學到的所有步驟。或許你會對結果感到驚訝。

- **步驟1**：首先，把引導技巧完整地進行一遍，然後習慣及熟稔這個過程，以便進入潛意識心。
- **步驟2**：接下來，察覺你想要改變的身心部分，「認知」自己的極限。也就是說，你要清楚界定你想要解除記憶的那個特定情緒，並審視由那種感覺所驅使的相關心態。
- **步驟3**：繼續下去，向內在的更高力量「承認」你一直以來都在扮演誰，你想要改變自己的是什麼，以及你一直想要隱瞞的事。然後，向外「宣布」你正在釋放的情緒，以便把身體從潛意識心解放出來，並打破你跟環境外在因子的情緒鍵結。
- **步驟4**：最後，讓自己「順服」偉大的心靈，將自我設限的狀態交付給它，並請求將這種狀態以最適合你的方式解決。

在本週的靜坐課程中，你可以個別練習這些步驟，直到你變得非常熟悉，熟悉到能將它們合併成一整個流暢的過程。然後，你就可前進到下一步了。

請記得，當你繼續在靜坐過程中增加其他步驟時，永遠都要從這四個有意圖的動作開始。

第12章 摧毀舊自我的記憶（第三週）

當你能夠停止下意識的情緒反應，就選擇了將自己從舊自我中拯救出來，不再以局限的方式思考和行動。當你能夠有意識地控制那些可能受到環境刺激而活化的記憶或聯想，你就能阻止相同的情境一再重現。

和先前一樣，在進行第三週的靜坐課程之前，你要先詳細地閱讀你在步驟五和步驟六所寫下的內容。

步驟5：觀察與提醒

在這個步驟裡，你要觀察舊自我，並提醒自己不再想做什麼樣子的人。

如同我們在本書第二部對靜坐所做的操作定義，你之所以要觀察及記憶，是為了要變得熟悉，要耕耘「自我」，並且要將在某種意義上的未知變成已知。在此，透過觀察，你會意識到某些無意識或習慣性的想法和行為，這些想法和行為製造了你之前在步驟二所點名的那些心理和身體狀態。然後你將會（透過記憶）提醒自己，那個舊自我身上有哪些層面是你不想要的。你會對那個舊自我變得更熟悉，包括那些你不想再賦予力量的想法，以及那些你不想再投入的行為。因此，你永遠不會再退回到舊自我的狀態。從而把你從過去中釋放出來，重新獲得自由。

你在內心預演的，以及在實際上證明的，都是你在神經學層面上的自己。這個「神經學上的你」，是由你時時刻刻的想法和行動所結合而成的。

步驟五的目的，是為了讓你對舊自我（你一直以來的樣子）有更高的覺察性和更好的觀察力（後設認知）。當你映射並回顧這樣的舊自我，你會更清楚自己不想再做什麼樣子的人。

觀察：對習慣性的心理狀態變得有意識

在步驟二中，你已經觀察到駕馭你的是什麼情緒。現在，我希望你能對自己從舊感知中產生的特定想法和行為變得更熟悉，這樣你才能在生活中拿到主導權。經過反覆練習，你會清楚察覺所有舊模式，不會讓它們有開花結果的機會。最終，你會以超越舊自我的姿態來掌控它。因此，當你開始注意到通常驅使你的那些無意識想法和習慣在日常中顯露端倪時，代表現在的你已經對它們很熟悉了，只要輕微暗示，就能帶你回到覺察狀態。

舉個例子，假如你正在克服對某些東西的依賴，像是糖或菸，你就越能感知到身體因為成癮的痛苦和拉鋸戰開始的時刻，於是你就越能早點對抗它。大家都知道欲望開始時的徵兆，你會注意到衝動、迫切，有時候是無聲的尖叫，聽起來就像這樣：「就去做嘛！投降吧！屈服吧！來吧，就這麼一次！」當你不斷向前向上鍛鍊自己，一段時間後，你將會留意到這些欲望何時出現，而你會有更萬全的準備來處理它們。

同樣的道理也適用於個人改變，不同的是，那些東西並非存在於你之外。事實上，它就是你。你的感受和想法，實際上就是你的一部分。不過，步驟五真正的目的，是要你覺察自我設限的存在狀態，直到你不會讓任何一個念頭或行為在你不注意時發生。

幾乎我們所有表現出來的一切，都開始於一個想法。但是，僅僅因為你有一個想法，並不一定意味著它是真的。大多數的想法，都只是重複的意志在你腦中所連接出來的舊迴路。因此，你必須問自己：「這個想法是真的，還是僅僅因為我這樣感覺，所以我如此認為並相信？如果我在這種衝動下行動，它是否會在我的生活中導致同樣的結果？」事實是，這些都是從你過去而來的迴響；那些跟過去聯繫的強烈感覺，在你腦中活化了舊迴路，導致你採取可預期的方式反應。

寫下來

當你感受到在步驟二所識別出來的情緒時，你會有什麼樣的自動化思考？把它寫下來，並記住這些想法，這點很重要。下面的例子，可能會有助於你認識自己特有的那些自我設限的想法。

自我設限的自動化想法（你每天無意識的內心預演）：

・我永遠都別想找到新工作了。
・從來沒有人願意聽我說。
・他總會惹我生氣。
・每個人都在利用我。

- 算了，我想放棄。
- 今天我過得很糟，所以何必試著去改變。
- 我的人生變成這樣，都是她的錯。
- 我真的沒那麼聰明。
- 老實說，我沒辦法改變。也許改天再開始會比較好。
- 我沒有意願。
- 我的人生糟透了。
- 我恨＿＿＿＿的情況。
- 我永遠都不會有一番作為。我做不到。
- ＿＿＿＿不喜歡我。
- 我必須比大多數人更賣力工作。
- 這是我的宿命，就跟我媽一樣。

我經常會有的自我設限想法：

就跟習慣性思維一樣，習慣性行為也造成了你自己特有的不良心理狀態。你受到已被潛意識心所制約的情緒所影響，以至於憑記憶行事，這就是你的那些無意識行為。你本來有良好的意圖，然後你卻發現自己坐在沙發上吃著洋芋片，一手拿著遙控器，另一手拿著香菸。然而，僅僅在幾個小時前，你才宣布打算停止所有自毀的行為，好讓自己更健康。

大多數的無意識行動，都是為了透過情緒來強化某種人格特質，或者滿足一種癮頭而發生的，好讓你感覺到一切如舊。例如，每天都在內疚感度過的人，必須執行某些動作來滿足他們被情緒困住的命運。可以肯定的是，他們的生活會因此惹上麻煩，從而越來越感到內疚。許多無意識的動作符合並滿足了情緒性的我們。

相反的，也有很多人為了暫時拋開他們所記憶的感覺，而表現出某種習慣。他們從身外之物尋求即時的滿足，讓他們從痛苦和空虛中暫時解脫。不論是沉迷於電玩、藥物、酒精、食物、賭博或購物，都是為了解決一個人內心的痛苦和空虛。

你的癮創造出你的習慣。因為沒有任何身外之物能夠永遠解決你的空虛，所以你必須一遍又一遍的做更多相同的事。在快感或刺激消退的幾個小時後，你將不得不再次回到同樣的成癮偏好中，而且沉浸的時間更長。然而，一旦你把個性所帶有的負面情緒解除記憶後，你就能消除這些毀滅性的無意識行為。

寫下來

想一想你已經識別出來的那個不良情緒。當你有如此感覺時，你會有什麼樣的習慣性行動？你可以在下面例子中圈選出你自己的模式，但同時也要寫上自己特有的行為。現在，請寫下當你感覺到這種情緒時，你獨特的行為模式是什麼。

自我設限的行動／行為（每天無意識的行為）：

- 生悶氣
- 自憐自艾地獨自坐著
- 用吃來排遣抑鬱
- 打電話給某人抱怨你的感覺
- 沉迷於玩電腦
- 找藉口和你所愛的人吵架
- 喝過頭，讓自己出醜
- 透支購物
- 做事推拖拉
- 八卦是非或散布謠言
- 謊報自己的狀況
- 脾氣失控

- 不尊重同事
- 已婚的你仍與其他人調情
- 吹牛
- 對每個人大吼大叫
- 嗜賭
- 開車橫衝直撞
- 努力成為焦點
- 每天賴床
- 談論太多往事

如果你覺得不好回答，問問你自己，生活中遇到各種情況你會怎麼想，並且向內「瞧瞧」，你是怎麼思考和回應的。你也可以向內「透過別人的眼睛看看」。他們會怎麼形容眼中的你？你又會怎麼回應？

提醒：回想你想丟掉的那個舊自我

現在，重新看一下你前面所寫下的內容。這是靜坐的關鍵部分。你的目標是，當這種特定情緒驅使你時，你要非常熟悉你是怎麼思考和行動的。這可以提醒你自己：你不想再成為那樣的人，以及你是如何讓自己變得這麼不開心。這個步驟可幫你覺察到，當你思考和感覺、感覺和思考時，你是如何無意識行事的，如此一來，你就能在醒著時更有意識地控制自己。

執行這個步驟永遠都是進行式。換句話說，你在這一整週的每日靜坐時刻，都要專注在這上頭，你極有可能會發現需要不斷修改和琢磨上面的表單。這樣很好。

進行這個步驟時，你就像進入潛意識心的「電腦」操作系統裡，你要打開聚光燈一再審視。最後，你會想要熟知你想在第一時間抑制的這些認知，並修剪構成舊自我的突觸連結。如果說這種神經連結建構了記憶，那麼你在做的就是拆除你對舊自我的記憶。

在接下來的這一整個禮拜，請繼續回看這份表單，讓你更明確地知道，你不想再做回「那個某人」。如果你能記住舊自我的這些層面，你就能更進一步將你的意識從舊自我裡分離出來。當你完全熟悉了自己習慣性的、自動化的思考和反應後，它們就永遠不會在不經意或未辨認的情況下偷渡出現。而你也就能在它們發生之前預料到。這就是你獲得真正自由的時刻。

在這個步驟中，請記住：**你的唯一目的就是覺察**。

現在，你已經知道怎麼做了……請閱讀步驟六，並寫下提示問題的答案。然後，你就可以開始第三週的靜坐課程了。

步驟6：重新導向

以下是當你使用重新導向這個工具時會發生的事：防止你自己產生無意識的行為。你會制止自己啟動舊程式，並從生物層面來改變自己，使得神經元不再被觸發與連接。同樣的，你也阻斷了以相同方式去號令相同的基因。

如果你一直對於把控制權交出去的順服想法有所遲疑，那麼這個步驟可以讓你更有意識和明智地拿回主控權來打破舊自我的習慣。當你更能掌握重新導向的技巧時，你就會在這個堅實的基礎上創造一個向上提升的新自我。

重新導向：來玩一場改變的遊戲

在這週的靜坐課程裡，要回頭想想你在前一個步驟裡想到的某些情況。而當你想像這些情況或在內心自我觀察時，（大聲地）告訴自己：「改變！」這很簡單：

1. 想像一下當你用無意識方式思考和感覺是什麼情況。

　　……說：「改變！」

2. 察覺讓你很容易就陷入舊行為模式的情況（可能是人或事）。

　　……說：「改變！」

3. 想像自己處於某個生活事件或情境之中，其中有一個很好的理由會讓你成為理想自我的努力功虧一簣。

……說：「改變！」

你腦袋裡最響亮的聲音

當你提醒自己要保持覺知一整天之後，如同你在上面步驟所了解到的，現在的你已經可以使用工具來讓自己瞬間改變。每當你發現自己在現實生活中有了自我設限的想法或行為時，只要大聲對自己說：「改變！」久而久之，你自己的聲音將會成為腦袋裡的新聲音，也是最響亮的那一個。它將成為重新導向的代言人。

當你一再中斷舊程式，你的努力就會開始進一步削弱那些形塑你個性的神經網絡連線。根據海伯式學習（Hebbian learning）的原則*，你將可以切斷與舊自我連結的舊迴路。而就表觀遺傳學來說，代表你不再以相同方式號令相同的基因。這是讓你變得更有意識及覺知的另一個步驟，它會發展出你的「意識控制」。

當你能夠停止對生活中某些人或事的下意識情緒反應，代表你已經選擇將自己從舊自我中拯救出來，不再以自我設限的方式思考和行動。當你能夠有意識地控制那些因為環境刺激而浮現的零散記憶或聯想，不再受其牽制時，你就能擺脫可預測的命運，擺脫你因為相同的想法和反應而創造出的相同實相。「改變」這兩個字，是你可以放在內心的自我提醒。

一旦你變得更有覺察力，把你熟悉的想法和感受重新導向，並認知到你無意識的存在狀態後，你那些珍貴的能量就不再耗竭。在求生存的狀態下，我們會利用體內失衡來迫使身體進入緊急狀態，從而調用大量的能量。而那些情緒和想法，呈現的是被身體消耗的低頻能量。因此，當你在它們到達身體之前，就意識到並改變它們，那麼每次在你注意到它們或將它們重新導向時，就可以保留下這些重要的能量，拿來創造你的新生活。

聯想記憶觸發了自動反應

保持覺知與意識是創造新生活的關鍵，因此做到以下兩點很重要：一是了解聯想記憶如何讓你很難保持覺知；二是練習重新導向，它可幫你擺脫舊自我。

稍早在本書中，我們曾經提到「巴甫洛夫的狗」那個經典的制約實驗，該實驗完美地說明了為什麼改變會那麼困難。狗在該實驗的反應——分泌唾液來回應鈴聲，就是**聯想記憶**（associative memory）一個制約反應的例子。

你的聯想記憶儲存在潛意識心，它們會隨著時間逐漸形成，當聯想記憶在某個外在情境下一再被觸發，就會由內在產生自動反應而引發自動行為。當一或兩個感官回應了同一個線索，身體就會在沒有太多意識的參與下反應。僅僅一個想法或記憶就能啟動這樣的回應。

我們的生活中充斥著無數類似的聯想記憶，由環境衍生出來的許多已知認同會觸發這些聯想

＊一九四〇年代晚期，心理學家 Donald Hebb 基於突觸的可塑性提出了這個學習假說，其理論是持續重複的刺激會讓突觸傳遞效能增加。

記憶。舉例來說，如果你看到某個熟識的人，很可能你就會無意識地以自動方式去回應。由於那個人創造了一個從過去經驗而來的聯想記憶，而這個經驗會跟某些情緒連結，於是這些情緒就觸發了自動行為。你在過去的記憶裡一想到有關他或她的事，你身體的化學狀態就隨之產生變化。與那個人的相關記憶重複被制約而形成了一個程式，進入了你的潛意識心，一見到那個人，就像巴甫洛夫的狗一樣，你在生理上立即會無意識做回應。此時你的身體接管了一切，並開始根據某些過去的記憶，透過潛意識來操縱你。

你的身體現在主導著你。於是，你讓出了駕駛座，因為你的潛意識身心聯合起來控制著你。究竟是哪些因子，導致了這種回應這麼快就發生？它們可以是外界的任何事物，甚至是所有一切。它們的源頭就是你跟已知環境的關係；這是你的人生，連接到所有你在不同時間地點所經歷過的人事物。

這就是為什麼在改變的過程中，要保持意識與覺知是如此困難。你看到一個人、聽到一首歌、造訪一個地方，想起某一次的經驗，然後你的身體就會立刻被一個過去記憶「啟動」。與某個人或某件事相關的聯想記憶，會啟動意識心背後的一連串反應，讓你回到以前那個相同的個性自我，接著你就會用可預期、自動且記憶的方式去思考、行動和感覺。你下意識地重新認同你過去的已知環境，然後重返你已知的過往生活。

當巴甫洛夫繼續搖鈴而不提供食物，狗狗的自動反應會日漸減弱，直到牠們不再把鈴聲與食物聯想在一起。我們可以說，當狗兒們反覆經歷沒有食物的鈴聲時，牠們的神經情緒反應會逐漸減小。牠們不再流口水，因為鈴聲成了沒有任何聯想記憶的聲音。

在「進入無意識」之前先攔住自己

當你在心靈之眼中，將一連串的情境從頭到尾預演了一遍，阻止自己（在情緒上）做回舊自我時，你反覆在內心裡暴露於相同的刺激下，久而久之，就會削弱你對該情境的情緒反應。而當你持續地把自己放在跟舊身份認同一樣的動機之下，並留意你如何自動回應，你就能在生活中變得有足夠的覺察力，在做出無意識回應之前就先攔住自己。隨著時間推移，所有那些啟動舊程式的聯想，都將變成「沒有食物的鈴聲」，不會讓你的生理下意識再回到那個連結熟悉人事物的神經化學自我。

因此，對於一個惹你生氣的人，或與前男友的互動，都不會再牽動你的情緒，因為你已經用心阻止自己夠多次了。當你打破了情緒的癮，就不可能再產生自動反應。正是這個步驟中的意識覺知，把你從日常生活中那些聯想情緒或想法釋放出來。在大多數的情況下，這些反射反應會被你放著不管，因為你太忙著「做」那個舊自我。

重要的是，你的理性要超越你的感覺指標，去了解這些求生存的情緒是透過觸動相同的遺傳按鈕和破壞你的身體來影響你的細胞。這引發出了一個問題：「這種感覺、行為或態度，對我來說，是愛嗎？」

在我說「改變」之後，我喜歡說：「對我而言，這不是愛！健康、幸福和自由的回報，比被卡在同樣的自毀模式中重要得多。我不想在情緒上以同樣的方式號令相同的基因，對我的身體造成這麼不利的影響。這樣不值得。」

第三週靜坐指導

在第三週的靜坐課程中，你的練習目標是在前兩週的課程中先加入步驟五的觀察和提醒，然後再加入步驟六的重新導向。因此，你將會進行所有的六個步驟。步驟五和步驟六最後會合併成一個步驟。在一整天裡，當自我設限的想法和感受出現時，你要觀察自己，並自動大聲說出：「改變！」你要聽從這個指導，而不是舊的聲音，讓它成為你腦袋裡最響亮的聲音。當這種情況確實發生後，代表你已準備好進入創造過程了。

- **步驟1：**一如以往的做法，從引導開始。
- **步驟2到5：**在你認知、承認、宣告和順服之後，這時候你要接著處理那些躲過你覺察的特定想法和行為。你要觀察舊自我，直到你摸熟這些舊自我的程式。
- **步驟6：**然後，當你在靜坐中觀察到舊自我時，挑出你生活中的幾個情境，並大聲說出：「改變！」

第13章 為你的新未來創造新的心靈（第四週）

現在的你已經淘汰了舊自我的許多層面，體會了如何有意識地去思考、行事及感受。清空老舊迴路的大腦，建置了許多新迴路，這樣一個重新開機的大腦會為你帶來一個全新的心靈新視界。

步驟7：創造與預演

第四週的課程將會與前幾週有點不同。首先，當你進行步驟七的讀寫時，你將學到**創造**的相關知識，以及「如何」使用**內心預演**的過程指導。然後，接著你會讀到內心預演的靜坐指導，讓你能熟悉這個新過程。

接下來，就要把所學付諸實行。這一週裡的每一天，你都要練習第四週的靜坐課程，其中也包括步驟一到步驟七。

概述：創造和預演新的你

在你開始最後一系列的步驟之前，我想要說的是，前面的幾個步驟都是為了幫你打破舊自我的那些習慣，這樣你就可以騰出空間，有意識並充滿能量地重新塑造一個全新的自我。在此之前，你已經進行過修剪舊突觸連結的工作。現在，則是要讓新的突觸連結開始萌發，讓你創造的新心靈成為那個未來的你的一個平臺。

你先前的努力，促使你忘掉一些關於舊自我學到的事。你已經淘汰了舊自我的許多層面，也已經熟知了那個代表你怎麼思考、行事和感受的無意識狀態。透過後設認知的練習，你已經有意識地觀察到，你以前是如何以常規及習慣性的方式來啟動你的大腦。自我反省的技巧，使得你能夠將自由意志的意識，從造成你大腦以完全相同模式觸發的自動程式裡拆離開來。現在，你已經檢驗過大腦運行多年的方式。此外，既然心靈是運行中的大腦，也意味著你已客觀地檢視過自我設限的心了。

創造一個全新的你

現在，你開始要「丟掉」你的心，重新創造一個新的心。讓我們開始「栽培」一個全新的你。你每天的靜坐、沉思與預演，就像是照料一座花園，會產生一個更好的自我展現方式。學習新資訊，以及去閱讀那些代表你新理想自我的歷史偉人事蹟，就像是播種。你在重塑新的身份認同時越是有創意，在未來所體驗到的成果就會越多樣化。你堅定的意念與有意識的注意力，就像水和陽光，在你的花園中灌溉你的夢想。

在新未來體現之前，歡欣鼓舞的情緒，就如同為花園布下了安全網和圍籬，保護脆弱的潛在命運，不受害蟲和惡劣的氣候條件所侵擾，因為你揚升的能量保護了你所創造的一切。你會愛上未來的你，這個願景是你的奇蹟肥料，用來培育充滿潛力的植物和果實。比起雜草和害蟲的求生存情緒，愛是一種頻率更高的情緒。除去舊的，讓位給新的，這就是轉型的過程。

預演新的你

接下來，我們要練習創造一個新心靈，你要不斷不斷練習，直到開始對它變得熟悉。正如你所知道的，你越常一起觸發某些腦迴路，就越容易將它們連接成持久的關係。而如果你觸發跟某個特定意識流相關的一組想法後，就會更容易產生出同一層次的心靈。因此，當你每天都在內心預演一個新的理想自我，同時也在不斷架構一個新心靈，久而久之，它們就會變得更常規、更熟悉、更自然、更自動，也更下意識。於是，你開始去記住那個全新的你、不同的你。

在先前的幾個步驟，你已經解除了儲存在身體（潛意識心）裡的某種情緒記憶。現在，你則要重新調整你的身體去適應新的心靈，並以新的方式來號令基因。

在這個最後步驟，你的目標是掌握大腦與身體裡的新心靈。因此，你必須對它熟悉到能夠隨意又自然地重現。重要的是，你要使用新的思考方式來熟記這種新的心理狀態；同樣重要的是，隨後要記住身體的新感覺，不讓外在世界的任何事物來動搖你。走到這個時刻，代表你已經準備好要創造一個新未來，並活在其中。當你預演時，要一再且穩定地從虛無中召喚那個全新的你，如此一來你就「知道怎麼做」才能隨意召喚它。

創造：用想像力和創造力造就新自我

在這個步驟中，首先你會問自己一些開放式的問題。提出問題後，你需要用不同以往的方式來思考，以及敞開心去接受新的可能性，這些反應都會啟動你的額葉。

這整個沉思的過程，是建造一個新心靈的方法。你強迫大腦以全新的方式啟動，來為新自我打造一個平臺。你正開始要改變你的心！

寫下來

花點時間，寫下你對下列問題的答案。然後檢驗、反省、分析這些答案，並想想你的答案所提出的所有可能性。

用來啟動額葉的問題

- 什麼是最理想的自我？
- 如果成為＿＿＿＿，那會是什麼感覺？

・我最佩服的是哪些歷史人物，他們做了什麼？

・誰在我人生中扮演了什麼角色，我對他／她的感覺又是什麼？

・要怎樣才能像＿＿＿＿這樣想？

・誰是我想仿效的對象？

・假如我是＿＿＿＿，會怎麼樣？

・假如我是這個人，我會對自己說什麼？

・假如我改變了，我會跟別人如何交談？

・我想提醒自己成為怎樣的人？

你的個性包含了你如何思考、如何行動以及如何感受。因此，我歸納了一些問題，讓你能更明確地決定你想要新自我如何做人處事。請記住，當你提出自己的答案，然後思考這些答案時，你就在大腦中安裝了新的硬體，並在身體裡號令基因以新方式啟動。（如果你認為自己答不全答案，可以隨時寫在記事本上繼續列出答案。）

我想要如何思考？

・這個全新的人（我的理想自我）會怎麼想？
・我希望把我的能量放在什麼想法上？
・我的新態度是什麼？
・關於我自己這個人，我想相信些什麼？
・我想要別人怎樣看我？

- 假如我是這個人，我會對自己說什麼？

我想要怎麼做？

- 這個人會怎麼做？
- 他或她會做什麼？
- 我怎麼看待自己的行為？
- 對於新的自我表達，我會怎麼形容？

我想要怎麼去感受？

- 這個新的自我是怎樣的？
- 我有什麼感覺？
- 在這個新的理想自我下，我的能量會是什麼樣子？

當你用靜坐方式打造一個全新的自我，你的任務就是每天重現同樣的心靈層次，以不同於往常的方式來思考和感受。你應該能夠隨心所欲重複同樣的心靈架構，並讓它變成常態。此外，你還必須讓身體也感受到這種新的感覺，直到你真正成為這個全新的人。換句話說，**在起身時，你不能跟坐下時還是同一個人**。轉變必須發生，就在這裡，就是現在，你的能量應該要跟開始時不同。如果起身時你還是同一個人，感覺就跟開始時一樣，那麼實際上什麼都沒有發生過。你仍然有著相同的身份認同。

因此，如果你對自己說：「我今天不想靜坐。我太累了。我有太多事情要做。我很忙。我頭痛。我太像我媽。我沒辦法改變。我想吃點東西。我可以明天再開始。這讓我感覺不舒服。我應該打開電視看看新聞。」諸如此類的內在聲音一旦進駐額葉，你就不可避免地會保有跟以往相同的個性。

你必須用你的意志、意念和真誠，超越身體的這些衝動。你必須認識到，這些挑戰和絮語，都是舊自我想奪回主控權的抗爭。你必須允許它造反，但隨後將它帶回到當下，讓它放鬆，然後重新開始。久而久之，它就會開始再次相信，你才是它的主人。

預演：記住新的你

現在，你已經深思熟慮過你的答案，是時候來預演它們了。複習一下，身為新的理想自我，你將會如何思考、行動和感覺。讓我們在這裡說清楚。我不想讓你變得過於機械化或死板。這是一個創造性的過程，請容許你自己充滿想像力，天馬行空自由發揮，並且心甘情願。不必強迫你的答案非黑即白。在每次靜坐中，未必要以完全相同的方式來履行你的表單。要記得，條條大路通羅馬。

只要想著，最好的自我表達方式，以及提醒自己你將要怎麼表現。假如你成為那個理想自我，你會說什麼，會怎麼走、怎麼呼吸、怎麼感覺？你會對別人和自己說什麼？你的目標，是進入一種「存在狀態」，並成為這個理想自我。

請你回想那些不接觸琴鍵、只在內心預演彈鋼琴的演奏者，以及他們如何與用相同時間真的去彈相同曲目的人，幾乎有相同的大腦變化。「內心」演奏者的日常預演改變了他們的大腦，讓他們看起來像已經有過實際進行活動的經驗。他們把想法變成了經驗。

如果你還記得涉及內心預演的手指運動實驗，在受試者沒有舉起任何一根手指的狀況下，身體也會表現出顯著的實際變化。在這個步驟中，你的日常預演會提前改變你的大腦和身體。

這就是新自我的內心預演為何很重要的原因，也是你如何在生物層面上改變大腦和身體，不再生活於過去，而是描繪出未來地圖的方法。如果身體和大腦都改變了，那麼就會有實際的證據證明，**你改變了**。

熟悉這個嶄新的你

步驟七的這個部分，是要跳級到「無意識熟練」這個層次的一個專業技巧。當你在**不知不覺中熟練**了某種技巧，就意味著你只需要去做，而不需要把大量有意識的思考和專注力放在行動上。這就像是從剛學會開車，進步到成為經驗老到的駕駛人；也好比不花任何心思就能編織一樣。這種情形，可以套用Nike的經典廣告詞：「去做就對了。」

如果你對這個階段的練習有點煩了，請把它看成是好兆頭。這意味著你對新的操作模式逐漸熟悉、習以為常且自動化了。你不得不進入這種狀態，以便把這些資訊固著化和具體化，使之轉化為長期的記憶。你必須努力克服這種厭倦感，因為此後在你每次投入到新理想自我的時候，你就會越來越得心應手。你會將你的新模型深深刻劃到記憶系統，然後它將會變得更下意識和更自然。如果你持續練習，就不需要刻意去想著要成為「另一個人」。這就是熟能生巧，習慣成自然。這個過程中的自我訓練，就像你在做任何運動一樣。

如果你正確進行了預演，練習時，你應該會一次比一次更容易完成。為什麼？因為你已經準備就緒了，你的大腦已經有了這些新連結的迴路，而且已經啟動開機了。你的體內也已經製造出正確的化學物質，正在往復循環；你的身體自然而然就是在對的狀態下。此外，你已經克制並「安撫」了連接舊自我的其他腦區。因此，與你舊自我相關的感覺，已經不太可能用同一種內建方式來刺激你的身體。

請記住，大部分啟動及增長大腦新迴路的內心預演練習，都涉及到學習知識、獲得指導、專心投入，以及一遍又一遍地重複做。如你所知，學習可以建立新連結；指導就是教身體「如何做」來創造新體驗；而專心投入所做的事，對於在大腦中重新布線是絕對必要的。最後，一再重複做會強化已連結的神經元之間的關係。這些都是生成新迴路及創造新心靈所需要的構成要素，也正是你在靜坐時所做的。重複……，則是我在這裡要特別強調的。

以下是凱西的經驗談，這個故事完整說明了內心預演的各個層面。

凱西是個企業培訓師，嚴重中風破壞了她大腦左半球的語言中樞，讓她好幾個月都無法說話。醫生告訴凱西，她可能永遠都不能再說話。她先前曾讀過我的書，也參加完我的一個研討會，因此她拒絕接受這個毀滅性的預後。

相反的，根據她所學到的知識和得到的指導，加上專心及重複的技巧，凱西在內心預演了面對人群講話。每一天，她都在內心裡練習。幾個月後，她的大腦和身體出現了實際的變化，不僅修復了她大腦的語言中心，也完全恢復了說話的能力。現在，凱西再度站在群眾面前流利準確地進行演說，沒有任何遲疑。

在你自己研讀這些資料時，就會形成一些重要的突觸連結作為先導，讓你能得到新的體驗。這兩種元素——學習資訊和擁有經驗，會進化你的大腦。從本書中，你也得到了適切的指導，在改變的過程中忘記所學及重新學習。你明白要塑造你的大腦與改變你的身體，你的身心必須同步且專注投入，這是你努力的證據。最後，你要一再預演新的理想自我，一而再、再而三地產生出相同層次的心靈和身體。重複會強化你的大腦迴路，活化新的基因，讓你在隔天能更容易重新回到這種狀態。這個步驟是讓你練習重現相同的存在狀態，並使它變得更簡單。

你需要關注的要點是**頻率、強度和持續時間**。也就是說，你做得越多次，就會變得越容易。你越專心和越集中注意力，就越容易在下一次深入到特定的心靈層次。新理想自我的想法和情緒在你心中能夠盤據得越久，並讓你的思緒不會受到外來刺激而飄走，你就越能記住這種新的存在狀態。這個步驟的重點，全都是關於在你清醒時如何去成為那個新的理想自我。

個性改變，現實也會隨之改變

你在這個步驟的目標，是形成一個新的個性，成為一個新的存在狀態。所以，如果你有了新個性，你就成了別人，不是嗎？以你怎麼思考、感覺和行動為基礎的舊個性，創造了目前你正在經歷的現實。簡言之，你的個性成就了你的個人實相；反之，你的個人實相，也是由你如何思考、感覺和行為所構成的。藉由在各個方面都以新方式進行，你就會同時創造出新的自我和新的實相。

你的新個性應該會催生出新的現實。換句話說，當你成為別人，你自然就會擁有不同的人生。假如你突然改變了自己的身份認同，你就會變成另外一個人，因此你必定會活得像別人。如果那個叫做約翰的個性，變成了大家所熟知的史蒂夫的個性，我們可以說，約翰的人生將會改變，因為他不再是約翰，而是和史蒂夫一樣去思考、行動和感覺。

以下是另一個例子。有一次我在加州演講時，有個女人在聽眾面前走向我，氣憤地嚷嚷道：「為什麼你說我不住在聖塔菲?!」＊

我平靜地回答：「因為剛剛跟我說話的人，具有住在洛杉磯的個性。將會住在或者已經住在聖塔菲的人，一點都不會是這個樣子。」

從量子的角度來看，新個性是最適合創造的理想場所。新的身份認同不再會因為情緒而駐留在生命中的已知情境，一再循環相同的遭遇；因此，它是你設想新命運的理想場所，是你召喚新人生的所在。過去，為什麼你的祈求幾乎都沒有得到回應，原因就在於當你試圖要捕捉一個正念意圖時，卻同時迷失在跟舊自我連結的低頻情緒裡，例如內疚、羞愧、悲傷、自我貶低、憤怒或恐懼等等。就是這些感覺，主導了你的想法和態度。

你五％的意識心要對抗的是九五％的潛意識化身體。你一面用一種方式去思考，一面卻用另一種方式去感覺，兩者不同步就催生不了任何實際的結果。就能量來說，這樣的行為等於向安排實相的無形網絡傳送出一個混淆的信號。因此，如果你因為身體記憶了愧疚的心理狀態而「變得」內疚，那麼你很可能就會不斷遭遇到和你存在狀態一樣的情況——在你的生活中誘發更多的理由來感到內疚。你有意識的目標，無法對抗你的記憶情緒。

然而，由於這個新的身份認同，你的想法和感受完全不同於舊的身份認同。你現在的心靈和身體狀態，將會發送與過去記憶無關的完美信號。這是第一次，你抬高了心靈的望遠鏡，越過了目前的風景，看見一個新天地。你正在看見的是未來，而非你的過去。

簡單來說，當你仍然具有舊個性時，就無法創造出一個新的個人實相。你要成為「另一個人」，處在一個新的存在狀態，才能創造出新的命運。

創造新命運

步驟七的這個部分，來到了創造新個人現實的時刻，這是你以新的存在狀態與新的個性所發展出來的。你先前從身體釋放出來的能量，現在就成了創造新未來的原料。

所以，你想要什麼呢？療癒身體，或人生中的某個傷痛？還是想要一段充滿愛的關係、一個更滿意的職業、一輛新車，或者還清貸款？或是你想越過人生的障礙？什麼是你的夢想？是寫一本書、送你的孩子上大學或重回校園，或攀登一座高山、學開飛機，還是戒除某種成癮狀態？在所有這些例子中，你的大腦都會自動創造出影像，描繪你想要的一切。

來自身心的高昂狀態；沉浸在愛、喜樂、自立自強和感恩的情緒裡，以及置身在一種更偉

---

*聖塔菲（Santa Fe）是美國新墨西哥州的首府，也是美國最古老的迷人小城。

大、高同調性的能量之中，以上這些就是你能在心靈中看到的影像，亦即身為這個新個性，你想要在新生命中所創造的一切。透過在物理實相中的觀察，製造出你想要體驗的特定未來事件。拋開自我，並開始不加分析的自由聯想。在你心靈之眼中所看到的景象，就是你新命運的振動藍圖。身為量子觀察者，你能夠支配物質來符合你的意圖。

明確地說，你要讓每個具體的影像在心靈中維持幾秒鐘，然後讓它進入量子場，由一個更偉大的心靈來執行。

如同量子物理學的觀察者，他們在尋找電子的過程中，該電子會從機率波塌陷成為稱做粒子的事件，也就是物質的物理體現；你正在做的就是一樣的事情，只不過是在更大的規模之下。不過，你用來塌陷機率波的是你的「自由能量」，將之轉換成一個稱為生活新體驗的事件。你的能量現在正與未來的實相纏結在一起，而這個未來實相是屬於你的。因此也可以說，跟它纏結的就是你自己，而它就是你的命運。

最後，請打消這樣的念頭：想要弄清楚未來會如何、何時、何地或跟誰一起降臨。請將這些細節保留給所知比你多得多的一個更偉大的心靈，並且要明白，你所創造的將會以你始料未及的方式來臨，帶給你驚喜，並且毫無疑問地相信，它是來自一個更高層次的指示。請相信，在你生命中發生的事件，是為你有意識的意念所量身定做的。

現在，你已能跟這個無形意識進行雙向溝通。它讓你知道，它已注意到你仿效它成為一個創造者；它會直接跟你對談，表明它正在回應你。它是如何做到這一切的？答案是它創造並組織了你生命中那些不尋常的事件，那是從量子心靈直接送來的訊息。現在，你與這個至高無上並充滿愛的意識已經建立了關係。

概述：內心預演的靜坐指導

現在是你重新塑造一個新自我的時刻，你要做的是進入一個能反映出新自我的新存在狀態。在你這樣做——裝填好新的心靈和身體——之後，你要再次預演這樣的存在狀態。你為重新創造相同狀態所做的努力，將會在新體驗真實發生之前，在生物層面改變你的大腦和身體。一旦你在靜坐過程中成為新的存在，新的存在會成為你的新個性，而新的個性會創造出新的個人實相。這就是你身為命運的量子觀察者，運用提升的能量來創造出特定事件的時刻。這個內心預演靜坐指導有三個部分，在併入你第四週的靜坐課程時（參見附錄三的靜坐指導），各部分將會完美地融合在一起。

內心預演靜坐指導：創造一個新的你

現在閉上眼睛，摒除環境的影響，藉由「創造」你想要怎麼生活來拋開舊自我。

你的任務是進入一種新的存在狀態。現在，正是你改變心靈，並以新方式思考的時刻。當你這樣做，就是以新方式來號令新基因，透過情緒來重新調整身體去適應新的心靈。讓想法成為真實的體驗，現在就活在未來的實相中。敞開心胸，在實際經驗發生之前就心懷感恩，感恩你能說服你的身體，認為未來事件現在就已經發生了。

在量子場中挑出一個可能性，並完全活在其中。現在要改變的是你的能量，把記憶的情緒轉變成新未來的情緒。當你起身時，你已經和坐下時不是同一個人了。

提醒自己，當你張開眼睛，你將會成為一個新的「某個人」。好好想想，在新的實相中，你的所作所為會如何。想像一下新的你會怎麼說，以及你會對自己說什麼。想想看，身為這個理想自我，感覺會是怎樣。設想自己已經成為一個新的人，正在做某些特定的事，以特定的方式思考，並且感覺到快樂，充滿愛、力量、感激以及力量。

現在的你對於自己的意圖會更加留意，新理想自我的想法會成為你的內在經驗。你從該經驗感覺到的情緒，會讓你的想法變成一種存在狀態。在你的新未來裡，要隨時記得誰才是你的真正自我。

預演新的你

現在，先放鬆個幾秒鐘。然後重新去看，重新去創造，把剛才你所做過的預演再重新做一遍。看看你能否重複並穩定地完成任務。

你能夠比上一次更容易、更快地召喚出那個理想自我嗎？你能夠再一次從虛無中帶來那個全新的自己嗎？現在，你應該要做到能夠自然而然地想起你真正是誰，這樣你才知道要如何召喚「他」。你重複努力地做了非常非常多次，多到你自動就「知道怎麼做」。當你進入這個新的存在狀態時，要記住這種感覺。

創造你的新命運

現在，你要做的是支配物質。從這種高昂的心靈和身體狀態出發，在未來的生活中，你想要什麼？

當你展開新的自我時，要記住你進入這種身心狀態的所有感覺——不可動搖、強大、絕對、啟發及欣喜若狂。讓畫面具體顯現，用肯定與了解的態度來看待這些景象，讓你與這些事件或事物合而為一。與你的未來緊緊相繫，彷彿它已經是你的了，除了期待和慶祝之外，不要帶有一絲一毫的憂慮。放開自己，開始無憂無慮地自由聯想。經過新自我意識的加持，你充滿了力量。更具體來說，你要讓每個體現的影像在心中維持幾秒鐘，然後再把它送進量子場，由一個更偉大的心靈來執行……然後進入下一個景象……繼續下去……這就是你的新命運。允許你在當下體驗那個未來將要發生的實相，直到你說服身體在情緒層次相信該事件現在已經發生了。敞開心胸，並在事件實際發生前就體驗新生命的喜樂。

你把注意力放在哪裡，你的能量就在那裡。你先前從身體釋放出來的能量，已經成為你用來創造新未來的原料。在神聖、偉大及感恩的狀態下，用自己的能量來創造幸福的生活，並且成為一個量子觀察者去觀察你的未來。你會跟你的新實相纏結，在新能量中看到你想要體驗的畫面時，你會知曉並接受這些畫面將會成為你未來命運的藍圖。你支配物質來符合你的意圖……做完這一切後就放手，你知道你的未來將會以最適合你的方式展開。

第四週的靜坐指導

現在，你已經閱讀完步驟七的內容，可以開始進行第四週的靜坐。你要每天閱讀（或記住）完整的第四週靜坐課程。

有用的提示：在靜坐中，你可能會發現自己的感覺很好，使得你自然而然地對自己大聲說出像這樣的聲明：「我很富足、我很健康、我是個天才。」這些都是你的真實感受。那真的很棒。這也意味著你的身心同步。千萬不要去分析你所夢想的一切，一旦你這麼做，你就會離開α波的沃土，回到β波模式，並將自己抽離了你的潛意識。創造一個全新的你時，不要帶任何評判。

進一步的靜坐指南

你投入了好幾個禮拜的時間來學習靜坐，這是一個能夠陪伴你一生，幫助你進化及創造理想生活的方法。你也可以使用這個新技巧，開始修剪舊自我的某個層面，創造新自我及新命運。到了這個階段，很多人會問類似以下的這些問題：

- 我要怎樣才能繼續精進靜坐的技巧？

- 一旦掌握了這些過程，我是否應該以同樣方式繼續下去？
- 每一個層次的自我，應該持續努力多久？
- 怎樣才能知道，我已經準備好要剝開另一層「洋蔥」了？
- 在我持續這個過程時，我要如何決定接下來要改變哪部分的舊自我？
- 我可以用這個過程，同時改變個性的幾個層面嗎？

將這個靜坐過程變成你自己的

如果你持續每天都進行所有的步驟，先前感覺像七個分解步驟的靜坐會開始變得越來越簡單，從這一步到下一步也會越來越流暢。就像你所掌握的任何事情一樣，如果你持續每天靜坐，就會越來越上手。

至於靜坐指導和引導技巧，你可以把它們想像成腳踏車上的輔助輪。如果使用它們能幫你學習這個過程，請繼續讓它們幫你前進。但是，一旦你對整個過程已經非常熟悉，熟悉到已經變成你自己的，就不需要再重複閱讀文字敘述了。

一層層由外往內剝開

週期性調整你的靜坐課程是自然而然且預料中的事，因為你和初入門的自己已經不一樣了。如果你每天持續靜坐，你的存在狀態將會不斷進化，因此你會不斷發現舊自我中你想要改變的部分。

只有你可以決定，什麼時候要向前邁進一步。正如我在下一章要談到的，你的進步將不僅取決於靜坐，也取決於你在日常生活中所做的改變。一般來說，要改變自我的一個特定層面大概需要四到六週的靜坐時間。過了這段期間，你應該就會蠢蠢欲動想要開始除去另一層的舊自我。

因此，大約一個月你就要做一次自我反思，重新檢視你的生活，看看你所創造的帶給你什麼回饋。你可以重新思考第三部的問題，看看現在的你是否有不同的答案。重新評估你的感受，你想要做的改變是否仍然存在。假如改變已確實發生，那麼是否還有其他更明顯或更迫切的不良情緒、心理狀態或習慣需要你特別留意呢？

如果答案是肯定的，你可以再如法炮製你的改變之旅。或者，你也可以在目前正在進行的靜坐課程中增加另一個部分來修正。

一旦你掌握了靜坐的基本模式，就可以用一種更統一的方式同時處理舊自我的好幾個層面。經過充分練習後，我現在一次就能處理整個自我，用全面而非線性的方法來思考。

當然，新命運會帶來新元素。當你想要的新關係或者新工作真的心想事成時，你不會就此打住。每隔一段時間，你都可以選擇是否要改動一下你的靜坐課程，請相信你的直覺。

學無止境，持續精進你的知識

我誠心邀請你造訪我的網站：www.drjoedispenza.com。每當你覺得需要新的靈感時，你可以在這裡發現一些實用的工具和技巧，重新編寫你的想法，消除自我毀滅的習慣，讓你有能力從裡到外改變自己。下一步，你可以做的事有：

- 讀讀我的第一本書《進化你的腦：改變心智的科學》，更深化你的知識。這本書會一步步帶你認識你的大腦結構，教你如何讓想法和情緒組成新迴路來改變你的人生，以及讓你成為一直想成為的那種人。
- 參加我親自主持的研討會或工作坊。
- 參加實況轉播的遠距教學，包含問與答時間。
- 我個人網站上介紹的ＤＶＤ和ＣＤ，可以拓展你的知識基礎。

第14章　迎接一個嶄新的人生

開始學習「透明」地生活，讓你的生活和心靈同步，你所表現出來的樣子就是真正的你。從現在起，你就是你的人生，而你的人生就是你的反射。因為當你的人生自我重組後，外在環境就會是你心靈活動的物質化體現。

當改變真的發生，你就記住了一個超越任何環境因子的內部秩序。它會維持你的能量，在新實相中保持覺知，獨立於身體之外，不受環境及時間的影響。當你走進新生活，你打算擁有怎樣的存在狀態？你要時時刻刻提醒自己，不論是與家人或孩子同處，工作中或者午餐時間，都不能忘記你的新身份。你能夠一直維持這種修正後的存在狀態嗎？如果你能夠以充足的能量來過日子，那麼你的世界就會出現不一樣的事物，這就是定律。當你的行為符合你的意圖，你的行動就等同於你的想法；當你成為另一個人，那麼你就跑在時間的前面。你的環境已不再牽制你的想法和感受，而是你的想法和感覺正在操控你的環境。這就是奇蹟，而它一直在你之內……

當你表現出來的樣子就是真正的自己時，你就從過去的奴役中重獲自由。而一旦所有的能量都被釋放出來，隨著自由而來的是無上的喜樂。

演示：活得像全新的自己

當你內在的神經化學狀態變得有序且同調，沒有任何非同調的外界刺激能夠破壞你「成為」新的你，代表你的身心正和諧地共事著。你現在是一種新的存在。而去記住這種存在狀態，會形成一種新的個性，你的世界和個人實相將會開始反映你內在的改變。當你外在的自我表達跟你內在的自我無異時，你正朝著新命運前進。

問問自己，你能夠在現實生活中維持改變，讓你的身體不再回到舊的潛意識心嗎？既然情緒是儲存在潛意識的記憶系統裡，你就有責任要有覺知地讓身體與新心靈同步，這樣一來，在環境中就沒有任何事物能透過情緒將你勾回到過去的實相。你必須記住並堅持做新的自我，這樣在你目前的實相中，就沒有任何事物能將你帶離。

請記住，當你從靜坐中甦醒時，如果你做對了，就會從思考躍進到存在。一旦你處於這種存在狀態，就更容易用新自我的角度來做事和思考。

用新的自己來展開新生活

簡單來說，所謂的「演示」（demonstration）就是用彷彿祈禱已經被回應的狀態來生活；也就是提醒自己，你必須要處在跟你創造新理想自我時同樣的身心狀態。你不能在靜坐中創造出新的個性，然後在其餘時間裡仍然以舊自我生活著。這就像是你吃了很健康的早餐，然後在其他時間大吃垃圾食物一樣。

為了讓一個新體驗真實發生在你身上，你必須讓你的行為與目標相符，讓你的想法與行動一致。你必須做出符合新存在狀態的選擇。演示，就是把你的內心預演實際表現出來，讓身體參與，一起實踐心靈所學到的知識。

因此，想要看到這些信號出現在現實生活中，你必須用創造當下的相同能量來生活與存在。簡而言之，如果你想要宇宙開始以不尋常的新方式來回應你，你在生活中展現出來的能量和心靈，就必須要跟你在靜坐時創造出新理想自我的能量和心靈相同。做到這一步，你就能跟超越時空維度的創造性能量連繫或纏結在一起，這也是你吸引新事件進入生命中的方法。

當生活與靜坐時的兩個自我一致，你就是正在做「未來的你」，那個先前以潛能形式存在於量子場的你。而你在靜坐中所創造的新自我，如果能跟在現實生活的你具有完全相同的電磁特徵，你就走進了新命運之中。一旦「當下的你與未來的你成為一體」，你就會體驗到新實相帶來的恩澤。你將得到偉大心靈的回應。

期待量子場的回應

你在生活中經驗到的回饋，就是你在創造過程的能量狀態，符合了你在演示過程的能量狀態所帶來的結果。因此，如果你能夠一整天都維持著這種身心的修正狀態，你的生活應該就會有所不同。

那麼，你會開始見證哪種類型的回饋呢？請期待同步、機緣、巧合、毫不費力的改變、更健康的身體、洞察、啟示、神祕經驗和新關係，諸如此類的事情。新的回饋將會激勵你繼續去做你一直在做的事。

當內在的努力導致外在的回饋發生時，你自然會把內在正在進行的事與外在發生的事連結起來。這是一個嶄新的時刻，基本上顯示了你現在正以量子法則生活的證據。你將會驚喜地發現，你所經歷的回饋，就是你心靈和情緒在內部作用的直接結果。

當你把內隱世界所做的與外顯的演示互相連結，你就會注意並記住你為了產生這種效果先前所做的努力，並樂意再做一次。而當你能夠將內在世界與外在世界的結果連結起來，你現在就是在主動「造果」，而不是被動地活在因果中。你正在創造實相。

以下是自我測試：置身於外在環境時，你的表現是否能跟靜坐時的內在想法一樣？你能夠超越與過去的個性、記憶和聯想有所連結的當前環境嗎？你能夠停止你對相同情境的制式回應嗎？你有沒有調整你的身體，塑造你的心靈來迎合當下的現實？

這就是我們要靜坐的原因：在我們的人生裡，變成另一個人。

你的人生方程式即將發生變化

每一天你都要時時刻刻提醒自己，身為一個新的自己，你要讓能量維持在高昂狀態。你必須督促自己，在所有清醒時刻都要保持覺知。你可以在生活的畫布上，有意識地為自己寫下一些小小的備忘提醒。比如：

晨浴時，我要感謝人生的各個面向。開車去上班時，我也要心存感激，沿途保持愉悅的心情。身為一個新的理想自我，我看到老闆時要怎樣做呢？我要提醒自己，午餐時要花點時間去記得我想要做一個什麼樣的人。今晚看到孩子們時，我要保持高昂的狀態，有充沛的能量，而我們將建立真實的連結。當我準備上床睡覺時，我會花一分鐘時間來提醒自己，我正在成為什麼樣子的人。

每天最後的自問自答

在一天結束之前，問問自己這些問題，這是反省新自我表現的簡單方法：

- 我今天的表現如何？
- 哪些時候我走偏了，理由是什麼？
- 我在哪裡、對誰做了什麼回應？
- 我什麼時候會「進入無意識狀態」？
- 下一次出現這種情況時，我要怎樣做得更好？

在睡前，仔細想想這一天當中你有哪些迷失時刻，也許是個不錯的主意。一旦你能看出刺激你陷入迷失自我的明顯情境，問問自己這些簡單的問題：「如果這種情況再次發生，我會採取怎樣的不同做法？」以及「如果這種情況再次出現，我該用什麼樣的知識或想法來應對？」

一旦你能想出一個確切的答案，並花點心思專注於答案上，你就能在內心預演出一個新元素來圓滿另一個部分的你。新的神經網絡會安裝在你大腦中，為未來某個時間即將發生的事件做好準備。這個小小的舉動，將會幫助你升級並精進一個自我調整的新模式。然後，你就可以將它加進你早晚的靜坐之中。

內外一致：做個透明的人

做個「透明」的人，指的是你所表現出來的樣子就是你真正的樣子，而你的外在環境就是你內在想法和感受的映射。當你達到這種狀態，你的生活和心靈就是同步的。這是你和你所創造的一切的最終關係，意味著所有的活動都反映出你的心靈。你就是你的人生，而你的人生就是你的映射。如同量子物理學所說的，環境是心靈的延伸，在這個時刻你的人生會自我重組以便反映你的新心靈。

透明化是充滿力量的一種狀態，也代表你完成了個人的轉變。你從經驗中汲取智慧，並且超越環境和你過去的實相。

變得透明的徵兆之一是，你不會有很多過度分析或批判的想法。你不會想要這樣想。透明化會帶你遠離你現在的狀態。透明化會帶來真正的喜悅、更多的能量和表達的自由，而任何連結到小我的想法，都會降低你內在的高昂感受。

當這一刻來臨時……

當你的人生開始以全新與美好的事件展開，終究有這麼一刻你會意識到是你的心靈創造了這一切，因而感到敬畏、神奇和完全覺醒。在狂喜中，你會從這個制高點回顧你的整個人生，而且不會想要改變任何事。你不會對任何行動感到後悔，或對任何發生在你身上的事感到不開心，因為在體現的那一刻，你將明白這一切的意義。你將會看到，你的過去是如何引領你到達這個美好狀態的。

由於你的努力，偉大心靈的意識已經開始變成你的意識心靈；它的天性變成了你的天性。你自然而然變得更加神性。這就是你真正的樣子，這就是你自然的存在狀態。

同樣的，當無形的生命給予者穿越過你時，你就會更喜歡自己。產生情緒傷疤的那些創傷多次撞擊了你的真實個性，使它漸漸走偏。於是，你變得複雜難懂、更極端、更分裂、更矛盾，以及更能被預料。一旦你能將那些會降低身心頻率的求生情緒解除記憶時，你會提升到一種更高層次的電磁表達，由一個更高的頻率來啟動你。你解除了門鎖，釋放了自己，騰出空間讓給更偉大的力量來成就你自己。

最終，它就是你，你就是它，你們合而為一。你會感受到一種叫做愛的高同調性能量，在其中，你會體現一個擺脫制約的狀態。

一旦接觸並啜飲意識的井水後，你可能會遭遇到一個現實矛盾：你對個人的完整性認知，可能會讓你不想再做任何要求。這種矛盾，對我是實實在在的親身體會。

需要和欲望通常是因為匱乏所致。而在真正連結到偉大意識的時刻，我很難分心去想其他事情，因為那感覺是如此美妙。我覺得完整而踏實，完整到任何一個想法都會讓我遠離它，都不值得我暫時抽離目前的境界。

因此，諷刺的是，一旦你到達這個境界，你就不再需要任何東西，因為讓你想要那些東西的匱乏和空虛感都已被消除了，都已被完整感所取代了。此時此刻的你，只想在平衡、愛和同調的感覺之中流連忘返。

我個人覺得，這就是真正無條件的愛的開端。不需要任何外在事物，就能感覺到生命中的愛和敬畏，這才是自由，因為你不用再依賴任何外在因素。這是一種高同調性的感覺，以致批判他人或對生活的情緒化反應，都會改變這樣的狀態，損害這種感覺。當所有人都連結到偉大的意識，開始忘記自己，就是這種美妙的時刻。我們從人性走向神性，變得更像它。我們變得更有愛心、更加正念、更強大、更慷慨、更慈悲，也更健康。

不可思議的其他現象也會開始出現。當你情緒高昂和快樂時，你會覺得如此美妙，美妙到你想跟人分享你所經歷的感覺。那麼，你要如何分享這些美好的感覺呢？答案是：給予與付出。你會想著：**這麼棒，這麼令人振奮，我希望你也能感受到跟我一樣的感覺。因此，我樂意跟你分享**。於是你開始給予及付出，讓別人也能感受到你發自內心分享的禮物。你是無私的。想像一下這個樣子的世界。

不過，如果你能夠從這個完整的內部秩序中塑造出一個新實相，你勢必會了解，你是在意識中進行創造，而且不再跟你渴望的一切分離：你與你所創造的一切，會成為絕對合一的狀態。如果你能自然而然進入這種狀態，並忘記與舊自我相關的一切，你會感到充盈的富足感，並開始明白你所專注創造的是屬於你的。這就像是擊中網球的中心點，或路邊停車不用後照鏡輔助一次就停好。感覺對了，你就是會知道。

以下是我結束每天靜坐的方式，提供給你參考：

現在，閉上眼睛。覺知到有個智能在你之內也在你周圍。請記住，這是真的。想像這個偉大的意識正注意著你，並知道你的意圖。回想一下，它是創造者，超越時空而存在。在你越過身體的渴望及我執心的這趟旅程中，你已經到達了最後一步。因此，如果這種意識是真實不虛的，請求它給你一個徵兆，讓你知道你跟它已取得了聯繫。你可以向創造者這麼說：「如果我今天有以任何方式仿效你而成為創造者，請給我一個信號，讓它以回饋形式顯現在我的世界，好讓我知道你已經注意到我的努力。請用我最意想不到的方式把它帶來，把我從幻象中喚醒，並讓我毫無疑問地相信它是來自於你，帶給我明天再做一遍的動力。」

在此要提醒你的是，前面我們曾經提過的：量子回饋的方式，最好是出乎你的預料，所以你要抗拒你靈魂深處想要探知一切的誘惑，不要試圖去控制或猜測量子場會以何種方式來回應你。你的新人生因為多了未知及不可預期性而充滿了驚喜，要重申的是，不可預期不是指會發生什麼事，而是指你所渴望的事會以什麼方式發生。

當你體驗到驚喜，就會從幻象中醒來，而所有發生在你身上的新鮮事，現在都是如此令人興奮，吸引了你所有的注意力。你擺脫了平常的感覺。「毫無疑問」是指它的出場必須是酷炫有趣的，讓你知道你所做的努力，實際上都起了作用。你當然知道，這個不尋常的事件必定是來自這個更偉大的心靈，沒有其他可能。

終極實驗

現在的你已經跟更高的意識建立了關係，它會回應你，而且只有你知道你內在的努力影響了外在。一旦你知道這一點，你應該就有動力想要再來一次。基本上，你現在可以用新體驗到的情緒作為新能量，來創造你的下一個成果。你變得更像個科學家或探險家，在生活中進行實驗，並測量你努力的結果。

我們人生的目標不是為了要一帆風順，不是為了取悅神，也不是為了受歡迎或更成功。我們人生的目的，是為了要摘掉阻礙智能流動的面具與偽裝，並透過我們自己來展現這個偉大的心智；同時也是為了創造，並提出更重要的問題，以引導我們走向更豐富的命運。我們人生的目的，是為了等待奇蹟而不是糟糕的事，並以彷彿這種力量正在支持我們的方式活著；同時也是為了善用無形力量來得到不可思議的成就；是為了敞開我們的心去接受更開闊的可能性，來挑戰自己的存在狀態。

比如說，當你真的療癒自己的某種毛病後，你自然而然會提出更多類似這樣的問題：「我能以觸療來療癒他人嗎？如果我能做到，那麼是否能進一步遠距治療所愛的人呢？」一旦你因此改善了某個人的身體狀況後，你可能又會問：「我可以無中生有嗎？」

到底我們能做到哪種程度呢？我只能告訴你：這趟探險之旅沒有終點。能限制我們的，只有我們提出的問題、所擁有的知識，以及你保持開放心態的能力。

【後記】活出最真實的自己

一直以來，我們對自己和自己的真實天性所相信的最大謊言之一，就是我們只不過是一個被物質現實所定義的實體存在，缺乏時空維度和重要能量，並與神分離（我相信你現在已經知道，神就在我們之內）。隱瞞我們真正身份認同的真相，不僅是對我們的奴役，也宣告了我們是有限的存在，生活在缺乏實際意義的線性人生之中。

在我們的物質世界之外，不存在任何領域或生命；我們無法掌控或改變自己的命運……這些我們一度信以為真的話，其實都是錯誤的。我希望你能從這本書中，一點一點的認知到你已經擁有力量，可以幫你看清自己真正是誰。

你是一個創造出自己實相的多維存在。請接受這個想法，成為你的法則與新的信仰，這也是我在這本書中所做的努力。打破舊自我的習慣，意味著你必須丟掉你的舊心靈，再創造出一個新心靈。

但是，當我們完全放下熟悉的舊生活和舊心靈，並要開始創造新的一切時，在這兩個新舊世界的銜接之間，會有這麼一個時刻，我們會喪失所有已知的一切，讓你茫然地急欲要從這片虛空回到熟悉的所在。這個充滿不確定性的未知境地，卻是那些不盲從流俗的人、神祕主義者和聖者所知道的沃土。

一個不可預知的國度，就是充滿了各種可能性的國度。你能夠在這個虛無的空間裡感到自在嗎？如果你做到了，你就跟偉大的創造力量連成一體，成為「自有永有者」＊。

當我們能在生物上、能量上、身體上、情緒上、化學上、神經學上和基因上改變自己，並不再無意識地去附和競爭、衝突、成功、成名、外在美、性、財產和權力對人生的必要性，這就是我們掙脫世俗枷鎖的時刻。我擔心這種所謂人生終極成功的祕方，會讓我們在自身之外尋找真正幸福的答案，但其實真正的答案與純粹的喜樂，一直都在我們之內，根本不假外求。

那麼，我們要在哪裡、要怎麼樣才能找到真正的自我？難道我們要創造一個被外在環境左右的角色，再造就一個謊言？或者是我們要將內心的想法與外在的一切視為同樣真實，來創造一個獨特的身份認同，具有我們可以仿效的覺察和心靈？

沒錯，那些涵蓋個人和宇宙、永無止境的資訊和智能，就是所有人類的本質。這是一種同調性很高的能量意識，高到當它穿過我們身上時，我們只能名之為「愛」。一旦知道打開的方法，它的頻率就會攜帶重要的資訊，從內在改變我們。這正是讓我學會謙卑生活的經驗。

我希望你能明白，只要願意，你永遠都能接觸到它。但是，假如你活得像個唯物主義者，那麼你將會對它的存在感到惶恐與掙扎。為什麼？因為現實主義者會用自己的感官來定義現實；如果看不到、嘗不到、聞不到，聽不到，也摸不到，所以就理所當然地認為它不存在。這種二元性，就是讓人們持續迷失在錯覺中的完美詭論。他們只將注意力持續專注在外在現實上，讓感官或愉悅或混亂，讓向內的探索更顯得困難重重。

你的注意力放在哪裡，你的能量就在那裡。如果你把所有的注意力都放在外面的物質世界，那麼在現實中，你的能量就都投注在外界。相反的，假如你能指揮你的正念去開展更深層的內在，你的能量就能擴大這個現實。身為人的你，具有將覺察放在任何事物上的自由，以及發展你管理並正確使用這個充足力量的能力，這是一種天賦的恩典。你把想法和覺察放在哪裡，那裡就會成為你的實相。

一旦你不再相信想法是真實的，就會重新陷入唯物主義之中。此時，只要一個決定，就會前功盡棄：輕易地選擇某個情緒癮或習慣立即來滿足自己，然後說服自己放棄所有的可能性。

於是，這裡存在著一個兩難困境：我們在心靈裡創造的未來實相，不會馬上就提供任何感官上的回饋；而根據量子模型，我們的感官應該會到最後才能體驗到我們所創造的一切。基於這個原因，很多人會回頭再一次信奉唯物主義，讓自己重新陷入無意識中。

我要提醒你的是，所有物質之物都來自於非物質的無形場域，超越時間和空間。簡單來說，藉由在這個世界上播種，隨著時間推移，你將會看到它們開花結果。在內在的潛能世界裡，如果你能夠在心靈和情緒上完整地體驗一個夢，那麼那個夢就等於已經發生了。因此，就順服它吧；它必須在你的外在生活中萌芽。這是法則。

---

*原文是「I am」，出自《舊約・出埃及記》第三章十四節：「上帝對摩西說：『我是自有永有者』」。這是超越時間與空間的存在。

但整個過程中，最難的部分是：**為你珍貴的自我花點時間，真正實踐這一切**。就是這樣。我們是神聖的創造者。這就是當我們受到啟發並急切地想要知道更多時，所做的事。但是你我都是習慣的動物，任何事都會讓我們養成習慣。我們有三個腦，使我們能夠從知識進化到經驗，再進化到智慧。為了讓我們所學得的一切透過體驗一再重複而內化，我們可以教導身體變成潛意識心——這就是我們對於習慣的定義。

問題是，我們已經培養出這樣的一個習慣：限制我們真正的偉大之處。容易讓人上癮的求生情緒，導致我們與局限共處，所有感受離生命的本源越來越遠，以致忘記了自己就是創造者。事實上，隨著壓力起舞的心靈狀態，的確是我們被情緒所操控，以低標能量生活的原因，還被一套根植於恐懼的信仰所奴役。這些所謂的正常心理狀態，已經被大多數人所接受，視為普通與常態。實際上，它們才是意識真正的「異變狀態」。

因此，我想強調的是，焦慮、抑鬱、沮喪、憤怒、內疚、痛苦、憂慮與悲傷這些幾十億人常常表達的情緒，正是為什麼大多數人生活在失衡和悖離真實自我之下的原因。而也許在靜坐冥想中，在真正的神祕時刻所達到的意識改變，實際上才是人的「自然」意識狀態，也是我們要努力經常維持的狀態。我接受這個主張，作為我的真理。

現在正是該覺醒的時刻了，讓你自己成為真理一個活生生的例子。光是贊成這些理解是不夠的，你要當下就力行，把它們運用在生活中的各個層面，表現它們並引發影響。當你我能「親力親為」地把這些理想當成真理，並逐漸養成習慣時，那麼它們就會內化成為我們的一部分。

由於我們天生就被內建為一個創造習慣的生物，為什麼不讓真正的偉大、悲憫、天分、創造力、賦權、愛、覺察、慷慨、療癒力、量子顯化*以及神性，變成我們的新習慣呢？剝除我們過去決定記住並成為我們身份認同的層層個人情緒；擺脫我們過去曾賦予力量的自私限制；拋棄對現實和自我本質的錯誤信念和觀點；克服那些一再破壞我們進化的神經性慣性反應；放棄那些會妨礙我們明白自己真正是誰的態度……，以上這些都是尋找真正自我的行動。

在自我中還有一個面向，那是一種良善的存在，靜靜地在所有表象背後等待著。當我們不再感覺受到威脅，不用擔心損失，不再試圖取悅每個人，無需不計任何代價獲取成功，不再為過去後悔，也不再感到自卑、絕望、悲觀、貪婪等等負面情緒的時候，這個真正的我就會浮現。當我們克服所有這一切，並除去所有阻撓我們通往無限力量和自我的障礙時，我們就會展現出無私的高尚行為。

因此，你所要打破的習慣，就是讓你成為舊自我的那些習慣；而你能創造出的最好習慣，就是讓你能展現出神性的那些習慣。這就是你找回你真正的天性和身份認同的時候，也是你與真實自我合而為一的時刻。

---

* Quantum Manifestation，是指透過意識的強大力量及特別的覺察技巧，來改變外在世界，即吸引力法則的原理。

附錄

1 身體部位引導（第一週）

2 水升引導（第一週）

3 靜坐指導：整合（第二到第四週）

※**編按**：每當你看到耳機圖示，就表示此處為引導或靜坐的指導。本書已將這些內容與四週靜坐的完整過程譯成中文，不聽英文語音導引也不會造成影響。若有需要，你可以從作者的官網www.drjoedispenza.com下載背景音樂或購買英文錄音檔，然後以MP3格式播放，或者燒錄成光碟。

【附錄1】身體部位引導（第一週）

現在，你能否覺察到你的嘴唇在空間中所在的位置，以及感覺到你嘴唇在空間中所占有的體積……

現在，你能否感覺到你的下巴在空間中所在的位置……以及注意到你整個下巴在空間中所占有的體積……

現在，你能否感覺到你的臉頰在空間中所在的位置……以及你臉頰所占空間的密度……

現在，注意你的鼻子在空間中所在的位置。你能否感覺到你整個鼻子在空間中所占的體積……

現在，你能否感覺到你的眼睛在空間中所在的位置，以及感覺到你眼睛在空間中所占有的體積……

現在，你能否專注在你整個額頭在空間中所在的位置，一直到你的太陽穴……以及感覺到你整個額頭在空間中所占有的體積……

現在，你能否注意到你整張臉在空間中所在的位置。你能否感覺到你整張臉在空間中的密度……

現在，你能否注意到你的耳朵在空間中所占有的體積……

現在，你能否感覺到你耳朵在空間中所在的位置。你能否感覺到你整顆頭在空間中所在的位置。你能否感覺到你整顆頭在空間所占有的體積……

現在，你能否注意到你的脖子在空間中所在的位置。你能否感覺到你整個脖子在空間中的密度……

現在，你能否注意到你整個上半身在空間中所在的位置；你的胸部、肋骨、心、肺，一路到背部和肩胛骨，再到肩膀……你能否感覺到你整個上半身在空間中所占有的體積……

現在，你能否意識到你整個上肢在空間中所在的位置，以及你上肢在空間中的重量……還有你的肩膀、雙臂到你的手肘和小手臂；以及你能否意識到你的手腕和手掌在空間中的密度。你能否注意到你整個上肢在空間中的重量……

現在，你能否感覺到你整個下半身在空間中所占有的體積……還有你的腹部、腰側、肋骨，一路到脊椎下半部和背部……你能否感覺到你整個下半身在空間中所占有的體積……

現在，你能否感覺到你整個下肢在空間中所占有的密度……還有你的臀部、股溝、大腿，以及膝蓋在空間中的密度；脛骨和小腿的重量。你能否注意到腳踝、腳掌到腳趾在空間中所占的體積，以及整個下肢在空間中所占有的體積……

現在，你能否注意到你整個身體在空間中所在的位置……以及你的身體在空間中的密度……

現在，你能否感覺到圍繞在你周圍的空間，以及注意到你周圍空間的體積。你能否感覺到所在處的所有空間……

現在，你能否感覺到這整個房間在空間中的所在位置。你能否感覺到這個房間在整個空間中所占有的體積……

現在，你能否感覺到這整個空間在空間中的所在位置，以及這個空間所占有的體積……

作者注：

在身體部位引導中，我一直重複「在空間中」一語，原因如下。根據受試者接受靜坐冥想指導時的腦電圖監測結果顯示，當受試者受到指引而意識到他們的身體部位在空間中的所在位置，以及在整個空間所占的體積，這個措辭與這些指令會讓受試者進入 α 腦波的狀態，而在腦波圖像上產生立即明顯的功能性差異。參見 *The Open-Focus Brain: Harnessing the Power of Attention to Heal Mind and Body*, les Fehmi, Jim Robbins（繁體中文版《你用對專注力了嗎？》，橡樹林文化出版）。

【附錄2】水升引導（第一週）

你在這個引導法中的任務，就是完全順服你的身體，讓溫暖的水放鬆身體組織，並讓自己感受到被這液體慢慢消融。我建議你在椅子上坐直，雙腳腳心平放在地面，雙手擱在膝蓋上。

想像一下，溫暖的水開始在房間裡上升……首先，當水覆蓋了你的雙腳和腳踝時，感受一下雙腳的溫暖，因為它們正浸泡在溫水中……

現在，讓水位漸漸升高，淹過你的小腿和脛骨，浸到正好低於膝蓋的高度；感受一下你的雙腿在水面下的部分，從腳到小腿的重量……

隨著水位到達你的膝蓋並漸漸淹過你的大腿，讓自己放鬆……當你的大腿整個被溫水蓋過時，感受一下雙手浸泡在溫暖的水中……感覺到這種溫暖消融了你的手腕和小手臂……

現在，隨著溫柔的水環繞著你的臀部、股溝，以及大腿內側，你的意識要去察覺水……

而隨著水位一路上漲到腰間，感覺到水正淹沒你的小手臂和手肘……

溫暖的水繼續上升到你的心窩，注意到水如何向上移動到手臂的一半……

現在，感覺一下你身體的重量，你的肋骨以下都浸泡在溫暖的液體中，並感受水消融了你的雙臂……

現在，讓水包覆著你的胸部，再移動到你的肩胛骨……

隨著水位一路上升到你的脖子，讓水覆蓋肩膀……並從你的脖子以下，感覺一下浸泡在溫暖液體中的身體重量和密度……

現在，隨著水淹過你的脖子，感覺到脖子到下巴都浸泡在水中……

讓溫柔的水位繼續上升，淹過你的嘴唇和環繞後腦勺周圍……隨著水位淹過上唇和鼻子，放輕鬆，讓水消融你，水的溫暖爬升到你眼睛的正下方……

讓水淹過你的雙眼，並感覺眼睛以下的身體都沉浸在溫暖的水中。感覺水淹過你的額頭，到達頭頂；周緣空間越來越小，水慢慢蓋過你的頭部……

現在，順服這個溫暖而放鬆的水，感覺你的身體沒有重量，被水溫柔環抱。讓你的身體感覺到它沉浸在水中的密度……

感覺環繞在你身體四周的水的體積，以及你身體在水中的位置。覺察到整個房間都淹沒在水中。感覺整個房間的空間都消融在溫暖的水中……花點時間，感受一下身體漂浮在這個空間裡的感覺……

【附錄3】靜坐指導：整合（第二到第四週）

建議你以【附錄一】的身體部位引導法、【附錄二】的水升引導法，或者其他你已經使用過或你自己設想的任何方法，開始這個靜坐練習。

閉上眼睛，慢慢深呼吸幾次來放鬆身心。鼻子吸氣，嘴巴吐氣。讓你的呼吸長而緩慢，氣息沉穩。有節奏地吸氣和呼氣，直到你進入當下。當你處在這個時刻，你正在進入一個充滿可能性的世界……

現在，有一個強大的智能在你裡面，賦予你生命，並且非常愛你。當你的意志符合它的意志，當你的心靈匹配它的心靈，當你對生命的愛與它對你的愛一致，它永遠都會回應你。它會進入你的內心並圍繞在你身邊，你將會在生活中看到證據，證明你的努力有了成果。超越你的環境，超越你的生活條件，超越你身體所記憶的感覺，超越身體的思考，超越時間……這意味著你正為自己套上神聖的外衣。因此，你的命運是更偉大心靈的反映，也是與更偉大心靈的共同創造。你要夠愛自己，來做到這一切……

第二週

認知。現在，你無法在還懷抱著過去情緒的情形下，同時創造新的未來。你想要忘記的情緒是什麼？請記住這種情緒在你身體裡的感覺……並辨識這種情緒所驅使的是哪種熟悉的心理狀態……

承認。求助於你內在力量的時刻到了。向它介紹你自己，並告訴它你想改變的是哪一部分。開始向它承認一直以來你所刻意「扮演」的角色，以及你一直想要隱藏的一切。在心中與它對話。請記住，它是真實的。它已經認識你，它不會評判你，只會愛你……

對它說：「在我之內與圍繞我周圍的宇宙意識，我一直都＿＿＿＿＿＿，但我真的很想改變這種局限的存在狀態……」

宣告。這是讓身體從潛意識心獲得自由的時刻，消除你表現在外的假面和真我之間的差距，並釋出你的能量。從熟悉的情緒束縛中解放你的身體，這些情緒束縛會一直讓你連結到過去和當前現實中的所有人事物及地點。是時候解放你的能量，讓它自由了。我要你說出你想要改變的情緒，大聲說出來，並從你的身體以及環境中解放它。說出來，就是現在……

順服。現在這一刻，你要把這個存在狀態交付給一個更偉大的心靈，並請求它以最適合你的方式來解決。你能夠讓出控制權，交付給已經知道答案的那個更偉大的權威嗎？順服於這個無窮無盡的心靈，並理解這個智能是絕對真實的。它只是在等待你的賞識，等待你樂意接納它。只有在你真心尋求它的幫助時，它才會做出回應。把自我設限的你交給一個無所不知的智能，你只需要打開心扉，拋開一切，並完全放手，它就會帶走你的極限。「無限的心靈啊，我將我的——交付給你。請把它從我身上帶走，並把這種情緒消解轉化成更偉大的智慧。請把我從過去的枷鎖中釋放出來。」現在，全心去感受一下，倘若你知道這個心靈已經將這種記憶情緒帶走時，你的感覺會怎樣……

第三週

觀察與提醒。現在，讓我們確認，已經沒有任何使你回到舊自我的思想、行為和習慣，能夠在你不注意時偷渡。為了確認這一點，就要讓我們那些無意識的身心狀態變得有意識——當你出現那種感覺時，你習慣怎麼想？你對自己說了什麼？你過去相信，但現在不想再接受它成為你的實相的那些聲音是什麼？觀察這些想法……

開始把自己從潛意識程式中分離出來。你過去怎麼表現的？怎麼說的？讓自己意識到那些無意識的狀態，直到那些狀態永遠不會再被你忽視為止……

開始將主觀心靈客觀化，並開始觀察潛意識的程式，這意味著你不再被程式所操控。「覺知」是你努力的目標。隨時提醒自己你不想再做那個誰，你不想再怎樣思考，不想那樣感覺，也不想再那樣做。摸透你舊個性的方方面面，但你只是一旁觀察它。以堅定的意念做選擇，不要再做那個舊的自我，並讓你這個決定所帶有的能量成為一次難忘的體驗……

重新導向。現在開始，你要進行的是「改變遊戲」。請你想像生活中三個會讓你又開始感覺回到舊自我的可能情境；而當你這樣做的同時，我要你大聲地說：「改變！」首先，想像在早晨淋浴時，你正準備迎接新的一天，突然，你發現那種熟悉感又出現了。當你注意到它的那一刻，你要說：「改變！」——沒錯，你必須改變它，因為用那樣的情緒生活，並不是在愛你自己。況且，用相同方式來號令相同的基因，對改變現況一無用處。還有要記得的，不再同步發射的神經元，就不會再連接在一起成為腦迴路。這是你可以控制的……

接下來，我希望你看看一整天之中的自己。你正開車上路，突然，驅動那些熟悉想法的那種熟悉感開始出現了，你該怎麼辦？你要說：「改變！」沒錯，你必須改變，因為健康快樂的回報遠比回到舊自我重要得多。順便一提，用那樣的情緒生活，從來不是愛你自己的方式。再一次的，每次在改變之後，你會明白不再同步發射的神經元，就不會連接在一起成為腦迴路，你也不會再用相同的方式啟動相同的基因……現在，我想請你再玩一次改變遊戲。我要你想像自己正要上床睡覺，你掀開被子準備爬上床，突然發現熟悉的感覺出現了，誘惑著你以舊個性行動，你該做什麼？你要說：「改變！」沒錯。因為不再同步發射的神經元，就不會連接在一起成為腦迴路。以舊方式號令基因對你而言不是愛，沒有任何人事物值得你這樣做。這是你可以控制的……

第四週

創造。現在，你能做到的最好自我表達是什麼？一個偉大的人會如何思考和行動？像這樣的人是怎麼生活的？他或她會怎麼去愛？偉大的感覺是什麼？……

我希望你能進入一種存在狀態。現在這一刻你要改變的是你的能量，並傳播一個全新的電磁信號。當你改變本身的能量，就改變了你的人生。讓想法成為體驗，讓體驗產生正面的情緒，使你的身體開始從情緒去相信，現在你就已經生活在未來之中……

允許自己用新的方式啟動新基因；號令身體提早在事件實際發生之前就去體驗當下該有的情緒；讓自己愛上理想的新自我；敞開心胸，並開始調整你的身體適應新的心靈……

讓內在經驗成為一種心情，然後成為氣質，最後成為一種新個性……

讓自己進入一種新的存在狀態……如果你是這個人，你的感覺會是如何？當你起身時，不能和當初坐下時還是同一個人。你必須心懷感激，使你的身體開始在事件實際發生前就改變，並接受你已經成為那個理想的新自我……

要授予自己力量，自由的、無限的、有創意的、具天賦及神性的——這就是真正的你……

一旦你有這樣的感覺，請記住這種感覺；牢記這種感覺。這就是真正的你……

現在，放開這種感覺並在當下將它釋放進量子場中；放開吧……

預演。現在你要做的，就是像那些改變腦部狀態的鋼琴演奏者或是改變身體狀態的手指練習者一樣，不斷重複去做：你能再一次從虛無中創造出新的自我嗎？

讓我們觸發並連接一個新的心靈，調整身體來適應新的情緒，還要對新的身心狀態變得熟悉。對你來說，什麼是最好的自我表達？讓你自己開始用這個理想自我去思考……

你會對自己說什麼、會怎麼走、怎麼呼吸、怎麼行動、怎麼生活，有什麼感覺？讓自己在情緒上像這個新自我一樣去感受，到達非常相似的程度，導致你開始進入一個新的存在狀態……

現在是時候再次改變你的能量了，並記得作為這樣一個人是什麼感覺。敞開你的心……靜坐結束、睜開雙眼時，你想要成為什麼樣的人？就在你思考時，你正在用新方式來號令新基因，並再次感受到獲得力量。進入一種新的存在狀態；新的存在狀態是一種新的個性，而新的個性創造了新的個人實相……

這就是你創造新命運的所在。基於這種身心的高昂狀態，你得以用新實相的量子觀察者身份來指揮物質。感覺到無所不能、強大、啟發和狂喜……

從這種新的存在狀態中，描繪出你希望體驗的某個事件的畫面，並讓這個意象成為你未來的藍圖。觀察這個實相，並允許作為機率波的粒子塌陷成為一個事件，也就是所謂的生活經驗。看見它、指揮它、擁有它，然後進入到下一個畫面……

現在，讓你的能量和命運纏結。這個特定的未來事件已經找上你，因為你用自己的能量創造了它。放下自我，以肯定、信任和全知去創造你想要的未來……

不要分析，不要試圖去弄清楚它會如何發生。控制結果不是你要做的工作。你的任務只是創造，要把細節留給更偉大的心靈。當你以觀察者的身份看見你的未來，你要做的只是祝福那個帶著你自身能量的人生……

懷抱感恩的心，成為一個擁有全新的身心狀態與命運的人。對新的生活表示感激……

感受一下，當所期待的事物都在你的生活中體現時，你的感覺會是怎樣？活在感恩的狀態下，就是活在全然接受的狀態下。感覺彷彿你的祈禱都已經得到回應了……

最後，來到了求助於你內在力量的時刻。請求它在生活中給你一個徵兆：假如今天你模擬了這個更偉大的心靈而成為了創造者，這樣的你會觀察到所有的生命形成，於是你就與它取得了聯繫，而它也一直在觀察你的努力和意圖，因此它應該會在你的生活中出示一個結果。讓你明白它是真實存在著的，還有你現在跟它有了雙向溝通。請求這種徵兆以最出乎意料的方式從量子場而來，帶給你驚喜，並毫無疑問地相信，這個新經驗是來自於宇宙心靈，用以激勵你再做一遍。我希望你現在就請求它給你一個徵兆……

現在，請將你的覺察放回到置身於新環境和全新時間線上的新身體。準備好後，把你的覺察帶回到 β 波。然後你就可以睜開眼睛了。

致謝

使我們的夢想成真的（除了我在本書討論的主題之外），是我們周遭那些與我們一起分享願景，有著相同目標，用最簡單方式支持我們、盡忠職守，以及真正無私的人們。在這本書的創作過程中，我何其有幸，能在生命中擁有這些品性美好和聰明能幹的人。現在，容我向你介紹這些人，並讚揚他們的貢獻。

首先，我要感謝出版社的夥伴們，他們在各個方面支持著我。非常感謝Reid Tracy、Stacey Smith、Shannon Littrell和Christy Salinas。感激你們對我的信任和信心。

接下來，我想對出版社的專案編輯Alex Freemon表達我由衷的感謝，感謝你能誠實給我寶貴的意見與鼓勵，以及你的專業協助。謝謝你一直這樣親切和體貼。我還要感謝Gary Brozek和Ellen Fontana，你們用自己的方式為我這本書做出貢獻。

對於我的個人編輯Sara J. Steinberg，我要再次感謝妳能跟我一起走過這個旅程。我們又一起成長了一次。上天保佑，讓妳的靈魂一直如此溫柔體貼和堅定。妳是上天賜給我的禮物。

我還要感謝John Dispenza為原文書所創作的封面設計，你總是能做到簡約大方之美。感謝才華洋溢的Laura Schuman，幫這本書的內頁創作了如此美麗的圖樣和美術設計。感謝Bob Stewart對於封面美術設計的貢獻，如此的耐心、無私和技術，讓人感佩。

謝謝我出色的私人助理Paula Meyer，她擁有戲耍一千頭大象同時始終保持專注於當下的能力。感謝妳注意了所有的細節。我也要真誠感謝腦團隊（Encephalon team）的其他成員，感謝Chris Richard如此體貼的支持；Beth and Steve Wolfson夫婦，感謝你們配合我工作的方式；Cristina Azpilicueta，謝謝妳一絲不苟與精密細緻的生產技術；以及Scott Ercoliani，謝謝你始終保持高標準的卓越表現。

我也要答謝我診所的所有員工。我多麼榮幸能跟我的行政經理Dana Reichel共事，她擁有如日月般寬廣的心胸，在許多方面與我一起成長。在團隊的其他成員中，我特別要感謝Marvin Kunikiyo醫生、Elaina Clauson、Danielle Hall、Jenny Perez、Amy Schefer、Bruce Armstrong及Ermma Lehman等人。

當然，來自世界各地那些已經接受這類想法（不論源頭為何），並把這些想法應用到生活中的人，更是帶給我非常多的鼓舞。感謝你們一再地把心靈力量傳送到量子場，讓各種潛能有開花結果的一天。

我想要向Daniel Amen醫師表達誠摯的心意，感謝他熱心貢獻本書的推薦序。

我還要感謝我的母親Fran Dispenza，您教導我要堅強、條理清楚、要有愛心，並充滿決心。謝謝您，媽。

對我的孩子們，我要謝謝你們給我充足的時間和空間來寫這一本書，同時在世界各地奔波講學。你們教會了我如何無條件地去愛，那是言語難以形容的。你們用這麼多無私的方式，給了我始終如一的支持。感謝你們向我展現這樣的美德。

最後，我要把這本書獻給我的摯愛Roberta Brittingham。至今妳仍是我見過最令人驚豔的女人。謝謝妳一直帶領著我，妳是指引我的明燈。妳是集合了優雅、高貴與愛於一身的美麗女子。

原書注釋

導讀

1. Niels Bohr, "On the constitution of atoms and molecules", *Philosophical Magazine,* 26 ;1-24(1913)
如果你真的想在次原子世界裡分解頭髮，一個原子的體積（直徑大約1埃，或10的-10次方公尺）大約比原子核（直徑大約1毫微微米，或10的-15次方公尺）大了十五個數量級。意思是，原子大概有99.9999999999999%是真空的。雖然在原子核周圍的電子雲占了大多數的原子面積，這雲主要也是空的，其中電子是極微小的一部分。高度緻密的原子核包含了大部分原子的質量。電子相對於原子核的尺寸就像是豌豆之於休旅車的體積，而電子雲的周長大約就像華盛頓州那麼大。

第1章　從原子到量子，從物質到能量

1. 參見Amit Goswami博士的*The Self-Aware Universe* (New York: Jeremy P. Tarcher, 1993)。以及Niels Bohr、Werner Heisenberg、Wolfgang Pauli等人發表的量子論「哥本哈根詮釋」(Copenhagen interpretation）的說明，在其他事物中，「現實與所觀測的現象總和是一致的（這意味著，失去觀察，則現實不存在）。」參見Will Keepin, "David Bohm" http://www.vision.net.au/~apaterson/science/david_bohm.htm。
2. Leibovici, Leonard, M.D.，"Effects of remote, retroactive intercessory prayer on outcomes in patients with bloodstream infection: randomised controlled trial.", *British Medical Journal,* vol, 323, 2001/12/22, 1450-1451。

3. Rollin McCraty, Mike Atkinson, andDana Tomasino, "Modulation of DNA conformation by heart-focused intention.", 心數研究中心（HeartMath Research Center）心數研究所（Institute of HeartMath），Boulder Creek, CA, 出版品編號03-008(2003）。

4. *Christ Returns—Speaks His Truth* (Bloomington, IN: AuthorHouse, 2007)

第 2 章　境由心造，你必須克服的內外在環境

1. Hebb, D. O., *The Organization of Behavior: A Neuropsychological Theory* (Mahwah, N: Lawrence Erlbaum Associates，2002)

2. Pascual-Leone, A., et al., "Modulation of muscle responses evoked by transcranial magnetic stimulation during the acquisition of new fine motor skills." *Journal of Neurophysiology*, vol, *74(3):* 1037-1045(1995)。

第 3 章　擺脫身體為主的存在模式

1. Marianne Szegedy-Maszak, "Mysteries of the Mind: Your unconscious is making your everyday decisions.", *U.S. News & World Report* (2005/2/28）。另參見John G. Kappas, *Professional Hypnotism Manua*(Knxville, TN: Panorama Publishing Company, 1999)。我第一次接觸到這個概念，是在一九八一年，當時我在催眠促進學院（Hypnosis Motivation Institute）跟卡帕斯學習催眠治療。當時，他說潛意識是九〇％的心靈。最近，科學家們估計大約是九五％。無論哪種說法，潛意識都占了絕大部分。

2. Robert M. Sapolsky, *Why Zebras Don't Get Ulcers*(New York: Henry Holt and Company, 2004)；繁體中文版《為什麼斑馬不會得胃潰瘍？壓力、壓力相關疾病及因應之最新守則》，遠流出版。沙波斯基是壓力及壓力對大腦和身體影響的權威專家。另請參閱：Joe Dispenza, *Evolve Your Brain: The Science of Changing Your Mind*(Deerfield Beach, FL: Health Communications Inc., 2007)。此外，情緒成癮（emotional addiction）是藍慕沙啟蒙學院（Ramtha's School of Enlightenment, RSE）所教授的一個概念；參見JZKPublishing, a division of JZK, Inc., the

publishing house for RSE。http://jzkpublishing.com或http://www.ramtha.com。

3. Dawson Church博士，*The Genie in Your Genes: Epigenetic Medicine and the New Biology of Intention*(Santa Rosa, CA: Elite Books, 2007）。

4. Bruce Lipton博士，*The Biology of Belief* (Carlsbad, CA: Hay House, 2009)。

5. Michael Rabinoff, *Ending the Tobacco Holocaust* (Santa Rosa, CA: Elite Books, 2007)。

6. Dawson Church博士，*The Genie in Your Genes: Epigenetic Medicine and the New Biology of Intention* (Santa Rosa, CA: Elite Books, 2007)。

7. 村上一夫博士，*The Divine Code of Life: Awaken Your Genes and Discover Hidden Talents* (Hillsboro, OR: Beyond Words Publishing, 2006)。

8. 岳光輝，Kelly J. Cole, "Strength increases from the motor program: comparison of training with maximal voluntary and imagined muscle contractions", *Journal of Neurophysiology,* vol. 67(5):1114-1123 (1992)。

9. Philip Cohen, "Mental gymnastics increase bicep strength.", *New Scientist* (2001/11/21)。

第4章　擺脫過去，活在一個不可預期的未來

1. Joe Dispenza, *Evolve Your Brain: The Science of Changing Your Mind* (Deerfield Beach, FL: Health Communications Inc., 2007)

2. Daniel Goleman, *Emotional Intelligence* (New York: Bantam Books, 1995)。另參見：Daniel Goleman與達賴喇嘛的*Destructive Emotions: How Can We Overcome Them?* (New York: Bantam Books, 2004)；繁體中文版《破壞性情緒管理：達賴喇嘛與西方科學大師的智慧》，張美惠譯，時報出版，2003。

第5章　活得越像自己，越缺乏創造力

1. Itzhak Bentov, *Stalking the Wild Pendulum: On the Mechanics of Consciousness* (Rochester, VT: Destiny Books, 1988)。另

參見Ramtha, *A Beginner 's Guide to Creating Reality* (Yelm, WA: JZK Publishing, 2005)。現實的量子模型指出，每一件「事物」或「無物」都是在不同頻率振動的訊息波動。因此，振動得越慢，物質就越緻密，反之亦然。壓力的情緒會降低我們的振動頻率，使我們更趨近物質而遠離能量狀態。

2. B. Alan Wallace博士，*The Attention Revolution: Unlocking the Power of the Focused Mind* (Boston: Wisdom Publications, Inc., 2006)。

3. Ian Robertson博士，*Mind Sculpture: Unlocking Your Brain's Untapped Potential* (New York: Bantam Books, 2000)。另參見Andrew Newberg, Eugene D'Aquili, and Vince Rause, *Why God Won't Go Away: Brain Science and the Biology of Belief)*（New Tork: Ballantine Booksm, 2001）；繁體中文版《超覺玄祕體驗》，鄭清榮譯，時報出版，2003。

4. 出自二〇〇八年十月與心數研究中心的研究總監Rolin McCraty博士的一段對話：關於他在同調性中，能量通過心臟從身體轉移到頭腦所做的研究。參閱Rollin McCraty等，"The coherent heart: heart-brain interactions, psychophysiological coherence, and the emergence of system-wide order.", *Integral Review,* vol.5(2) (2009/12)。

第6章　我們都有三個腦：思考、實踐與存在

1. Joe Dispenza, *Evolve Your Brain: The Science of Changing Your Mind* (Deerfield Beach, FL: Health Communications Inc., 2007)

第8章　靜坐，幫那個老舊的自己解套

1. Rima Laibow, "Medical Applications of NeuroFeedback", James Evans, Andrew Abarbanel合著的*Introduction to Quantitative EEG and Neurofeedback* (San Diego: Academic Press, 1999) 一書前言。另參見Bruce Lipton博士，*The Biology of Belief* (Carlsbad, CA: Hay House, 2009)。

2. Les Fehmi博士和Jim Robbins, *The Open-Focus Brain: Harnessing the Power of Attention to Heal Mind and Body* (Boston: Trumpeter Books, 2007)；繁體中文版《你用對專注力了嗎？》，謝瑤玲譯，橡樹林文化，2009。

3. Kappas, John G.博士，*Professional Hypnotism Manual* (Knoxville, TN: Panorama Publishing Company, 1999)。
4. Michael Murphy, Steven Donovan, *The Physical and Psychological Effects of Meditation: A Review of Contemporary Research with a Comprehensive Bibliography, 1931–1996, 2nd edition* (Petaluma, CA: Institute of Noetic Sciences, 1997)。
5. Antoine Lutz等人，"Long-term meditators self-induce high-amplitude gamma synchrony during mental practice", *Proceedings of the National Academy of Sciences; PNAS,* vol., 101(46): 16369-16373 (2004/11/16)。另外，我與Richard Davidson教授在二〇〇八年四月時，曾於明尼蘇達州羅徹斯特的梅奧醫院（Mayo Clinic）所舉辦的「心靈與人生」座談會期間，也有過一段精彩的對話。

第10章　打開通往創造狀態的大門

1. Les Fehmi博士和Jim Robbins，*The Open-Focus Brain: Harnessing the Power of Attention to Heal Mind and Body* (Boston: Trumpeter Books, 2007)；繁體中文版《你用對專注力了嗎？》，謝瑤玲譯，橡樹林文化，2009。

作者簡介

喬・迪斯本札醫師（Joe Dispenza, DC）

曾就讀於羅格斯大學（Rutgers University），主修生物化學，也擁有神經科學專業的學士學位，並以優異成績畢業於喬治亞州亞特蘭大的生活大學（Life University），獲得脊骨神經醫學博士學位。

迪斯本札醫生的博士後研究，聚焦在神經內科、神經科學、腦功能和腦化學、細胞生物學、記憶形成，以及衰老與長壽等領域。他是美國 *Who's* Who 的受邀會員、全國脊骨神經醫學考官委員會的榮譽會員、生活大學卓越醫病關係臨床能力表揚獎得主，以及國際脊骨神經醫學榮譽協會 Pi Tau Delta 的會員。

過去十二年間，迪斯本札醫師踏遍六大洲，在二十四個國家授過課，幫助許多人了解如何透過科學已證明的神經生理學原理，來重新規畫自己的想法。他的第一本書《進化你的腦：改變心智的科學》探討的是「改變的生物學」，將思想和意識的主題，與腦、心智和身體連結起來。換句話說，當我們真正改變我們的心智，在大腦中就會有改變的實體證據。

迪斯本札醫師是獲獎影片《當心靈遇上科學》裡出現的科學家之一，也在本片的導演剪輯版以及加長量子版ＤＶＤ《兔子洞裡到底是什麼》（*What the BLEEP Down the Rabbit Hole*）中現身；在紀實電視劇《人與幻覺狀態》（*The People vs The State of Illusion*）也曾客串演出。另外，他也是《探索！》（*Explore!*）雜誌的編輯顧問。

官網：www.drjoedispenza.com.

我的靜坐筆記

我的靜坐筆記

我的靜坐筆記

我的靜坐筆記

未來預演

切斷情緒成癮神經連結，四週改變慣性腦迴路，換一個新未來

Breaking The Habit of Being Yourself:How to Lose Your Mind and Create a New One

---

作　　者　喬·迪斯本札醫師（Joe Dispenza, DC）
翻　　譯　謝宜暉
選　　書　周本驥
封面設計　郭彥宏
內頁排版　高巧怡
校　　對　石曉蓉
行銷企劃　蕭浩仰、江紫涓
行銷統籌　駱漢琦
業務發行　邱紹溢
營運顧問　郭其彬
副總編輯　劉文琪

出　　版　地平線文化／漫遊者文化事業股份有限公司
地　　址　台北市大同區重慶北路二段88號2樓之6
電　　話　(02) 2715-2022
傳　　真　(02) 2715-2021
服務信箱　service@azothbooks.com
網路書店　www.azothbooks.com
臉　　書　www.facebook.com/azothbooks.read
發　　行　大雁出版基地
地　　址　新北市新店區北新路三段207-3號5樓
電　　話　(02) 8913-1005
訂單傳真　(02) 8913-1056
二版一刷　2023年5月
二版四刷 (1)　2024年8月
定　　價　台幣499元

ISBN　978-626-95945-9-7

國家圖書館出版品預行編目 (CIP) 資料

未來預演 : 切斷情緒成癮神經連結, 四週改變慣性腦迴路, 換一個新未來/ 喬. 迪斯本札(Joe Dispenza) 著 ; 謝宜暉譯. -- 二版. -- 臺北市 : 地平線文化, 漫遊者文化事業股份有限公司, 2023.05
面；　公分
譯自 : Breaking the habit of being yourself : how to lose your mind and create a new one
ISBN 978-626-95945-9-7(平裝)
1.CST: 自我實現 2.CST: 創造性思考
177.2　　112006657